序

　今日、私たちの身の回りには地球温暖化、異常気象、都市のヒートアイランド化、貴重な生物の生育・生息環境の破壊といった環境問題が山積しており、地球環境問題に対する各国の取り組みも、より具体的な方策に向けて推進しているところです。

　日本緑化センターは、昭和48年9月の設立以来、環境緑化に関する提言、技術開発、調査研究、緑化思想の普及啓発など諸般の環境緑化対策を推進し、国民生活の向上等をめざしてきておりますが、その役割は今日の社会情勢を踏まえるとますます重くなっていると実感しております。とくに都市地域を中心とした緑化の要請に応えることは、ヒートアイランド現象の緩和や生物多様性の確保といった地球環境対策を講じるだけでなく、私たちの身近に潤いのある生活空間を提供してくれることになります。

　こうした要請に応えるため、緑の量的な確保だけでなく地域の実情に即し、自然のシステムに適合した質の高い緑化が必要となります。そのためには緑を支える基盤となる植栽基盤の整備が不可欠であると考え、当センターでは平成11年に国土交通省（当時建設省）の委託を受け、植栽基盤整備のための技術的解説書である「植栽基盤整備技術マニュアル（案）」を技術検討委員会の指導の下にとりまとめました。10年後の平成21年には植栽現場の声を反映した形での改訂を行い、新たな社会的要求に応えるべく「植栽基盤整備技術マニュアル」を発刊しました。

　本マニュアルは大変好評をいただき在庫がなくなっていましたが、本マニュアルが、さらに多くの緑化に携わる技術者の皆様に活用されることを願って、この度再版刊行することにしました。

　引き続き今後の改善に向けたご提言、ご指摘をいただければ幸いです。

平成25年12月

一般財団法人　日本緑化センター

会　長　篠　田　和　久

目　次

第1章　総論編 1

1-1　本マニュアルについて 1
  1-1-1　マニュアルの目的 1
  1-1-2　本書の適用範囲 2
  1-1-3　本書の構成 4

1-2　植物と土 5
  1-2-1　植物と土壌 5
  1-2-2　都市緑化と土壌 7
    （1）造成地の土壌 7
    （2）自然地土壌とその利用 8
  1-2-3　土壌の種類と区分 9
    （1）土壌の区分法 9
    （2）土壌分類法による区分 9
    （3）一握りの「土」の特性による区分 10
  1-2-4　植栽基盤の定義 13
  1-2-5　植栽基盤の構造と範囲 14
    （1）植栽基盤の構造 14
    （2）植栽基盤の厚さ 14
      1）高木（成長して樹高3m以上になる樹木） 15
      2）低木（成長しても樹高3m未満の樹木） 15
      3）芝生・草花 15
    （3）植栽基盤の広がり 15
      1）独立植栽における広がりの標準 16
      2）群落植栽における広がりの標準 16
      3）植栽空間に制約がある場合の植栽基盤の広がり 16
    （4）植栽基盤の成立条件 17
    （5）条件の優先順位 17
      1）概要 17
      2）各優先度の概要 18

1-3　用語の定義 20

第2章　植栽基盤整備技術編 23

2-1　植栽基盤整備の基礎 23
  2-1-1　植栽基盤整備の考え方 23
    （1）植栽基盤整備の方向性 23
    （2）既存土壌等の活用と有効性 25

	1）表土のリサイクル 25
	2）既存土壌等の活用 26
	3）既存土壌等の区分と利・活用の基本的な流れ 26
	4）既存土壌等の業務での位置づけ 27

2-1-2 植栽基盤整備技術の構成 29
　(1) 植栽基盤整備の業務区分 29
　(2) 対象基盤の形態と事業タイプ 32
　　1）事業タイプによる基盤整備の区分 34
　　2）事業タイプ別の対象地形態と植栽基盤整備の位置づけ 35
2-1-3 植栽基盤整備の進め方 39

2-2　植栽基盤整備企画・調査 41
2-2-1 企画・調査の基本的考え方 41
　(1) 目的と作業の内容 41
　(2) 作業の手順 42
2-2-2 基礎調査 43
　(1) 資料・情報の収集と整理 44
　(2) 現地踏査 45
　(3) 利・活用土壌の調査 46
　　1）表土等の調査 46
　　2）利・活用土壌分布図の作成 46
2-2-3 判断・評価 48
　(1) 判断・評価の視点と考え方 48
　(2) 植栽基盤造成予定地の性格等による基盤形成の課題と整備の方向 49
2-2-4 整備目標の想定 50
2-2-5 整備構想 51
　(1) 整備構想の概要 51
　(2) 対策の検討・立案作業 52
　　1）整備の範囲 52
　　2）表土や既存土壌等の利・活用導入の検討、立案 53
　　3）整備工法の想定 53
　　4）植栽基盤整備構想のまとめ（参考） 53
2-2-6 次段階への継承 56
　(1) 申し送りによる継承 56
　(2) 基盤調査や整備に関わる期間、費用の確保 56
　(3) 関連事業等との確認・調整 56

2-3　植栽基盤整備計画・設計 57
2-3-1 計画・設計の基本的考え方 57

(1) 目的と作業内容 57
　　　　　1) 基本的な形態が出現していない場合：「自然地」「造成基盤」 57
　　　　　2) 基本的な形態が出現している場合：「整地基盤」「整形基盤」 57
　　　(2) 作業の手順 58
　　2-3-2 事前調査 60
　　　(1) 「自然地」または「造成基盤」の場合 61
　　　(2) 「整地基盤」または「整形基盤」の場合 61
　　　　　1) 概況調査 62
　　　　　2) 標準調査 63
　　　　　3) 専門調査 65
　　　　　4) 表土等の利・活用土壌 65
　　2-3-3 判断・評価 66
　　　(1) 基本的な形態が出現していない場合：「自然地」または「造成基盤」 66
　　　(2) 基本的な形態が出現している場合：「整地基盤」または「整形基盤」 66
　　2-3-4 整備目標 69
　　2-3-5 整備計画・設計 70
　　　(1) 「自然地」または「造成基盤」の場合 71
　　　　　1) 基盤の形状や変化の予測 71
　　　　　2) 課題の予測 71
　　　　　3) 対策の検討・立案 71
　　　　　4) 整備レベルの程度 71
　　　(2) 「整地基盤」または「整形基盤」の場合 71
　　　　　1) 整備工法の選定 72
　　　(3) 基盤整備計画・設計のまとめ（「整地基盤」または「整形基盤」の場合） 75
　　　　　1) 基盤事前調査の概要 75
　　　　　2) 判断・評価、目標設定の考え方 75
　　　　　3) 対策の検討・立案 75
　　　　　4) 施工段階への申し送り事項等 75
　　　(4) 基盤整備計画・設計成果品イメージ（参考） 76
　　2-3-6 次段階への継承 77
　　　(1) 前段階の継承 77
　　　(2) 申し送りによる継承 77
　　　(3) 調査や整備に関わる期間、費用の確保 77
2-4 植栽基盤整備施工 78
　　2-4-1 施工の基本的考え方 78
　　　(1) 施工段階における作業の目的と内容 78
　　　(2) 作業の手順 79

- 2-4-2 確認調査 81
  - (1) 作業タイプⅠ 82
    - 1) 概況調査 82
    - 2) 基盤調査 82
  - (2) 作業タイプⅡ 83
    - 1) 概況調査 84
    - 2) 確認調査 85
- 2-4-3 判断・評価 86
  - (1) 作業タイプⅠの調査に対する判断・評価 86
  - (2) 作業タイプⅡの調査に対する判断・評価 86
- 2-4-4 整備目標の確認 87
- 2-4-5 整備施工 88
  - (1) 整備工法の確認 89
  - (2) 変更協議 89
  - (3) 植栽基盤整備施工 90
  - (4) 出来形管理、品質管理 90
- 2-4-6 次段階への継承 91
  - (1) 前段階の継承 91
  - (2) 申し送りによる継承 91
  - (3) 関連事業等との調整・協議 91

2-5 植栽基盤管理 92
- 2-5-1 管理の基本的考え方 92
  - (1) 目的と内容 92
  - (2) 作業手順 93
- 2-5-2 調査 95
  - (1) 基盤診断調査 95
  - (2) 基盤追跡調査 95
  - (3) 生育不良等の要因と観察・調査 95
    - 1) 植栽植物の生育不良や枯損等の要因 95
    - 2) 調査項目と内容 96
- 2-5-3 判断・評価 99
  - (1) 植物の生育状況や活力度等による判断・評価 99
  - (2) 基盤調査による判断・評価 99
- 2-5-4 管理目標の設定 101
- 2-5-5 基盤管理手法 102
  - (1) 基盤管理工法の選定 102
  - (2) 変更協議 103

2-5-6 継承事項 104
　　(1) 前段階の継承 104
　　(2) 申し送り・継承 104

第3章 詳細技術編 105
3-1 調査（土壌・基盤調査） 105
　3-1-1 調査方法の概要 105
　　(1) 基本的な考え方 105
　　(2) 各種調査方法 105
　　(3) 判断基準値について 105
　3-1-2 物理性の調査 107
　　(1) 透水性（排水性） 107
　　　1）透水性（排水性）測定の意義 107
　　　2）簡易現場透水試験器による測定 107
　　　3）透水試験のための穴を土層観察に利用する方法 108
　　　4）植穴への湛水による透水性の測定（植穴透水試験） 108
　　　5）室内における透水性測定 109
　　　6）観察による排水性の判定基準（参考） 109
　　　7）その他（指標生物による方法等） 109
　　(2) 土壌硬度 110
　　　1）土壌硬度の測定法概要 110
　　　2）長谷川式土壌貫入計による測定・調査 110
　　　3）山中式土壌硬度計による測定 113
　　　4）指痕のつき方（指頭法）による土壌硬度測定法（参考） 115
　　(3) 保水性 116
　　　1）保水性測定の意義 116
　　　2）保水性測定（有効水分保持量測定） 116
　3-1-3 土層観察調査 117
　　(1) 簡易に土層状況を確認するための調査（検土杖調査等） 117
　　　1）検土杖調査（農研式検土杖による調査） 117
　　　2）大型検土杖（長谷川式大型検土杖）による測定・調査 117
　　　3）検土杖調査結果の表記 118
　　(2) 試坑断面（土壌断面）調査 119
　　　1）概要 119
　　　2）試坑断面調査の観察・調査項目 119
　　　3）土色 120
　　　4）土性 121
　　　5）異物や礫含有量の判定 123

- 3-1-4 化学性の調査（測定） ... 125
  - (1) 酸度（pH）測定 ... 125
    - 1) 酸度（pH）測定法の種類 ... 125
    - 2) pH（H2O） ... 125
    - 3) pH（KCl） ... 127
    - 4) pH（H_2O_2） ... 127
  - (2) EC（電気伝導度）測定 ... 128
    - 1) ECと生育阻害物質 ... 128
    - 2) EC測定の概要 ... 128
    - 3) EC測定で知る肥料成分の多寡 ... 129
  - (3) 植害試験（生育試験） ... 130
    - 1) 土壌の阻害性を知るための生育試験 ... 130
    - 2) 堆肥等有機質肥料の使用量限界を知る生育試験 ... 130
- 3-1-5 室内試験のための試料採取や分析前の処理 ... 132
  - (1) 物理性測定用試料 ... 132
    - 1) 非攪乱土壌試料の採取 ... 132
    - 2) 攪乱試料による測定の場合 ... 132
  - (2) 化学性測定試料 ... 133
    - 1) 現地における試料の採取と移動 ... 133
    - 2) 試料の前処理（「風乾細土」の用意） ... 133
  - (3) その他（測定前の必要事項等） ... 134
    - 1) 試料の観察 ... 134
    - 2) 礫含有の状況 ... 134
- 3-1-6 やや高度な分析等に関する判断・評価基準 ... 135

3-2 植栽基盤改良・整備工法（整備工法の具体的技術例） ... 136

- 3-2-1 整備の要点と全体概要 ... 136
  - (1) 整備の要点 ... 136
  - (2) 整備工法 ... 137
    - 1) 新土木工事積算体系における植栽基盤整備工 ... 137
    - 2) 本書で取り扱う植栽基盤改良・整備工法一覧 ... 137
- 3-2-2 植栽基盤の改良・整備工法各論 ... 139
  - (1) 透水層工（排水工） ... 140
    - 1) 開渠（かいきょ）排水 ... 140
    - 2) 暗渠（あんきょ）排水 ... 142
    - 3) 縦穴排水 ... 146
    - 4) 心土破砕（硬盤破砕） ... 147
  - (2) 土層改良工 ... 148

```
        1) 普通耕（浅層耕耘） ........................................................................................................ 148
        2) 深耕（深層耕耘） ............................................................................................................ 149
    (3) 土壌改良工 ................................................................................................................................. 151
        1) 土性改良（土壌改良） .................................................................................................... 151
        2) 除塩（脱塩） .................................................................................................................... 152
        3) 施肥 .................................................................................................................................... 153
    (4) 表土盛土工（盛土工） ............................................................................................................. 156
        1) 採取表土盛土 表土保全（表層土保全） ........................................................................ 156
        2) 高植盛土 ............................................................................................................................ 158
    (5) 客土置換工 ................................................................................................................................. 159
        1) 客土置換 ............................................................................................................................ 159
    (6) 通気工（参考） ......................................................................................................................... 160
        1) 空気管設置 ........................................................................................................................ 160
  3-2-3 管理段階における植栽基盤の改修手法 ..................................................................................... 161
    (1) 単木植栽の場合 ......................................................................................................................... 161
    (2) 列植植栽の場合 ......................................................................................................................... 163
    (3) 面的植栽の場合 ......................................................................................................................... 164
  3-2-4 駐車場及び建築物周辺部植栽地の造成例 ................................................................................. 166
    (1) 構造物による根系保全 ............................................................................................................. 166
    (2) 路盤全面改良方法 ..................................................................................................................... 167

3-3 土壌改良資材と機器（改良材・肥料・機械） .................................................................................. 171
  3-3-1 土壌改良材 ..................................................................................................................................... 171
    (1) 土壌改良材の概要 ..................................................................................................................... 171
        1) 全体概要 ............................................................................................................................ 171
        2) 実用的な観点での土壌改良材の区分 ............................................................................ 172
    (2) 各種改良材 ................................................................................................................................. 174
        1) 有機質系改良材 ................................................................................................................ 175
        2) 無機質系改良材 ................................................................................................................ 179
        3) その他改良材等 ................................................................................................................ 180
    (3) 改良材の使用条件と標準使用量（案） ................................................................................. 182
        1) 砂質系土壌の場合 ............................................................................................................ 182
        2) 中間系（固有の大きな問題を有しない）土壌の場合 ................................................ 184
        3) 粘質系土壌の場合 ............................................................................................................ 185
    (4) 有機質土壌改良材の選び方と施用量の決定 ......................................................................... 186
        1) 公的機関の推奨使用量等を参考に使用量を決定する考え方 .................................... 186
        2) 窒素量をもとに使用量を決定する考え方 .................................................................... 186
        3) 炭素量（腐植量）を想定して使用量を決定する考え方 ............................................ 186
```

4）参考：「腐植」、「腐植量」、「炭素量」、「有機物量」 187
　3-3-2 肥料と施肥 189
　　（1）施肥の目的 189
　　（2）目的に応じた施肥の区分と考え方 189
　　　1）種類 189
　　　2）通常の施肥と植栽基盤整備の土壌改良工における施肥の違い 190
　　　3）施肥の必要性と施肥頻度 190
　　（3）肥料の種類（用語） 190
　　（4）肥料の施用量 192
　　　1）一般的な施用量 192
　　　2）実際の肥料の施肥量 193
　　　3）基肥と追肥の考え方 194
　3-3-3 土壌改良に使用される機械 195
　　（1）工種別使用機器の概要 195
　　　1）表土工・盛土工等に用いる機械 195
　　　2）土層改良工に用いる機械 195
　　　3）排水層工に用いる機械 196
　　（2）各種植栽基盤整備工と使用される機械 196
　　（3）植栽基盤の管理段階で使用される機械 198
　　　1）樹木緑化地の土壌を膨軟にするための機械 198
　　　2）芝生地用の基盤管理機械 199

3-4 資料及び参考文献 200
　3-4-1 植物の健全度調査 200
　3-4-2 参考文献 201

第1章　総論編

1-1　本マニュアルについて

1-2　植物と土

1-3　用語の定義

第1章 総論編

1-1　本マニュアルについて

1-1-1 マニュアルの目的

> 本マニュアル（以下本文中では「**本書**」という）は、多様な環境条件の中で質の高い都市緑化の推進を図るには、植栽基盤整備技術の普及が重要であるとの観点から、その技術の体系化を行い、都市緑化の企画・計画・設計・施工・管理に係る、調査も含めた植栽基盤の技術的内容を整理したものである。

【解説】

今日、環境問題に対する国民の関心の高まりの中で、都市環境における緑地も、そこに緑があればよいというだけではなく、良好で質の高い緑が求められている。したがって、緑の良好な生育を支える土壌環境、すなわち植栽基盤の整備がますます重要な課題となっている。

また、積極的な都市緑化の推進により多様な植栽地が対象となることから劣悪な土壌の出現や基盤整備時の重機類等による過転圧により、植栽樹木の生育不良や枯損が全国的に発生している。

しかしこれらの問題に対しては、これまで個別的に対応されてきたこともあり、その知識や経過が体系化されて広く一般に公開される機会が多くなかったため、植栽基盤整備技術に関する包括的整理とその普及が強く求められている。

本マニュアルは、これらの背景に応えるとともに、多様な環境条件の中で質の高い都市緑化の推進を図るため、植栽基盤整備技術の体系化を行い、都市緑化の企画・計画・設計・施工・管理に係る、調査も含めた植栽基盤の技術的内容を整理したものである。

なお、林業等の分野において土壌を語る場合は、常に「適地・適木」という概念が使われ、土壌と同時にその土地に適した樹木を選択することが求められる。すなわち、「土壌」と同時に「気象」の把握も求められる。もとより都市緑化においても、この重要性は変わらないが、一般的には、設計段階で気象等に適合した樹種（植物種）選択が適切に行われることが前提となるため、ここではその内容を土壌・植栽基盤に限定している。

なお、以下本文中では「本マニュアル」を「本書」と記述する。

1-1-2 本書の適用範囲

> 　本書の対象となる主な植栽地は、都市公園や緑地等であるが、基本的な考え方に関しては、通常の植栽地に見られる土壌であれば特に限定はない。
> 　ただし、屋上緑化等の人工地盤、臨海埋立地等の特殊基盤、岩盤緑化等の法面緑化地、酸性硫酸塩土壌等の特殊土、工場跡地等の人為的汚染土壌、強い石灰処理等を受けた建設残土等については、本書で述べる内容に加えて個別の整理検討が必要になる。

【解説】

　本書において主要な対象となる植栽地は、都市緑化の骨格となる都市公園や緑地等を対象の標準としているが、植栽基盤整備に関する基本的考え方やその対応方法は、特にそれらに限定されることはなく、一般的な植栽地であればいずれの場所にも適応可能なものとして編集されている。また、土壌に関しても通常の植栽地に見られる土壌であれば特に限定はない。

　ただし、表1-1に示すような植栽地・土壌の場合には、本書に示した内容に加えて、それぞれの特殊性を考慮した個別の検討・整理が必要になる。

生育不良な緑

不良原因で最も多い植穴過湿

表1-1　個別の配慮が必要となる植栽地と土壌の例

植栽地・土壌	本書の内容以外に留意すべき点
人工地盤 （屋上緑化地等）	軽量な植栽基盤が求められることから、人工的な資材の利用が多く、一般的な土壌の知見をそのまま転用することに無理がある場合がある。 多肉植物等、一般の緑化植物とは異なる生育特性を持つ植物が使われることも多いので、そのための配慮も必要である。
臨海埋立地 （海浜緑化地）	シルト質のヘドロが全面に用いられて泥濘状態を呈する場合や酸性硫酸塩土壌あるいは高塩分含有土壌等、極度の不良条件が重なる場合がある。また（土壌条件以外に）、潮風害ストレスが恒常的にあることも考慮する必要がある。
法面緑化地	特に切土法面の岩盤緑化等では、極めて薄い植栽基盤に限られた先駆的な植物を利用し、岩盤の亀裂に根系を入れる等、通常の植栽基盤の概念をそのまま転用するには無理なことが多い。
酸性硫酸塩土壌	黄鉄鉱（パイライト）起源の硫黄を含む土壌が空気中の酸素・水・微生物の働きで硫酸を生成して強い酸性になる土壌である。この変化は時に緩慢であるため、事前に中性と測定された土壌が、時間経過と共にpH3以下の強酸性になり植栽植物が全滅することもある。したがって、それが発生しやすい地質条件では、格別の注意が必要である。
人為的汚染土壌	工場跡地等の人為的な汚染土壌は、汚染物質の種類によって、除去対策が多岐にわたり、植物生育の観点に立った対応の十分な整理はなされていない。また、対応策についてもコンクリート等で汚染物質を固結させる方法では、土壌固結や強アルカリ性への対応が必要になる等、個々の工法に対する対応が必要である。したがって、人為的な汚染土壌の対策地では、その工法に対する十分な事前の調査と対策が要求される。
建設残土	建設残土には、泥濘性対策として石灰・セメント処理された土壌も多く、それらは強いアルカリ性を示すため、雨水による流脱を待つ等、特別の対応策が必要とされる。また、時には石灰処理アルカリ土と思われながら風化すると酸性硫酸塩土壌となる土壌も稀ではないため、特に粘土・シルト質の建設残土には、十分な注意と対策が必要となることが多い。

1-1-3 本書の構成

　本書は、緑化技術者等が植栽基盤を整備するに際して、その拠り所となる植栽基盤整備に係る基本的事項や、植栽基盤整備の考え方、作業の進め方、基盤整備に関わる標準的な数値や整備工法等を整理したものである。

　本書でまとめられた内容は、既存の文献・資料等の知見を踏まえて、植栽基盤整備に関わる事項を体系的に整理し、新たな検討を加えたものとなっている。したがって、記載されている数値や工法等は広く認知されているものや普及しているもの、汎用性の高いもの等を集約したものである。

本書の構成は、
　図1-1のとおりである。

　植栽基盤整備に関する基本的な事項は、第1章 総論編を参考とし、日々の実務においては、第2章以降の個々に該当する項目を参照しながら、活用していただきたい。

第1章 総論編	第2章 植栽基盤整備技術編	第3章 詳細技術編
・植物と土 ・用語の定義	・植栽基盤整備の基礎 ・植栽基盤整備企画・調査 ・植栽基盤整備計画・設計 ・植栽基盤整備施工 ・植栽基盤管理	・基礎調査 ・整備工法 ・関連資材

図1-1　本書の構成

1-2 植物と土

1-2-1 植物と土壌

　植物にとって、生きるために最も重要かつ不可欠なものは空気（酸素）と水と、養分である。この水と養分は、土壌中から根によって吸収される。

　特に、水は、植物体を構成する最も主要な物質であり、植物は、水・空気中の二酸化炭素・太陽エネルギーを利用して葉で光合成により炭水化物をつくり、これを蓄積することで成長している。また、水は、ミネラル養分を溶かして根に供給する働きもしている。

　酸素は、植物のすべての細胞が生きるために必要である。葉でも、ある光量以下では酸素を発生するより酸素を吸収する量が多くなる。酸素は、葉の気孔等から吸収されるが、根では土壌水に溶けた酸素を根毛から吸収する。したがって、良好な植物の生育のためには、十分な土中酸素の供給、すなわち土壌の通気性が極めて重要である。

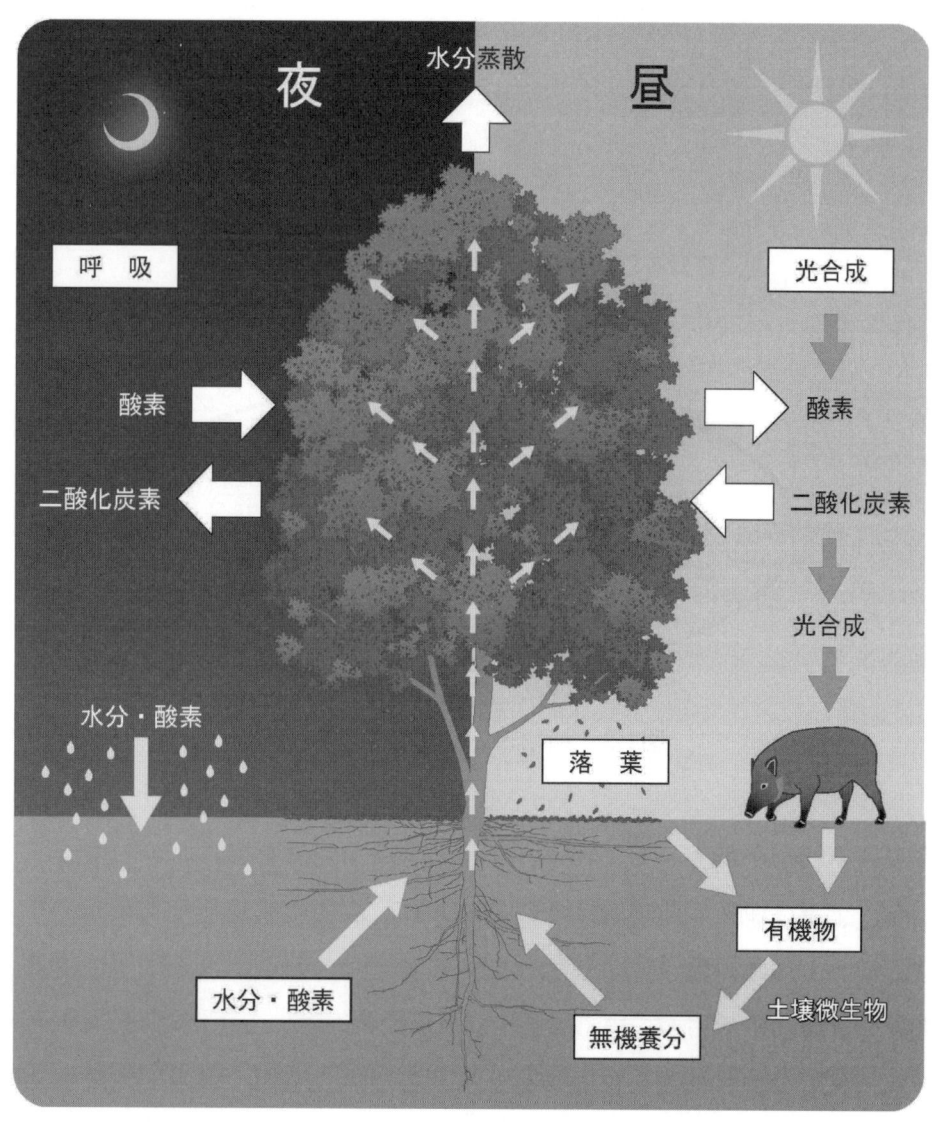

図1-2　植物をめぐる水と物質の循環

植物と土壌の主な関係として、次のことがあげられる。

植物と土壌の主なる関係

①主根、支持根を、土壌中に伸長することにより、植物体を支持する。
②土壌中に張った吸収根から、水分・養分を吸収し、炭酸同化作用等により植物体をつくると共に、空気中に酸素を供給する。
③根は、地中の酸素を吸収し、呼吸をすることで、生命を維持するエネルギーを得る。
④根が土壌中に伸長することにより、土壌構造の変化や微小生物の増加等、地中の生態系を豊かにする。

これら根の全体及び形態分布の状態を総称して「**根系**」という。根系は、植物の種類等により、ほぼ一定の形態や分布状態を示している。樹木の根系は、一般的に比較的浅い部分に多く根を張る「浅根性（型）」樹種、深い部分に多く根を張る「深根性（型）」樹種、そして、その中間的な「中間性（型）」樹種に大別される。

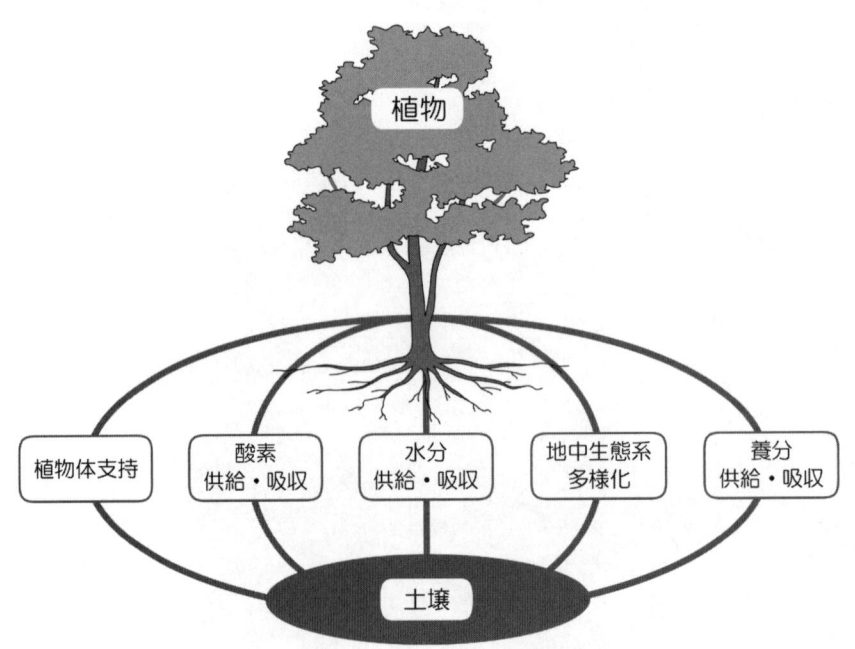

図1-3　植物と土壌の主なる関係

このように、植物と土壌そして生物は、互いに密接な関係を保ちながら生活・成長している。すなわち、土壌は植物の体を支えていると共に、植物の成長をも支えている。これとは逆に、土壌も植物や生物の働きにより生きており変化している。さらに、この変化により生まれた土壌養分を植物が活用している。

したがって、良好な植栽基盤を整備するということは、植物の根系に好ましい環境を整備するということに他ならない。

1-2-2 都市緑化と土壌

（1）造成地の土壌

　植物が健全に育つためには、健全な土壌が必要である。健全な土壌とは、植物の根が住みやすい場所（根の伸長が容易、根を傷める有害物質を含んでいない）であると共に、植物が必要とする水分・養分・酸素を過不足なく供給できるような環境を備えていることである。

　自然地の土壌は、土壌中の無機物、有機物等の構成要素が互いに影響しあい、一定のバランスを保ちながら、植物の生育に必要な物理性・化学性等の基本的要件が整えられたものとなっている。しかも、たとえ生育の条件が多少欠落している場合でも、微生物等の生物活動をはじめとする相互の作用により、これが補正され安定した状態に維持される環境にある。

　しかしながら、都市緑化は、都市の生活空間において、修景・生活環境の保全、その他の目的によって都市域に植物を植える行為であり、対象となる植栽地の土壌は、自然地と異なることが大部分である。すなわち、都市域の土壌環境の多くは、自然地を人為により改変したものであるため、自然地の土壌環境とは明らかに異なる性状となっていることが大部分である。

　例えば、腐植等に富む表土は、一般的には造成等により消失することが大部分である。したがって、植栽地の土壌は、有用微生物が少なく土壌養分が不足していることが多い。また、礫あるいは他の夾雑物も多く、固結化していることも多いことから、透水・保水・排水性が不良であることも多い。

　このように、都市域の植栽地における土壌は、植物にとって望ましい条件が整っている可能性が少なく、自然地の土壌とは化学性・物理性・生物性が大きく異なるのが通例である。

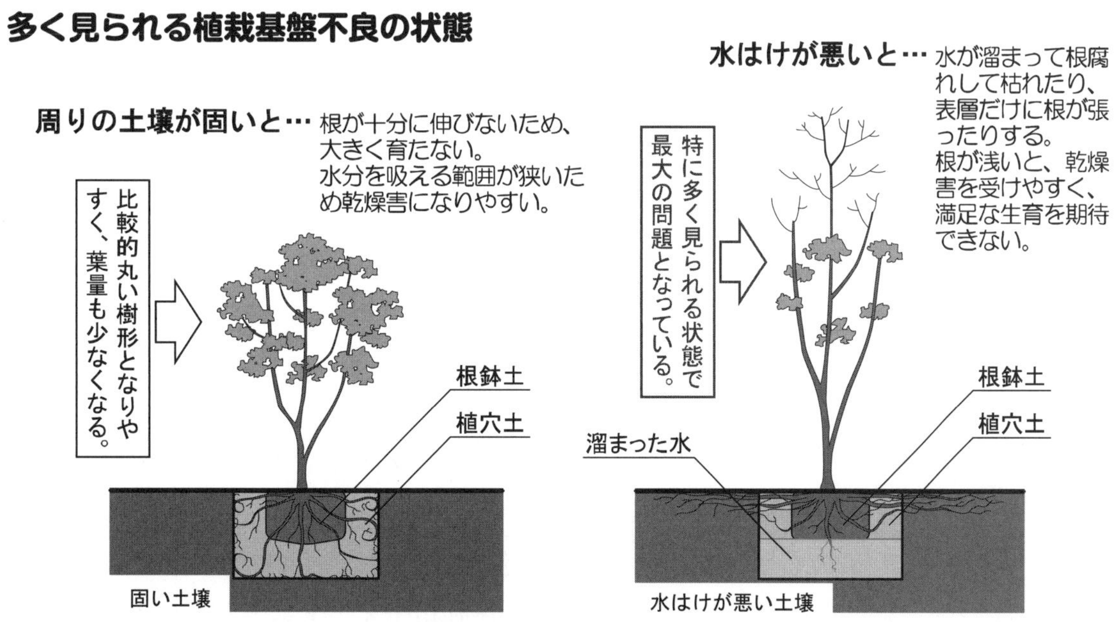

多く見られる植栽基盤不良の状態

図1-4　植栽基盤の不良な状態

したがって、都市域において緑化を推進するためには、植栽の基盤となる土壌環境を十分に確認し、植物の生育に最低限必要な土壌条件を整えると共に、これらの条件を植物の成長に合わせて人為的に調整していくことが必要となる。

表1-2　自然地土壌と造成地土壌の差異

	（森林の）自然地土壌	造成地土壌
土壌の層位	土壌の最表面に堆積層があり、その下に腐植を多く含み植物の生育に影響の大きい表層、更に下層、基層で成り立っている。	腐植を含む肥沃な表層土が存在することは稀で、無機質の風化土壌層も薄いことが多く、時には風化土壌層さえもなく、母岩が露出している場合もある。
土壌条件	物理性、化学性等の諸条件が整っており、常に補正され維持される状態にある。	植物の生育に必要な物理性・化学性等の諸条件が整っていない場合が多い。
土壌環境	無機物や有機物、生物活動等の相互作用により、一定のバランスが保たれている。	人為的な踏圧や表土等有用堆積物の除去等の外的環境圧があり、物質循環等の生態的なサイクルがおこりにくい環境にある。

表1-3　植栽地土壌としての基本的条件

機能・役割	基本的条件
非有害性	無害・無毒であること
酸素供給	水が移動して酸素を含むこと
根の伸長	根の伸長範囲における土壌が適度な軟らかさであること
水分供給	植物が吸える水の保持量が十分にあること
養分供給	必要な養分があり、それを保持する能力が確保されていること

(2) 自然地土壌とその利用

　都市緑化の大部分は造成土壌であるが、大規模な公園等では自然林もしくはそれに近い里山等に立地する場合があり、そこに存在する森林土壌は、有用な自然資源として有効活用することが大切である。これらの森林土壌の多くは、自然地土壌に近く、表土は腐植に富み、多様な植物の種子や生物を含む等生態系も豊かで、多くの有用なポテンシャルを有している。このため、植栽基盤整備にそれらの土壌が活用できる場合は、表土が持つ植栽土壌としての利点のみならず、生態学的価値も含めてより有効的に利用することが求められる。

1-2-3 土壌の種類と区分

(1) 土壌の区分法

土壌の区分法は以下の2種に大別される。

主なる土壌の区分法

①土壌分類法による区分
- 行政分野等で用いられる土壌地理学的区分であり、土壌図の記載は、この分類法に拠る。
- ある面積の土地の土壌断面特性によって区分される土壌区分である。
- 例えば「赤黄色土」、「褐色森林土」等の詳細な区分があり、その下(階層)に「土壌統」等の区分がある。

②一握りの「土」の特性による区分
- 土壌断面の層位的特性には関係なく、一握りの土でも判断される区分である。
- 「黒ボク」、「マサ土」、「シラス」等の通称名で呼ばれることが多い。
- 「砂土」や「砂壌土」等の「土性」区分もこれに該当する。

通常、土壌の区分は①の「土壌分類法」の区分によって説明されることが多いが、造園緑化の現場で実際に用いられているのは、ほとんど②の区分であり、時に両者は混同され、混乱して使用されていることも多いので、注意が必要である。

(2) 土壌分類法による区分

①の「土壌分類法による区分」は、一般に国土・農業・林業等の行政分野で用いられる区分(分類)であり、土壌地理学(ペドロジー)の区分もこれに類している。これらは、その土地の土壌の母材(元になった岩石の種類)、土壌断面の状況(どのような種類の土がどの程度の厚さで存在しているか、等という状況)を踏まえて決定される土壌の状況を示す分類である。

したがって、これらの区分や名称は単に土の種類を表しているのではなく、あえていえば末尾に「地帯」とか「地域」とかの語をつけて考えるほうが理解しやすい区分法である。

実際には主に地図(土壌図)で土壌の種類を区分するために用いられる。農業分野を例にすれば「あそこの土地は、土壌分類では〇〇であるから〇〇のような特性を有し、〇〇等の作物に適する」等の判断を下すための根拠となる。より簡潔に言えば、表面から1m程度までの土壌断面の状況を一言で表す区分である。

各分野で用いられている(提案されている)現行の主な区分法は、表1-4に示す4種類に大別される。各分類は、表の下段に示すように、原則として、大分類、中分類、小分類、あるいは更に下位の分類に細分化されるが、ここでは大分類である土壌群のみを示した(統一土壌分類のみはその上位の土壌大群も示した)。

農耕地土壌分類を例にとると、「泥炭土」は「高位泥炭土」、「中位泥炭土」、「低位泥炭土」の3亜群に細分化され、「高位泥炭土」は、更に「表層無機質高位泥炭土」と「典型高位泥炭土」の2つの土壌統群に分類される。ちなみに地力保全調査（ここでは記載していない）では土壌統の下位に、更に「土壌区」という区分が用いられる。
　全国を細かくカバーしている土壌図は国土調査の経済企画庁（現在は国土交通省 土地・水資源局国土調査課 担当）の分類に基づく土壌図があり、1/5万と1/20万の土壌図がインターネット上で公開されている。それらの情報は、造成等に際しての土壌採取計画等には有用であるが、その記載事項から現実の土壌状況をイメージすることは難しく、その詳細を知るには、多くの場合、現地の農林業関連試験場等の専門家に尋ねることが求められる。
　したがって、土壌分類に関しては、表1-4のような種々の方法があって、詳細は極めて複雑であるということのみを認識していればよく、通常の都市緑化の植栽基盤に関する業務においては、それ以上の知識は求められない。

(3) 一握りの「土」の特性による区分

　一握りの土の区分は、通称によることが多く、一般に土壌の種類と呼ばれるものの大部分はこの通称であり、表1-5に示すような通称名が広く知られている。しかし、これらの区分は広く利用されているが、厳密性に欠けることが多く、時に誤解を生ずることもあるので注意が必要である。
　例えば、「黒土」や「赤土」という用語は関東地方を中心に広く利用されており、基本的に火山灰土起源の土壌で、一般に赤土は黒土の下層に存在するが、両者の中間の黒色が弱い層から採取した土を「半黒」と呼んだり、淡い色のものでも黒土と呼ばれたり、一定していないことも多い。また、赤土の固結したある粒度のものを園芸分野では「赤玉土」と呼んでいるが、赤土とは異なるものと思っている人も多い。
　より混乱しやすい用語は「マサ土（真砂土）」である。一般には、花崗岩の風化土壌をマサ土と呼ぶが、どちらかと言えば地質や土質工学の用語であり、（植物生育を扱う）農学・土壌学の用語ではない。土壌図（土壌分類）では、マサ土は主に「赤黄色土」又は「黄色土」として分類される。このため、土壌図ではマサ土の分布を厳密に知ることは不可能であるが、わが国の深成岩（特に花崗岩）が、糸井川－静岡構造線の西側や中央構造線の北側に多く分布するため、結果として中部・近畿・中国に多くある。このため、「愛知から西はマサ土」等と呼ばれやすいが一概にそうとも言えない。また、マサ土を砂質のザラザラした土壌として考えることもあるが、陶器の原料となるマサ土（例えばサバ土）もあり、粒度も範囲が広い。したがって、あえて「黒土」・「赤土」と「マサ土」を比較するなら、前者は火山灰土であるため軽く、養分を（特に黒土は）豊富に持つが、非火山灰土（鉱質土壌ともいう）であるマ

サ土は、重くて極めて養分が少ないという点が主要な差異となる。しかし、技術用語としては、たえず「あいまいさ」が残るので、植栽基盤に係わる技術文書へのこれら用語の使用にあたっては、誤解を与えないような配慮が必要である。

その他の土壌に関する通称としては、「重粘土」、「砂土」、「ヘドロ」、「泥炭」等がある。

表1-4　主なる土壌分類と概要

分類	農耕地土壌分類	林野土壌分類	国土調査1/20万土地分類図（土壌図）	日本の統一的土壌分類体系第二次案
版等	第3次改訂版 1994	農水省林業試験場土壌部1976	経済企画庁国土調査課1970	日本ペドロジー学会2002
大分類*（土壌群）	01 造成土 02 泥炭土 03 黒泥土 04 ポドゾル 05 砂丘未熟土 06 火山放出物未熟土 07 黒ボクグライ土 08 多湿黒ボク土 09 森林黒ボク土 10 非アロフェン質黒ボク土 11 黒ボク土 12 低地水田土 13 グライ低地土 14 灰色低地土 15 未熟低地土 16 褐色低地土 17 グライ台地土 18 灰色台地土 19 岩屑土 20 陸成未熟土 21 暗赤色土 22 赤色土 23 黄色土 24 褐色森林土	ポドゾル P 褐色森林土 B 赤・黄色土 RY 黒色土 B1 暗赤色土 DR グライ G 泥炭土 Pt	岩石地 岩屑土 未熟土 黒ボク土 褐色森林土 ポドゾル 赤黄色土 褐色低地土 灰色低地土 グライ土 泥炭土	造成土大群 　人工母材土 　盛土造成土 泥炭土大群 　高位泥炭土 　中間泥炭土 　低位泥炭土 ポドゾル性土大群 　ポドゾル性土 黒ぼく土大群 　未熟黒ぼく土 　グライ黒ぼく土 　多湿黒ぼく土 　褐色黒ぼく土 　非アロフェン黒ぼく土 　アロフェン黒ぼく土 暗赤色土大群 　表層褐色石灰質土 　赤褐色石灰質土 　黄褐色石灰質土 　暗赤色マグネシウム質土 沖積土大群 　集積水田土 　灰色化水田土 　グライ沖積土 　灰色沖積土 　褐色沖積土 停滞水成土大群 　停滞水グライ土 　疑似グライ土 赤黄色土大群 　粘土集積質赤黄色土 　風化変質赤黄色土 褐色森林土大群 　黄褐色森林土 　普通褐色森林土 未熟土大群 　火山放出物未熟土 　砂質土 　固結岩屑土 　非固結岩屑土
中分類	土壌亜群	土壌亜群	土壌亜群	土壌亜群
小分類	土壌統	土壌型 　土壌亜型	土壌統	土壌統

＊統一土壌分類体系第二次案に関しては、土壌群の上位に「土壌大群」があるため、これも記載した。

以上は、全国的な一般名の土壌であるが、これ以外に「ローカル土」と称する土壌が数多く存在する。それらの内でも比較的広い範囲に分布するものは「特殊土」等とも呼ばれる。これらは特に九州・沖縄地方に多く、「そうら層」、「有明粘土」、「ぼた」、「おんじゃく」、「しらす」、「ぼら」、「こら」、「国頭マージ」、「島尻マージ」、「ジャーガル」等、極めて多岐に富んでいる。

　なお、「特殊土」に関して、法的には「特殊土じょう地帯災害防除及び振興臨時措置法（昭和27年公布、最終改正：平成11年12月）」の第2条（特殊土じょう地帯の指定）で、「シラス、ボラ、コラ、アカホヤ等特殊な火山噴出物及び花こう岩風化土その他特に侵しよくを受けやすい性状の土じようをいう。」（法令文書をそのまま引用）と定義されているが、ここでは一般的な用語として用いた。

表1-5　都市緑化分野で用いられる主な土壌名*とその概要

	名称	成因	分布	特徴
わが国に広く分布する土壌	黒ボク（黒土）	主に火山灰の風化（土壌化）物が腐植を集積した層	全国	有機物含有量が多く、軽しょうでリン酸吸収係数が大きいため、リン酸が欠乏しやすいが、緑化樹木の生育には問題なく、客土としても極めて望ましい。ただし、水で練り返すと固結化しやすい。
	赤土	火山灰の風化（土壌化）物	全国	軽しょうでリン酸吸収係数が大きいため、リン酸が欠乏しやすいが、緑化樹木の生育には問題は少ない。窒素肥料を主とする施肥を行えば、客土としても望ましい。ただし、水で練り返すと固結化しやすい。
	重粘土	粘土分の多い土壌	全国	通気、透水性が悪く、乾くと固く締まり湿害・干害共に受けやすく作業性が悪い。北海道北部のみに分布する土壌を指していう場合もあるが、広く、粘性が強く排水不良の低地土壌を指すことが多い。なお、国際土壌学会法の土性で、粘土含量が45%以上のものをHC（Heavy Clay）と言い、これを単に訳して重粘土という場合もある。
	砂（砂土）	風積の砂、海成の粗粒な堆積物を含むこともある	全国の海岸部等	砂土のため保水力、保肥力、養分共に乏しいが、管理が容易なため水さえあれば植物の植栽に問題はない。飛砂防止に要配慮。
	マサ土（真砂土）	花崗岩質岩石の風化物	全国、特に近畿、中国、四国	砂礫土、砂土、砂壌土で水を含んで流動し、流亡・崩壊しやすい。粒度によっては締まりやすく、多くは極めて貧栄養である。
	ヘドロ	内湾、湖沼、湿地の水成堆積物	干拓地、後背地、内湾、湖沼	物理的に未成熟で、握りしめると指の間から容易にはみ出す。地盤として極めて軟弱。乾くと非常に収縮する。高塩類含有土であることも多い。
	泥炭	湿性植物遺体の未分解堆積物	主に北海道、その他東北・関東	排水と客土が必要。地盤は軟弱で不安定。
ローカル土	「そうら層」、「有明粘土」、「ぼた」、「おんじゃく」、「しらす」、「ぼら」、「こら」、「国頭マージ」、「島尻マージ」、「ジャーガル」など他にも多数。			

*あくまでも「土壌名」の概説であり、これらの土壌すべてが緑化用に用いられるわけではない。

1-2-4 植栽基盤の定義

都市緑化の植栽地における土壌は、一般的な土木用語の「基盤」と区別する上で、「植栽基盤」と称し、特定の価値観を持った基盤として意味づけられてきている。

しかしながら、これまで「植栽基盤」という用語は、植物が順調に生育できるか否かに関係なく使われてきた例が多い。

本書では、植栽された植物が正常に生育できる、一定の厚さと広がりのある土層であるものとして、以下のように定義するものとする。

本書における植栽基盤の定義

植栽基盤とは、植物を植栽するという目的に供せられる土層で、植物の根が支障なく伸長して、水分や養分を吸収することのできる土壌条件を備えているべきものをいう。なお、排水層があるときはこれを含む。

「植栽基盤」を上記のように定義した場合、本書ではこれに類する用語を以下のように区分して、使い分けるものとする。

---

① 「基盤」と「地盤」

植栽されることを対象とし、植物が生育していくための土壌の領域（広がりと厚さ）を「基盤」といい、それ以外の植物が植栽されることのない土木構造物や建築物等の設営のために供される等のすべての領域を総称して「地盤」と呼ぶこととする。本書は、基本的に植栽することを前提とした土壌やその整備のあり方について記述したものであることから、「基盤」という用語に限定して使用していくものとする。

② 「基盤」と「植栽基盤」

植物の生育にとって良好な条件の所も不良な条件の所も含めて、植栽する場所の土壌領域を総称して「基盤」とする。ただし、たまたま良好な条件が整っていれば、「基盤」＝「植栽基盤」となる。

1-2-5 植栽基盤の構造と範囲

(1) 植栽基盤の構造

植栽基盤は、以下に示す「有効土層」と「排水層」から構成される（図1-5参照）。

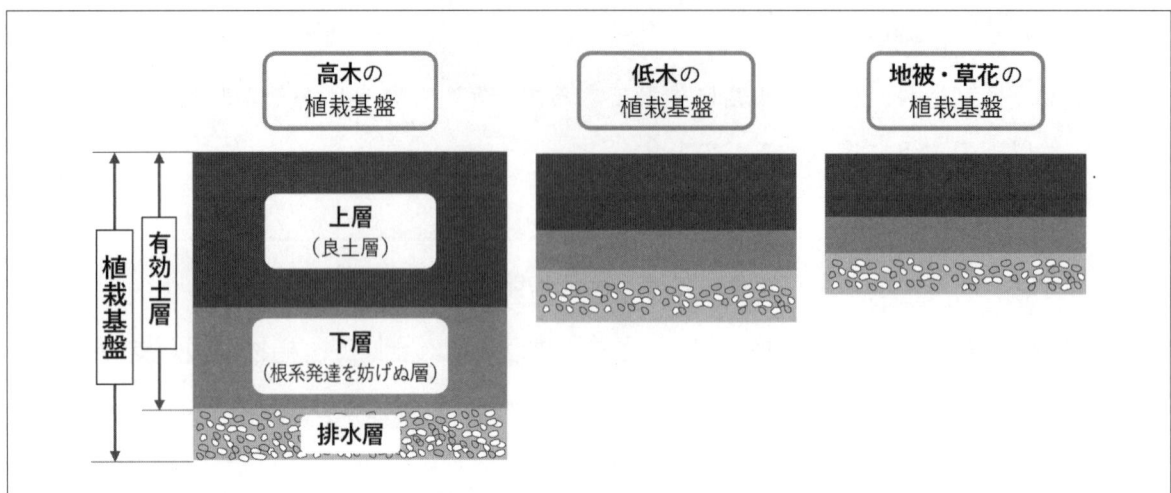

図1-5　有効土層の（規格別）整備模式図

(2) 植栽基盤の厚さ

有効土層の厚さは、以下のような条件によって規定される。

①植物の根の集合体である根鉢が収まり、更に根が下方へ伸びることができること。
②強風の時にも倒れないだけの根張りを確保できること。
③旱魃の時にも灌水なしで枯れないだけの水分を保てること。

実際には、植物の種類や諸条件によって異なってくるため、原則的に高木・低木、地被・草花等の区分により、平均的な厚さを標準として、表1-6の数値を確保していくことが適切と考えられる。

1) 高木（成長して樹高3m以上になる樹木）

　高木といわれているものには、15～20mにもなる大木も含まれ、ひとまとめにすることは困難である。そこで実際に用いられている高木の大きさから3段階に分けて、望ましい有効土層厚を表に示した。苗木を植栽する場合でも、目標とする樹高に応じた有効土層厚を確保することが望まれる。

2) 低木（成長しても樹高3m未満の樹木）

　低木では、有効土層の厚さが40～60cm、そのうち上層の良質土層は30～40cm確保することが望まれる。低木は、種類によって樹高50cm程度のものから3mになるものもあり、植栽時ではなく、成長後の樹高を勘案し、有効土層厚を確保することが必要である。

3) 芝生・草花

　芝生や草花は、植物の乾燥等に対する環境適応力や植栽地の条件等により判断しなければならないが、旱魃に耐えられるよう有効土層厚30～40cm以上を基本とし、そのうち上層20～30cm、下層10cm以上を確保することが望まれる。

表1-6　規格別有効土層の厚さ（参考値）

樹高*	高木			低木	芝生・草花
	12m以上	7～12m	3～7m	3m以下	
上層	60cm	60cm	40cm	30～40cm	20～30cm
下層	40～90cm	20～40cm	20～40cm	20～30cm	10cm以上

＊樹高は、生育目標の大きさ

(3) 植栽基盤の広がり

　一般的な緑地における植栽基盤の面積は、植栽する植物の根が十分に成長するだけの広がりを確保するということになる。これは、植物が生育するのに必須の水分や養分を必要量吸収するために、その役割を担う細根が伸長する範囲を確保することである。この細根は、一般に樹冠の投影面積と同程度の広がりを持つとされており、有効土層の面積が確保されないときは、成長が抑制されることになる。しかし、これは植栽地の条件に大きく左右されることから、一概に規定することは困難である。したがって、一般的な公園や緑地における植栽と、舗装内における植桝等植栽空間に制約のある場所への植栽とに区分して、平均的な広がりを確保していくことが現実的であり、表1-7にその標準参考値を示した。

1）独立植栽における広がりの標準

　一般的な公園や緑地において、独立して植栽する場合の1本当たりの植栽基盤の広がりの目安は、植栽する植物の樹高を直径とする広がりを標準とする。

2）群落植栽における広がりの標準

　一般的な公園や緑地において、群落として植栽する場合の植栽基盤の広がりは、植栽地全域となる。

3）植栽空間に制約がある場合の植栽基盤の広がり

　植栽空間に制約がある街路樹や舗装した広場の植桝においては、植栽基盤としての広がりの確保は、非常に難しい問題である。

　一般に、植桝等による植栽基盤を確保する場合、十分な広がりを確保することは基本的に無理である。しかし、ある程度の植栽基盤面積や広さが確保されない場合、植栽した植物の成長を抑制する要因となることから、植桝の形態を連続桝（植樹帯）にしたり、舗装の下の土層を耕耘し、舗装の沈下に影響がないような構造の工夫をして、植栽基盤の広がりを確保する等の対策を行うことが望ましい。このことは根系発達が規制される土壌でおきやすい根上がりによる舗装の損傷を防止することにもつながる。

表1-7　植栽基盤の広がりの標準〈参考〉（単位：m²）

高木／低木	樹木 高木			低木		芝・地被類
樹高	12m以上	7〜12m	3〜7m	1〜3m	1m以下	
1本当たりの広がりの標準	約110（12m）	約80（10m）	約20（5m）	*約5、約1.8（2.5m）（1.5m）	約0.3（0.6m）	
群落植栽の広がりの標準	植栽地面積					植栽地面積

（注）1.（ ）は直径を表す。
　　　2.一般的な場合は*を適用する。
　　　3.植栽が点在する場合、1本当たりの広がりの標準を適用するものとする。
　　　4.群落植栽や花壇等対象となる広がりが重複する場合は、重複する広がりを控除する。
　　　5.植栽間隔によっては、改良地と改良地との間に空白域が生じる。空白域が小面積の場合は、施工性の面から全面改良として算出する。
　　　6.植栽後一定期間（5年程度）を経過し、より旺盛な成長を望む場合は、樹勢を判断の上、メンテナンス作業の一環として、植栽基盤の整備範囲の拡大を行う。

（4）植栽基盤の成立条件

植物が正常に育つために必要な基盤の条件は、おおむね表1-8及び図1-6に示す条件による。

表1-8　植栽基盤の成立条件

物理的条件	・透水性が良好であり、かつ下層との境界等で水が停滞しないこと ・硬さが適当であること ・適度の保水性があること
化学的条件	・植物の生育に障害を及ぼす有害物質を含まないこと ・酸度（pH）が適当であること ・ある程度以上の養分を含んでいること

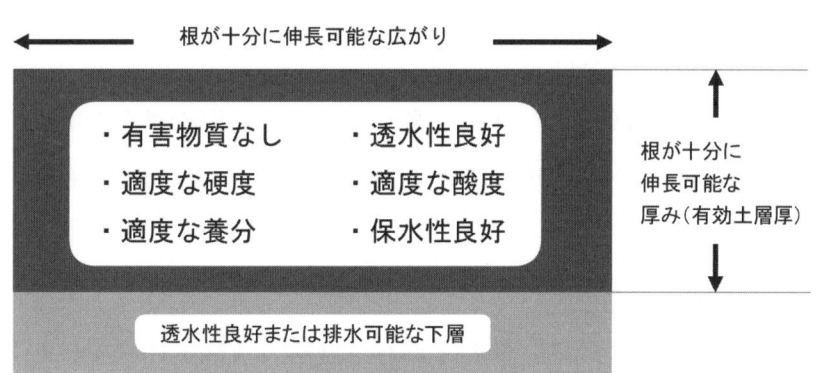

図1-6　植物が正常に育つために必要な基盤の条件

（5）条件の優先順位
1）概要

植栽基盤整備で優先される条件の順序は、おおむね表1-9に示すとおりである。

表1-9　植栽基盤整備の優先度

順位	条件
①	・有害物質を含まないこと
②	・透水性（通気性）が良好であること
③	・硬さが適当であること
④	・酸度が適当であること
⑤	・ある程度以上の養分を含むこと ・適度の保水性があること

これらの順序は、条件によっては無視できるものもある。例えば、事前の調査等で有害物質の含有等が完全に無視できる場合もあり、その時は①を無視することもできる。しかし、一般論としては、この順序の優先順位となる。

なお、暗黙の了解事項としては、水の存在があり、「必要最低限の水を含むこと」ということは「有害物質を含まぬこと」と同等の最優先事項であるが、水は外部要因であるため、本書では検討から除外している。

2）各優先度の概要

① 有害物質を含まぬこと

植栽基盤に有害物質が含まれる頻度は必ずしも高くはないが、最も優先すべき条件としては、有害物質を含まぬことがあげられる。都市緑化分野で遭遇しやすい有害物質を含む土壌には、表1-10に示すようなものがある。なお、工場跡地等の特殊な有害物質については、ここでの対象から除外した。

ただし、これらの有害物質の存在は、多くの場合、立地や搬入土壌の採取（発生）場所等がわかっていれば、ある程度まで予測ができるので、適切な検査を行えば問題は回避できる。

また、これ以外に、整備段階ではないが、最終的に植栽される土壌で植栽植物を枯死させるような有害物質としては、極めて過剰の施肥（特に根鉢周辺）もこれに該当し、化学肥料のみならず極めて過剰なコンポスト類等の施用も、条件によっては有害物質となる可能性がある。

表1-10　都市緑化分野で可能性がある有害物質を含む土壌

有害物質を含む土壌	出現しやすい条件
極度に強いアルカリ物質を含む土壌	強い石灰処理を受けた土壌（ヘドロ）
pH3以下になるような酸性硫酸塩土壌	クリーク等の浚渫土、沖積土地帯のシルト質土壌
高塩類含有土壌	海水を含む地域の浚渫土

② 透水性（通気性）が良好であること

透水性（通気性）不良は、植栽基盤に起因する緑化植物の生育不良原因として常に最上位にあげられることが多い。したがって、通常は最も優先度が高い条件となる。

具体的には、植栽基盤の排水性が良好であることが要求される。

③ 硬さが適当であること

　土壌の硬さが原因で、直接的に植物が枯れることはほとんどないが、有効土層不足で満足な根系の伸長が不可能な場合は、十分に水分を吸収することもできなくなるため、乾燥害にあいやすい等の影響がある。

④ 土壌pHが適当であること

　緑化用の植物、特に樹木の生育は、土壌pHの変化に鈍感なことが多く、比較的敏感なツツジ等の一部の品種を除き、土壌pHに神経質になる必要は少ない。ただし、都市緑化地の植物は、土壌のみならず気象的要因等による各種ストレスを日常的に受けることが多いので、ストレス要因は少しでも減らしておくことが望まれる。このため土壌pHも適当な範囲にあることが望ましい。

⑤ ある程度以上の養分を含み、適度の保水性があること

　緑化植物にとって、養分は植栽と同時に必ずしも必要とされるものではなく、活着後の根系の発達と共に吸収されていくものであり、また、管理段階において補っていくことも可能であることから、最優先条件とは言い難い。さらに、緑化植物が養分不足で枯死に至る例は多くない。

　しかし、砂質土やシラス等の養分保持量が少ない特殊な土壌（貧栄養な土壌）をはじめ、多くの植栽基盤用土壌は、養分に乏しいことが一般的である。また、実際問題として管理段階での施肥は十分な対応がなされないことが多い。このため、基盤整備の段階で、適切な養分を与えること、特に長期的視野に立って有機物等の混入を施すことは、極めて重要なことである。

　保水性に関しては、それが多いことが望ましいが、適度の乾燥状態は、良好な根系発達を促す条件でもある。また、排水性の良さは、すべてに優先されるべき条件でもある。このため、条件の順位としては、下位の扱いとなる。

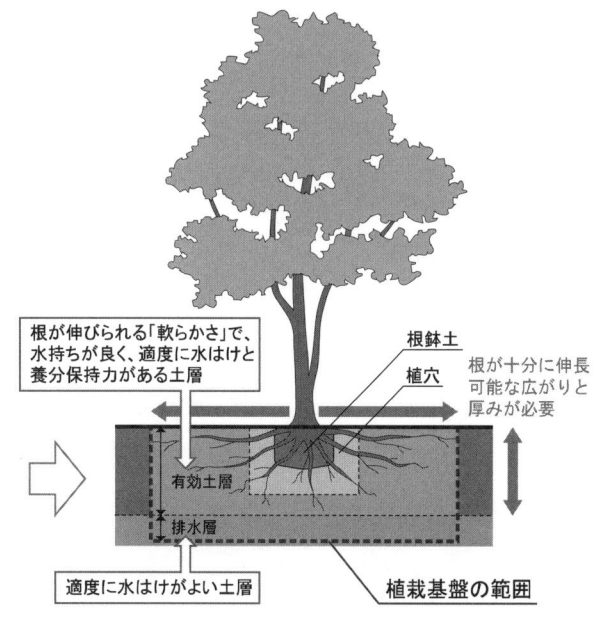

【本書での考え方】

図1-7　植栽基盤の範囲

1-3 用語の定義

根系

　植物の地下部の総称で、地下茎等を含む地下部全体及び形態分布の状態をいう。根系には、水分、栄養塩類の摂取あるいは呼吸等の生理機能と、植物体を支える支持機能あるいは固着機能の2つの働きがある。根系は、植物の種類等により、ほぼ一定の形態や分布状態を示している。

　樹木の根系は、土壌の比較的浅い部分に多く根を張る「浅根性（シラカシ・ヒノキ・ケヤキなど）」、深い部分まで多く根を張る「深根性（アカマツ・スギ・カツラなど）」、その中間的な「中間性（ミズキ・アオギリ・クスノキなど）」の樹種に大別される。

表土

　表土とは、林地等の表面に発達した有機物が豊富で、植物を生育させる能力すなわち肥沃度の高い土壌の総称である。一般に土壌は、岩石や鉱物の砕屑物質である鉱物混合体と、これに発生した生物等の一部が分解してできた炭素化合物に由来する有機物で構成されているが、表土はその有機物の蓄積が大きい。この表土は、植物の育成機能の他に、雨水の保水機能や、その中で活動する土壌微生物の分解機能により地力が増進されると共に、土壌汚染の浄化が進められる等の環境保全的機能も大きい。

土性

　礫を除いた細土（一般に径2mm以下の粒子をいう）の粒径組成、すなわち砂・シルト及び粘土の組成割合によって決定される土壌の基本的性質である。土壌診断あるいは造園の分野等においては、一般的にその組成割合で区分した「砂土」・「砂壌土」・「壌土」・「埴壌土」・「埴土」の5段階に区分することが多い。土性を判定すると、土壌の性質のかなりの側面が判断できる。排水性・透水性・保水性・養分保持力・養分含量・根群の伸長の良否等とも関係が深い。

透水性

　土層内の水の移動しやすさを示す尺度。透水性は、土性と土壌構造によって決定され、土性が粗であるほど、また、団粒構造が発達しているほど大きく、排水の良否を判定する目安にもなる。また、通気性とも密接な関係がある。

土壌改良

　植栽地の土壌環境圧の除去や緩和を人為的に行うこと。すなわち、植栽地の劣悪な土壌の理化学性を耕耘や土壌改良資材・肥料の施用等によって、植栽植物の生育にふさわしい状態にすること。

土層改良

　植栽基盤整備にあたって、土壌の固化、過湿、透水・通気・排水の不良、あるいは有効土層の不足等の主に、土壌の物理性に起因する土壌環境圧を除去するために、表層土だけでなく下層土も含めた土層全体の物理性を改良すること。また、表層土の土壌改良に対して、単に下層土の物理性の改良のみを指す場合もある。

客土

　植栽地の土壌の理化学性が著しく不良で、改良も容易でない場合、あるいは植栽に必要な土壌の厚さが不足している場合に、新たに良質な土壌を搬入すること。客土に使用する土壌は、植物の生育にふさわしい理化学性を有したものでなければならず、一定の品質が要求される。なお、良質の客土が手に入らない場合は、次善の措置として、やや質の劣る土壌を搬入し、改善対策を施し使用する。

耕耘

　土壌の物理性を向上させるために、根圏となる土壌層を機器によって砕土し膨軟にする地ごしらえ作業の一つ。その結果、土壌微生物の活動も盛んになり、通気性の向上、水分保持にも効果があるため、根群の発達にも良い影響を与える。

複合肥料

　単肥に対して用いられる用語。窒素、リン酸、カリのなかで2種以上を含むものをいう。

配合肥料

　複合肥料のうち、化学肥料同士あるいは化学肥料と有機質肥料等を機械的に混合した肥料。「化成肥料」に対して用いられる用語。指定配合肥料は、既に登録されている普通肥料のみを配合させて生産される肥料で、農林水産大臣登録肥料が配合されるものは、大臣への届出が必要であり、肥料の種類等によっては配合が制限されるものがある。

化成肥料

　複合肥料のうち、肥料要素に化学的操作を加えて結合させ、製造された肥料で、配合肥料に対応する用語。一般に粒状を呈するものが多い。「普通化成（低度化成）」は、窒素・リン酸・カリの三要素の含量合計が30%に満たないもの。「高度化成」は、窒素・リン酸・カリのうち2成分以上を含み、その合計含量が30%以上のものをいう。

活力度

　植物の形状、生育状態、生理作用の程度によって植物の健康度合いや活性度合いを判定する尺度。

第2章
植栽基盤整備技術編

2-1 植栽基盤整備の基礎

2-2 植栽基盤整備企画・調査

2-3 植栽基盤整備計画・設計

2-4 植栽基盤整備施工

2-5 植栽基盤管理

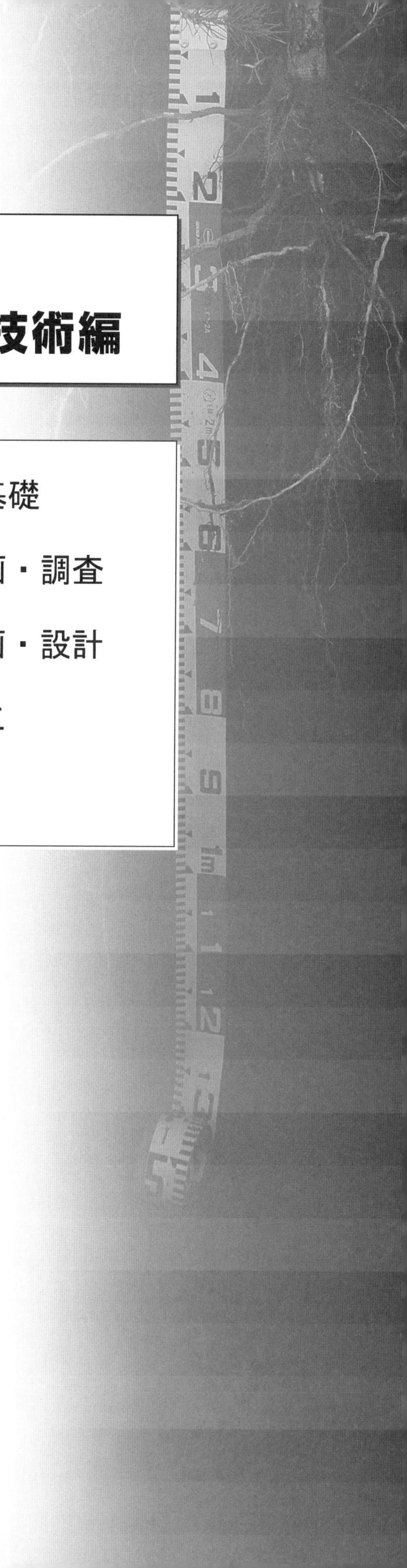

第2章 植栽基盤整備技術編

2-1 植栽基盤整備の基礎

2-1-1 植栽基盤整備の考え方

> 植栽基盤の整備は、対象地となる基盤条件が自然地の土壌環境とは異なることを前提に、植物の生育に必要な土壌環境の基本的条件を整えると共に、植物の成長に応じてその土壌環境を維持・管理していくことである。
>
> なお、対象地が自然地の場合、表土や植栽土壌として有効活用可能な他の土壌についても、その存在と有用性を調査した上で、積極的な活用を図っていく。

【解説】

(1) 植栽基盤整備の方向性

一般的に、植物の生育にとって土壌が大切なことは概念としては理解されているが、植物は、時として土壌としての基本的条件が整っていない劣悪な土壌環境下でも生育していることもあり、土に穴を掘り植物を植えておけば、自然に育ち大きくなるものだという誤解を招きがちとなっている。しかし、これらの劣悪な土壌環境下の植物は、生きるために大変な努力をしており、おそらく他のいくつかの植物はすでに枯死し、その植物自体も本来の良好な成長はしていないことが多い。

都市緑化における植物は、その植物本来の良好な生育により、都市環境を潤いのある緑豊かなものとすることに目的がある。そのためには、植栽された植物が健全でその植物本来の良好な生育が維持されることが基本的な要件である。

写真2-1　自然環境土壌下の緑  　　写真2-2　都市緑化における緑

しかしながら都市緑化において、人工的に造成された基盤に植物を植栽した場合、枯損や何らかの生育不良を生じている場合が少なくない。これらの最も大きな原因は、造成による基盤そのものが自然地土壌の下層である心土や基岩であったり、重機等により過転圧されたために生じる土壌の固結や透水性不良、養分の欠乏等によるものといえる。この様な場所での緑化には、植栽した植物が健全に育つための植栽基盤土壌としての条件を整備しておかなければ、植物の生育を期待することは困難なことといえる。

　一般に、都市域の植栽地における土壌は、自然地の土壌とは異なり、人為的に形成されることが多く、植栽される植物にとって望ましい条件が整っている可能性が少ないといえる。したがって、植栽基盤整備に際して、最も基本となるものは、植物の生育に最低限必要な土壌条件を整えていくことにある。加えて、公園緑地等における土壌環境は、永続的に整備された条件をその土壌自体が調整・維持することが困難であることから、植物の成長にあわせて、養分の補給等をはじめとするその生育上必要となる土壌の諸条件を人為的に調節していくことにより、生態的にも良好な土壌環境に整えていくことも重要なことである。

　また、植物の枯損や生育不良等の背景には、植栽基盤の重要性に対する認識の欠如に加え、事業計画の段階から、植栽計画の中で植栽基盤の調査・検討を盛り込むことがなされていなかったことにも要因があると考えられる。一例をあげるならば、土木と造園では求められる土壌の性質が基本的に異なる。すなわち、土木における基盤は、安定的な性状を目的とするため、切土では硬い基層や下層の地層、盛土では締め固められた地盤がほとんどである。これに対して造園で用いる土壌は、膨軟で通気性や透水性があり、腐植に富んだものであることが望まれる。したがって、同じ場所の土壌を対象に、よく締め固められた土木造成の完了後に、大規模な土層・土壌改良を行い植栽している例が数多く見られる。しかし、これら植栽基盤整備に関する工事を予測して全体計画が進められれば、土木との連携により、安定した地盤と共に植物にとってさらに良好な基盤の形成が可能であり、しかも経済的にも有効なものになるはずである。

　このように、都市緑化において、植栽の計画・設計の中で基盤となる土壌の調査・検討を十分に行っておくことは、良好な緑地空間を完成させるために極めて大切なことである。

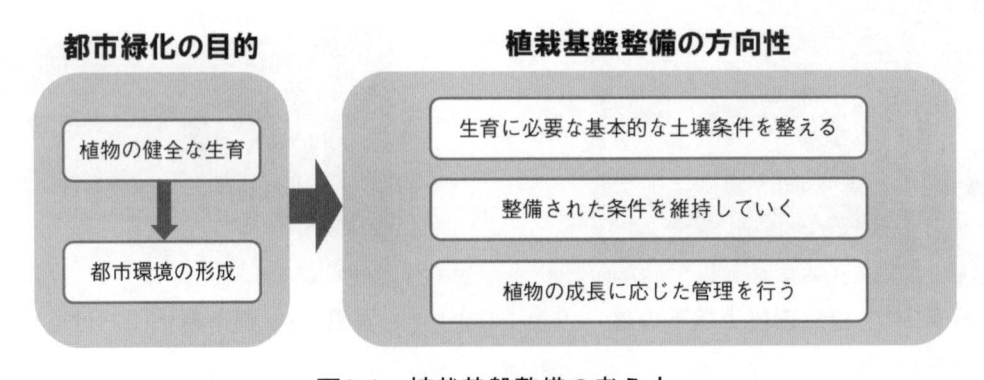

図2-1　植栽基盤整備の考え方

(2) 既存土壌等の活用と有効性

　対象地が自然地である場合は、良好な生物資源である表土や改良を加えることにより、植栽土壌として活用可能な土壌が存在していることから、これらを十分に調査を行い、その活用を検討することが大切である。

　一般に、良好な自然土壌（植栽用客土材）の供給は、今後共少なくなると考えられ、また、広い面積に客土するには経費がかかりすぎる。したがって、現場対象地の土壌を改良等の手段を含めていかに活用するかは、植栽工事において重要な検討項目である。

　過去に行われてきた客土方式による土壌改良は、場合にもよるが、他の自然地の表土や肥沃な畑地土壌を収奪することにより成立している行為であり、自然環境の保全上必ずしも推奨できる方法ではない。

　したがって、環境保全を踏まえた資源リサイクルの観点から、既存（現地）土壌を活用した人工的な植栽土壌の合成や、公園などで発生する落葉や刈り草等を活用した堆肥、さらに都市インフラから必ず発生する下水汚泥を利用したコンポストの活用等、積極的に導入を検討することが必要である。

1）表土のリサイクル

　表土のリサイクルとは、開発等に際して、自然地が長年かけてつくり上げた貴重な資源である表土を保全すると共に、主として植栽用土壌や法面緑化材として有効に活用することにより、土地造成等により失われた生態システムを再構築しようとするものである。

　この表土保全については、法律で次のように定められている。

法における表土

①都市計画法第33条［開発許可の基準］第9号
　政令で定める規模以上の開発にあっては、開発区域及びその周辺の地域における環境を保全するため、開発行為の目的及び第2号イからニまでに掲げる事項を勘案して、開発区域における植物の生育の確保上必要な樹木の保存、表土の保全その他の必要な措置が講ぜられるように設計が定められていること。

②都市計画法施行令第28条第2項第2号
　高さが1mを超える切土又は盛土が行われ、かつ、その切土又は盛土をする土地の面積が1,000平方メートル以上である場合には、当該切土又は盛土を行う部分（道路の路面の部分その他の植栽の必要がないことが明らかな部分及び植物の生育が確保される部分を除く）について表土の復元、客土、土壌の改良等の措置が講ぜられていること。

③都市計画法施行令第29条第2項第10号
　第28の2第2号の技術的細目に定められた制限の強化は、表土の復元、客土、土壌の改良等の措置を講ずべき切土若しくは盛土の高さの最低限度又は切土若しくは盛土をする土地の面積の最低限度について行うものであること。

このように、法律や政令にうたわれている表土保全とその復元利用であるが、これを実施している例は必ずしも多くない。

　しかし、表土が単に植栽の用土として貴重であるばかりでなく、埋蔵されている種子や、生態系を支える分解者である土壌動物と微生物を含む貴重な資源であり、その再蓄積には、数百年の年月が必要とされるともいわれることを考えた場合、現状の大規模造成のシステムに不適であるという理由により、貴重な生態資源を失うことは大きな問題であると思われる。

　このため、土地造成等に際して、貴重な生態資源である表土を、生態系の再構築システムとして有効に組み込む努力が大切である。

表2-1　表土の特色・用途・利用の要点

利点	特色を生かす用途	注意点
① 腐植（ふしょく）に富む	根が集中する植栽基盤	保存時に滞水・空気不足にすると腐植によって、より還元（ドブ化）が助長される。
② 団粒構造が発達する等、好ましい物理性を有する	植栽基盤全体	保全・運搬・利用時に練り返しや圧密による物理性悪化に注意する。
③ 土地固有の植物の種子・土壌動物・土壌微生物等に富む	表層土壌として活用（種子発芽や生物活動を盛んにさせる）	長期の厚い堆積では、各種生物の活性が落ちるので、これらに対する配慮が必要である。

2）既存土壌等の活用

　既存土壌の活用とは、対象地が自然地及び粗造成前の基盤の場合、現場を調査することにより植栽用土壌として利用可能、又は、人工的に改良を加えることにより活用可能な土壌を利用することをいう。

　また、現場土壌とは別に、他の場所の建設残土等を活用して、植物の生育に必要な土壌条件を調整して利用する場合もある。この場合、供給される土壌の性質は千差万別であるので、土壌の性質を十分に調査・把握したうえで合理的な土づくりを進めることが大切である。

3）既存土壌等の区分と利・活用の基本的な流れ

①採取表土

　当該業務対象範囲内の場所に分布している表層土壌で、採取、利・活用可能な表層付近（A層又はB層の一部を含む）の良質なもの、あるいは若干の改良等により、植栽基盤の土壌となりうる場合は、これを含むものとする。

②流用土（既存活用土）

　当該業務対象範囲内に分布している土壌で、事業整備の中で、利・活用可能な良質な土壌。若干の改良等により、植栽基盤の土壌に適するものは、これを含むものとする。

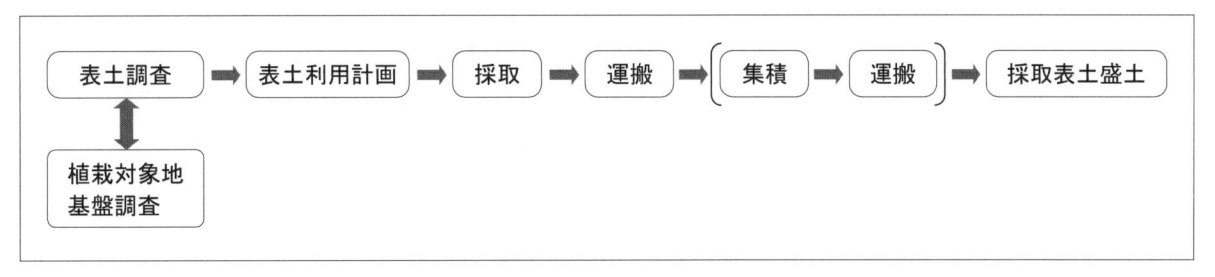

図2-2 採取表土利用の手順

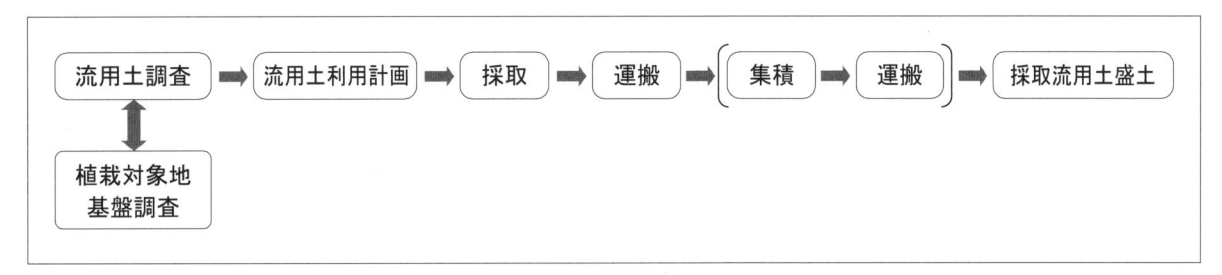

図2-3 流用土利用の手順

③発生土（建設残土等）

当該工事対象範囲外の建設工事等で発生した土壌で、事業計画（工事工程）の中に、利・活用可能な良質な土壌を指す。若干の改良等により、植栽基盤の土壌に適するものは、これを含むものとする。

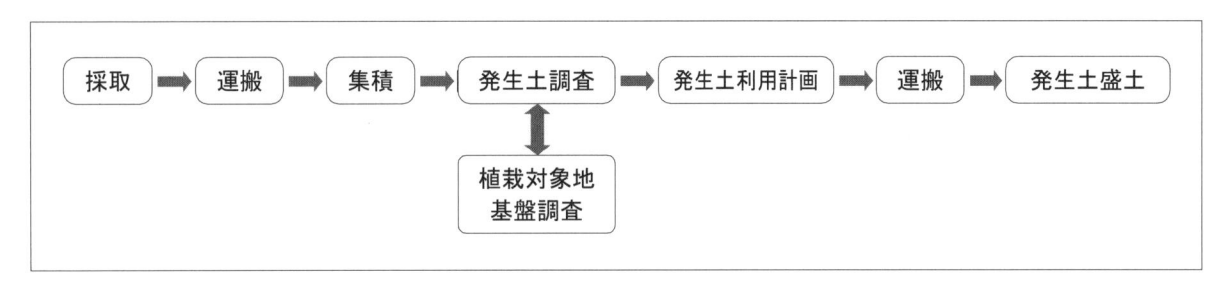

図2-4 発生土利用の手順

④購入土

当該工事対象範囲外の場所に分布する購入良質土（一般に「客土材」として取り扱われている）。

4）既存土壌等の業務での位置づけ

これらの土壌は、利・活用に際しての対応の時期（土壌調査、評価・検討、利・活用の立案等）がそれぞれ異なる。採取表土や流用土については、極力早期の段階から対応することが望まれ、発生土及び購入土については、利・活用の可能性が生じた際に、その都度対応する。

表2-2 既存土壌と対応段階

	採取表土	流用土	発生土	購入土
企画・調査	◎	◎		
計画・設計	○	◎	◎	◎
施工	□	□	□	□
管理	×	×	×	□*

◎：重点的に対象としての検討を行う段階
○：前段階の継承又は、新たに利用の可能性が出現した場合に対象として検討する段階
□：上位段階で、利活用が決定されている場合にのみ対象となる段階
×：基本的に対象とならない段階
＊：目土・流亡土壌の補填等

2-1-2 植栽基盤整備技術の構成

> 植栽基盤の整備は、対象地の概況把握により植栽基盤整備の基本的な方向性を示す「企画・調査」と、対象地の基盤土壌調査により植栽基盤整備の具体的内容の検討・策定を行う「計画・設計」、対象地の基盤の状況と設計内容を確認し植栽基盤整備の施工を行う「施工」、植栽完了後の基盤の状態を確認しながら植栽基盤を育成・維持する「管理」の4つの段階に区分され、業務が遂行される。
>
> なお、各段階の業務の内容は、対象となる基盤の現況の形態や全体工事の状況により適切な対応をはかるものとする。

【解説】

(1) 植栽基盤整備の業務区分

植栽基盤整備に係わる業務は、主体となる公園・緑地等の主体業務の流れに対応しつつ、「企画・調査」、「計画・設計」、「施工」、「管理」の4つの段階に区分される。

これらの業務は、段階毎に内容や質の異なる「基盤に係る調査」、「調査結果の評価・目標設定」、「対策の検討」、「立案・実施」等の業務で構成される。

図2-5と表2-3に、各段階の位置づけと基本的に果たすべき役割と主な業務を示す。

段階	内容	業務項目
企画・調査段階	対象地基盤の概況把握により、植栽する基盤の状態を予測し、基盤整備の基本的な方向性を示す。	・基礎調査の実施 ・基盤評価・基本的考え方 ・基盤整備構想立案 ・他関連との協議・調整 ・計画・設計段階への継承
計画・設計段階	対象地基盤の調査等による詳細な把握により、具体的な整備工法や仕様の検討・策定を行う。	・基盤評価・整備目標設定 ・基盤整備計画・設計立案 ・他関連との協議・調整 ・施工段階への継承
施工段階	基盤整備設計等の内容と対象地の状況を細部にわたり確認し、基盤整備の施工を行う。	・確認調査の実施 ・基盤評価・整備目標確認 ・基盤整備施工 ・他関連との協議・調整 ・管理段階への継承
管理段階	植栽完了後の基盤を継続的に確認しながら、育成や維持管理目標に適した基盤に管理し、必要に応じて補修を行う。	・追跡・診断調査の実施 ・基盤確認・管理目標設定 ・基盤管理の実施 ・他関連との協議・調整 ・次期管理(補修)段階への継承

図2-5　植栽基盤整備の業務区分

表2-3　植栽基盤整備技術一覧

	企画・調査段階	計画・設計段階	施工段階	管理段階
位置づけ	対象地の概況把握により、基盤の状態を予測し、植栽基盤整備の基本的な考え方を想定する段階である。	対象地の基盤の状況を調査し、具体的な整備工法や仕様の検討・策定を行う段階である。	植栽基盤整備設計図書の内容と対象地の状況を、細部にわたり確認しながら、植栽基盤整備の施工を行う段階である。	植栽完了後の植栽基盤を確認して、管理目標の設定を行い、これを管理していく段階である。
調査・判断技術	**基礎調査** 既存資料を含めた対象地及び周辺部の簡易な概況調査により、利・活用土の有無等や予測される植栽基盤整備の方向性を示すための調査を行う。	**事前調査** 計画・設計内容を想定しながら、主要な箇所の土壌を調査し、その適性について判断・評価を行う。 基盤形成前の場合は、改変される地形を予測しながら判断を行う。	**確認調査** 設計段階での基盤の状況と現況とを詳細に比較しながら、基盤の課題や設計完了後の状況変化等を主体に確認・評価を行う。	**追跡・診断調査** 植物の生育状態等を観察しながら、適宜植栽基盤の状態を調査することにより、継続的に判断・評価を行う。
実施技術	**植栽基盤整備構想** 企画・構想内容に沿った整備の方向性を示し、想定される基盤の状況と整備工法の考え方を立案する。	**植栽基盤整備計画・設計** 調査で抽出された基盤条件の課題等に対して、最も適切となる整備工法の選定や仕様の設定を行う。	**植栽基盤整備施工** 設計で示された標準的な整備工法等を基に、細部に対する検討を加えながら、個々の植栽地や植物に対応した具体的な植栽基盤の整備を行う。	**植栽基盤管理** 植栽植物の育成や維持管理目標に照らしながら、適切な植栽基盤の維持・改善を継続する。

（2）対象基盤の形態と事業タイプ

　植栽基盤整備の対象となる基盤＊の形態は、現場の開発（造成）作業の状況（段階）により表2-4のように区分するものとする。

<small>＊植栽されることを対象とし、植物が生育していくための土壌の領域（広がりと厚さ）を基盤というものとする（第1章『1-2-4 植栽基盤の定義』参照）。</small>

　この基盤の形態区分を踏まえて、公園・緑地等の緑化事業全体の事業内容や規模等により植栽基盤整備のタイプ区分を行う。

　植栽基盤整備は、事業タイプ（様式）により、植栽基盤整備対象となる基盤形態や主体となる検討内容が異なることから、業務着手時に、対象事業がどの事業タイプに属するかを事前に確認しておくことが大切である。

表2-4 対象地（基盤）の形態と事業タイプ区分

段階	概要	イメージ	事業タイプ
自然地段階	自然地又は自然地に近い環境や地形の状態	自然地等 自然地又は自然地に近い状態の段階 	自然地型事業タイプ
造成（基盤）段階	自然地の未着手の状態から、伐採・伐開、仮設・防災工事。粗造成までの段階で、植栽対象地の基盤は出現していない状態	造成基盤 粗造成の段階で、対象植栽地の基盤は出現していない状態 	造成基盤型事業タイプ
整地基盤段階	造成基盤段階以降の状態から、基幹設備や幹線道路の整備、敷地造成、建築・土木施設等の造設までの段階で、植栽対象となる基盤の基本的な形態がほぼ出現又は出現しつつある状態	整地基盤 整地造成段階で、植栽対象となる基盤の基本的な形態が出現している状態 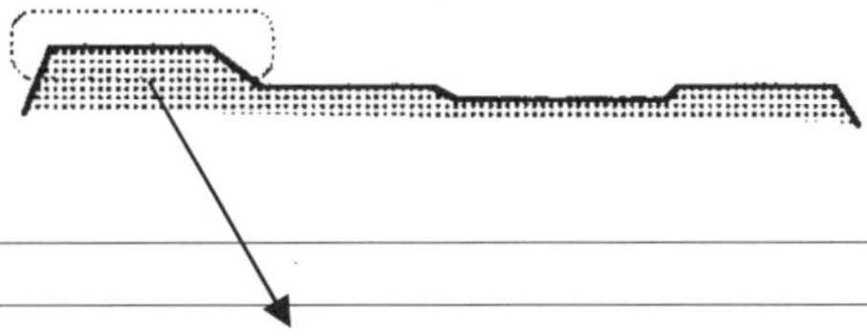	整地基盤型事業タイプ
整形基盤段階	基本的な形態となる整地基盤から、具体的な植栽対象となる領域の造形及び整形が完了又は完了しつつある段階で、基盤整備がなされる直前であるため、植栽基盤としての要件は整っていないものの、植栽地としての形態がほぼ出現しているもの	整形基盤 植栽対象となる基盤が出現し、具体的な基盤整備を行う前の状態 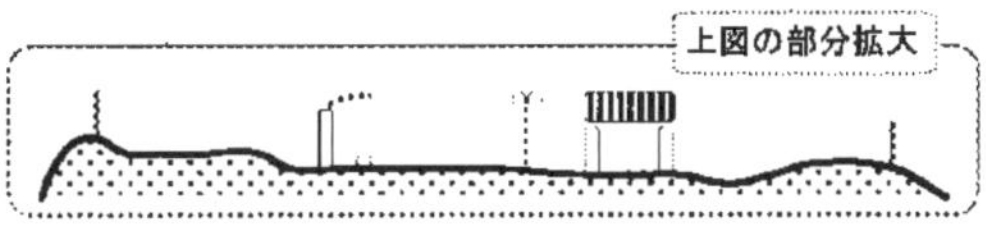 上図の部分拡大	整形基盤型事業タイプ
植栽基盤段階	植栽する基盤としての条件が整えられ、植栽が行われる直前の状態	植栽基盤	
植栽地（基盤）完了段階	植栽基盤としての条件が整った基盤に、植栽が行われたもの。又は、管理段階へ移行した状態（ただし、管理段階に移行したもののうち、基盤の条件が変化し、植栽基盤整備直後の状態と異なることもある）	植栽完了地	

＊「事業タイプ」については、表2-5参照

1) 事業タイプによる基盤整備の区分

　植栽基盤整備と事業全体との関わりは、対象地の形態や工事の状況等により、大きく表2-5の4通りの事業タイプ区分を想定していくものとする。

表2-5　事業タイプ別の基盤整備区分

事業タイプ	概要
①自然地型事業タイプ	事業規模が大規模で、自然地又は自然地に近い状態から事業が開始されるタイプで、植栽対象地が土木・建築工事等の一部として包括して行われることが多いもの。
②造成基盤型事業タイプ	事業規模が比較的大規模から中規模程度のもので、造成基盤が形成されている状態から事業が開始されるタイプで、土木・建築工事が造園工事に先行又は並行して行われることが多いもの。
③整地基盤型事業タイプ	事業規模が比較的中規模から小規模のもので、整地基盤が形成されている状態から事業が開始されるタイプで、造園工事が独立事業又は建築・施設付帯事業として行われることの多いもの。
④整形基盤型事業タイプ	事業規模が比較的小規模なもので、植栽地の整形や造形した基盤が形成されている状態から事業が行われるタイプで、植栽工事が主体となるもの。

2) 事業タイプ別の対象地形態と植栽基盤整備の位置づけ

①自然地型事業タイプ

自然地型に含まれる事業は、事業の規模が比較的大規模なもので、全体の整備に相当の時間や費用等を要する様な場合、すなわち国営公園や大規模公園、宅地開発、ゴルフ場を含む大規模リゾート開発、主要幹線道路等の広範囲な領域を整備対象とした事業を指すものとする。

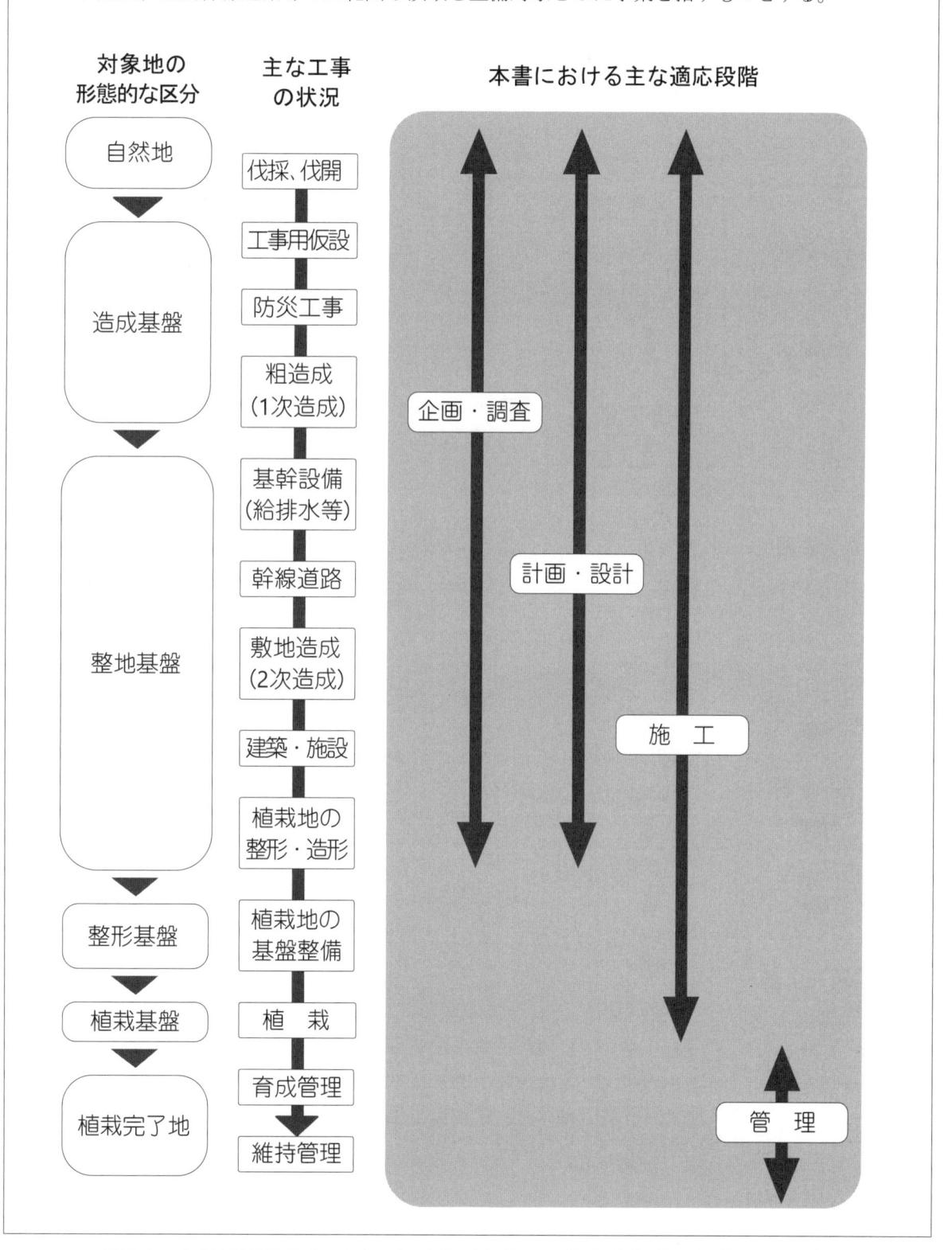

対象地の形態的な区分	主な工事の状況	本書における主な適応段階
自然地	伐採、伐開	企画・調査
造成基盤	工事用仮設	
	防災工事	
	粗造成（1次造成）	
整地基盤	基幹設備（給排水等）	計画・設計
	幹線道路	
	敷地造成（2次造成）	
	建築・施設	施 工
	植栽地の整形・造形	
整形基盤	植栽地の基盤整備	
植栽基盤	植 栽	
植栽完了地	育成管理	管 理
	維持管理	

図2-6　自然地型事業タイプにおける対象地の形態と植栽基盤整備の位置づけ

②造成基盤型事業タイプ

　造成基盤型に含まれる事業は、事業規模が比較的大規模から中規模程度のもので、都市基幹公園、特殊公園、臨海部の開発、幹線道路、観光レクリエーション施設等で、対象地全体の基盤造成等を伴う事業で、建築や土木施設等が主たる構成要素となるような事業を指すものとする。

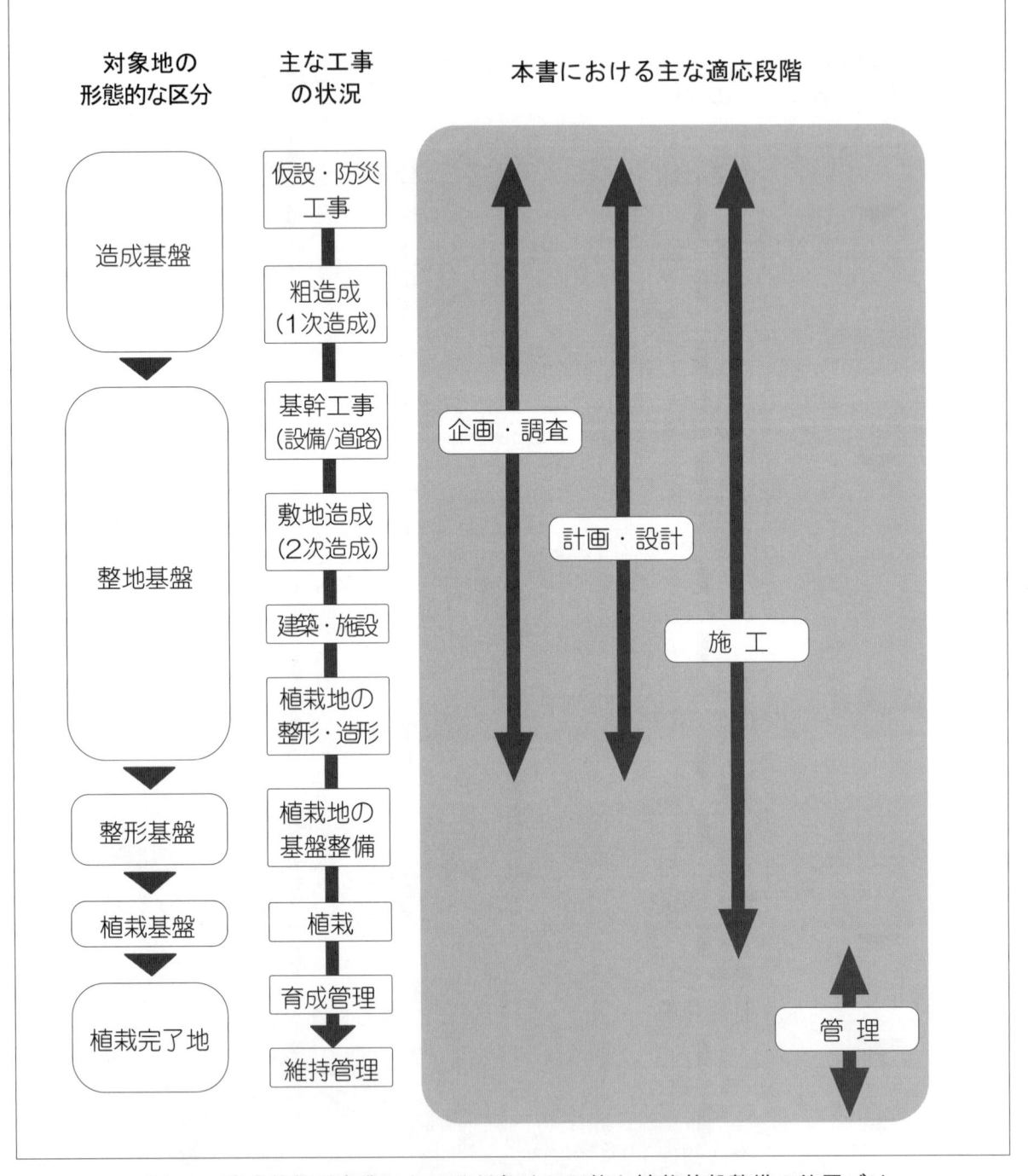

対象地の形態的な区分	主な工事の状況	本書における主な適応段階
造成基盤	仮設・防災工事	企画・調査
	粗造成（1次造成）	
	基幹工事（設備/道路）	
整地基盤	敷地造成（2次造成）	計画・設計
	建築・施設	
	植栽地の整形・造形	施工
整形基盤	植栽地の基盤整備	
植栽基盤	植栽	
植栽完了地	育成管理	管理
	維持管理	

図2-7　造成基盤型事業における対象地の形態と植栽基盤整備の位置づけ

③整地基盤型事業タイプ

　整地基盤型に含まれる事業は、軽微な敷地造成や整地を伴う中規模から小規模程度のもので、都市公園レベルでは、住区基幹公園、都市緑地、広場公園等に相当する。また、建築付帯緑地では、学校等の教育施設、商業施設、工場等の生産施設、公共供給・処理施設等で、対象となる付帯緑地域の比較的広い事業で、造園工事に構築物造設等のおおよその工種が含まれるような事業を指すものとする。

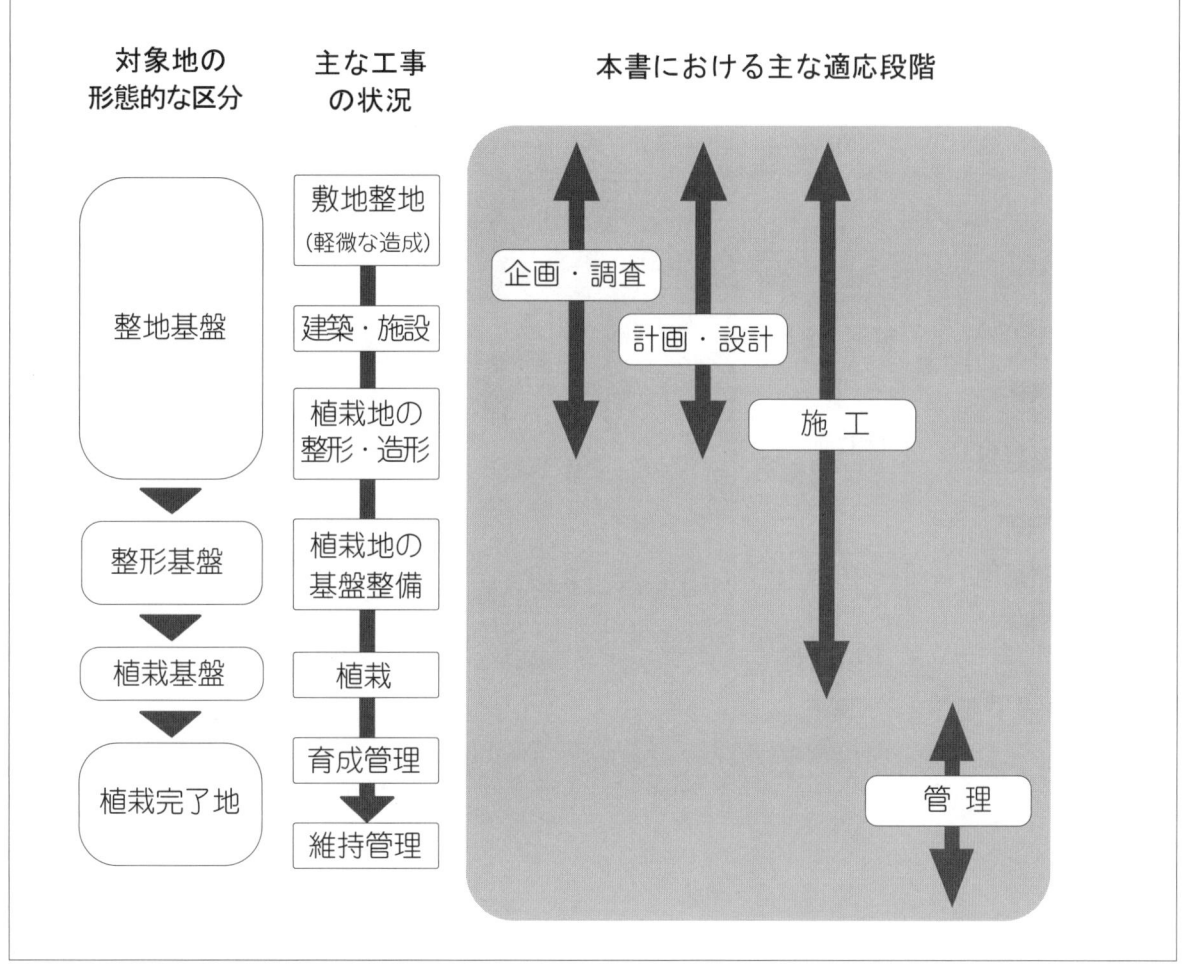

図2-8　整地基盤型事業における対象地の形態と植栽基盤整備の位置づけ

④整形基盤型事業タイプ

整形基盤型に含まれる事業は、基盤の造成や整地等を伴わない小規模のもので、植栽工事が主体となる事業を指すものとする。具体的には、事業タイプ①・②・③において、建築や土木等の他業種により植栽地基盤の形成がなされ、当該業務が植栽工事のみとなるような場合とする。

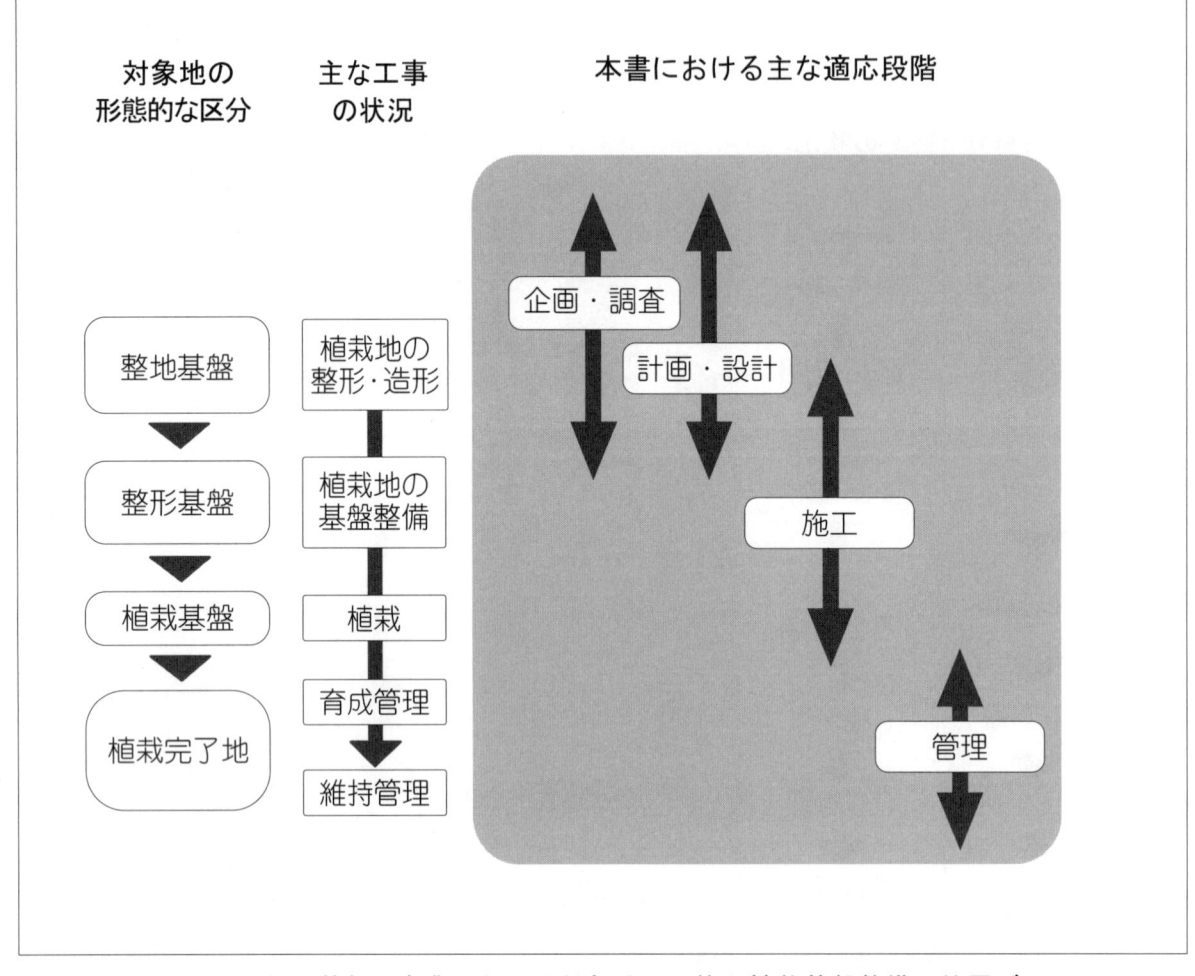

図2-9　整形基盤型事業における対象地の形態と植栽基盤整備の位置づけ

2-1-3 植栽基盤整備の進め方

> 　植栽基盤整備に係る作業は、主体となる公園・緑地等の業務の一部として、主要業務に並行した形で行われることから、主要業務の事業タイプと事業の進行段階を十分に確認のうえ、植栽基盤整備の作業段階の設定を行うものとする。
> 　各作業段階毎に位置づけされた「基盤調査」を行い、その調査事項を「分析・評価」する。この評価内容を踏まえて、「整備方針」等の設定を行い、これに沿った整備内容の検討・立案、施工を行う。

【解説】

　植栽基盤整備の作業は、主要となる公園緑地等の本業務に並行した形で行われるものとする。これに対応した、植栽基盤整備作業の「企画・調査」、「計画・設計」、「施工」、「管理」の各段階では、それぞれの段階で位置づけされた調査や検討内容の植栽基盤整備作業を遂行し、かつ各段階が互いに関連性と一貫性を持った流れで進めるものとする。

　段階別に行われる植栽基盤整備作業の項目と順序について、標準的な場合の例を、表2-6に示す。

表2-6　植栽基盤整備作業の項目と順序の例

段階	概要
企画・調査段階	一般的には、対象地が、「自然地」や「造成基盤」の状態で対応する場合が多く、対象地の地形・地質や基盤土壌の概況を把握しながら、予定される地形の改変等の状態を予測し、利・活用可能な既存土壌の状況や排水等含めた基盤整備の基本的な方向を想定していく。
計画・設計段階	一般的には、対象地が、「造成基盤」や「整地基盤」の状態で対応することが多く、植栽対象地となる基盤土壌の状況を把握し、これを分析・評価、そしてその対応を検討することにより、具体的な整備工法や仕様の検討・策定を行う。
施工段階	一般的には、対象地が、「整地基盤」や「整形基盤」の状態で対応する場合が多く、設計内容と対象地の基盤土壌の状況を確認したうえで、設計仕様に沿って植栽基盤整備の施工を行う。
管理段階	植栽基盤整備後の植栽完了地を対象とする。 計画・設計段階で設定された植栽基盤の整備目標を参考として、管理目標の設定を行い、その目標に対応した植栽基盤の維持管理を行う。また、基盤状況を継続的に確認するため追跡調査を行うと共に、障害等がある場合は土壌診断調査等を行い、その分析・評価に基づいて管理内容等の変更の検討を行う。

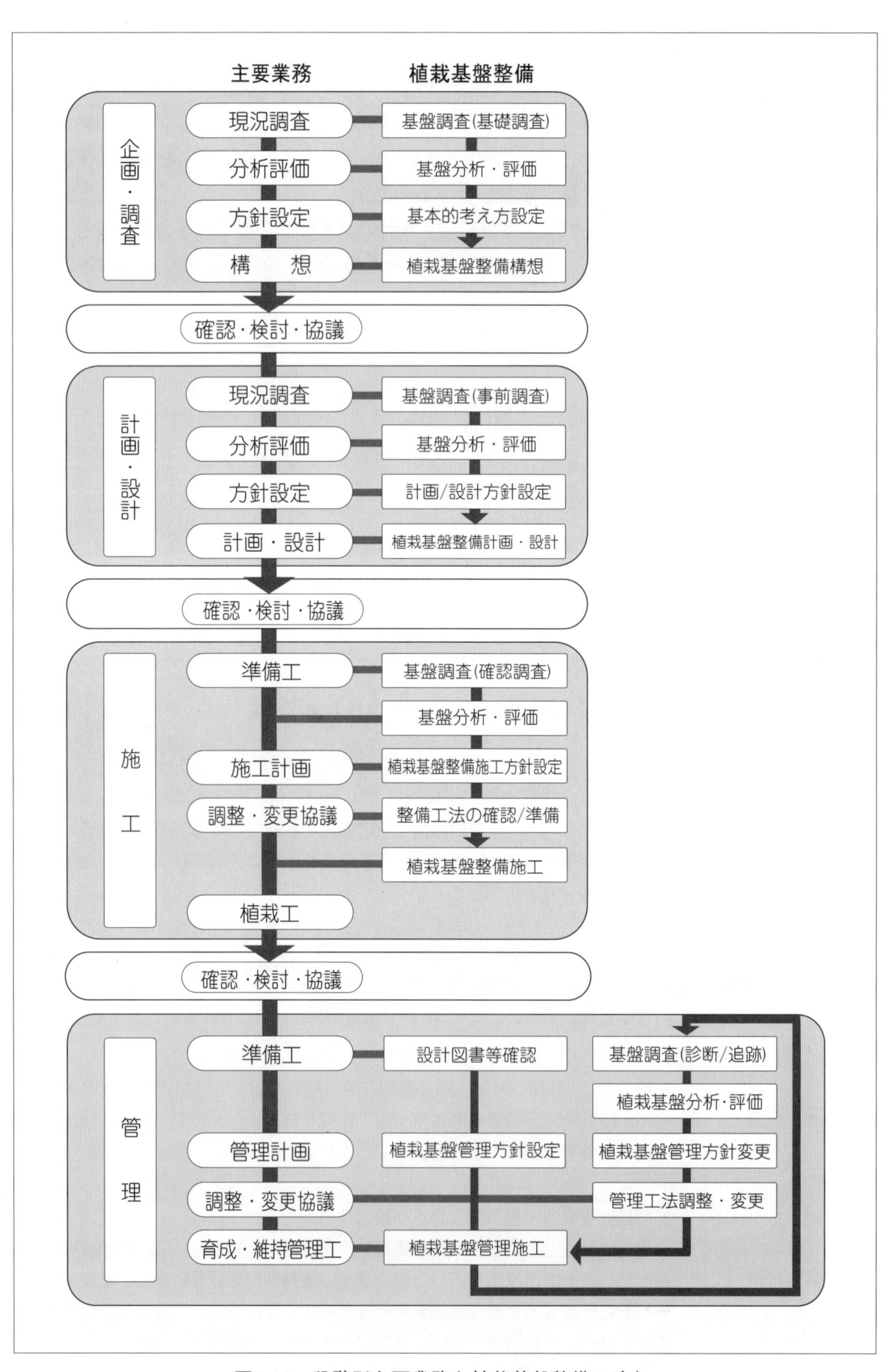

図2-10　段階別主要業務と植栽基盤整備の流れ

2-2　植栽基盤整備企画・調査

2-2-1 企画・調査の基本的考え方

> 企画・調査は、対象地の地形基盤の概況把握により、植栽基盤の形成状態を予測し、植栽基盤としての問題点と課題を検討することにより、植栽基盤整備の基本的な方向性を整理することを目的とするものである。この植栽基盤整備の基本的方向性と、今後対応の必要な課題を踏まえて、他の関連業務と早期の協議・調整を行うものである。

【解説】

(1) 目的と作業の内容

　植栽基盤の企画・調査は、基盤の基礎的な調査により、植栽対象となる基盤形成の状態や課題等について予測・評価を行い、植栽基盤整備の基本的な考え方や整備課題への対応の方向性を整理する。

　植栽基盤整備企画・調査段階は、植栽空間を含めた空間全体の整備の方向が想定される段階である。一般的な場合、対象地そのものは、自然地あるいは基盤造成が行われた程度の形態で、植栽対象となる基盤（整地基盤又は整形基盤）が出現していない状態にあることが多く、また、対象基盤が形成されている場合でも、次段階の計画・設計段階で基盤土壌の状況がさらに明確になり、より詳細な調査や整備の検討がなされることになる。

　したがって、対象基盤が存在しない状況での現地調査や資料収集等により、形成される基盤の形状や状態を想定することとなる。さらに対象地の規模や整備水準等と整合させながら、植栽基盤整備の目標を定め、植栽基盤整備の方向性を検討・想定していくことになる。

　また、これらの作業に加え、基盤造成前の地形や地質の調査により、表土又はその他既存土壌の活用について調査・検討を行うものとする。

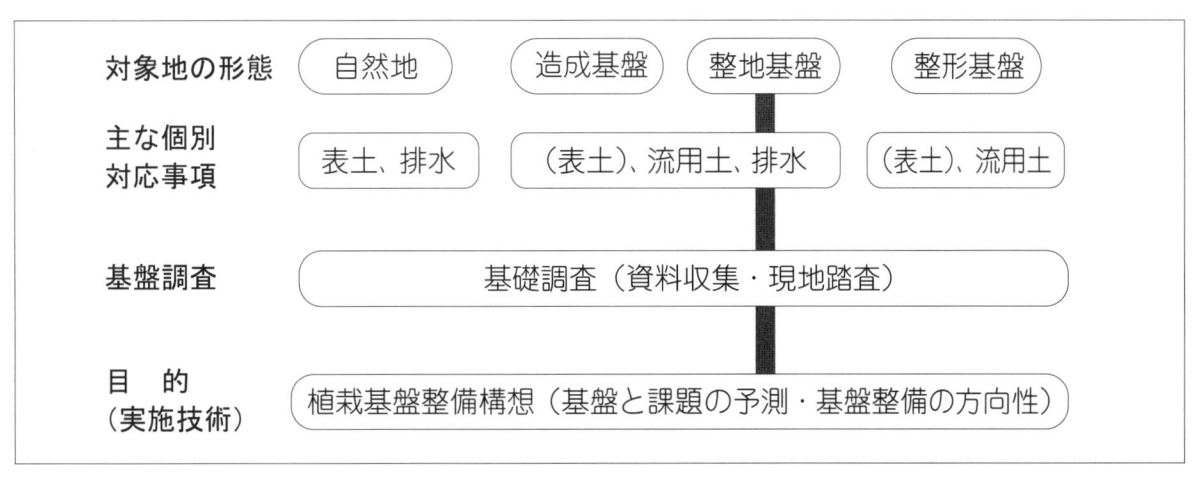

図2-11　企画・調査段階における対象地形態による主な作業内容

(2) 作業の手順

　植栽基盤整備の企画・調査段階の作業は、図2-12の作業手順に沿って行われる。

　本作業は、主体業務である公園・緑地等の構想及び計画の作業と連携しながら、植栽基盤の整備作業を進めていくものとする。作業は、本業務の自然環境調査等により収集された文献等により対象地の環境条件を把握したうえで、現地の地形・水系、地質、土壌等の「基盤調査」を行い、これを解析することにより将来の「基盤判断・評価」を行い、基盤形成における問題点の抽出や課題について検討を行うものである。そして、これらの検討結果と主体業務における植栽イメージを踏まえて、「整備目標想定」を行うと共に、植栽基盤としての形成イメージや課題をとりまとめた「整備構想立案」を行う。

　なお、これらの検討結果を踏まえて、関連する土木や建築工事等と植栽基盤としての配慮事項について協議・説明を行っておくものとする。

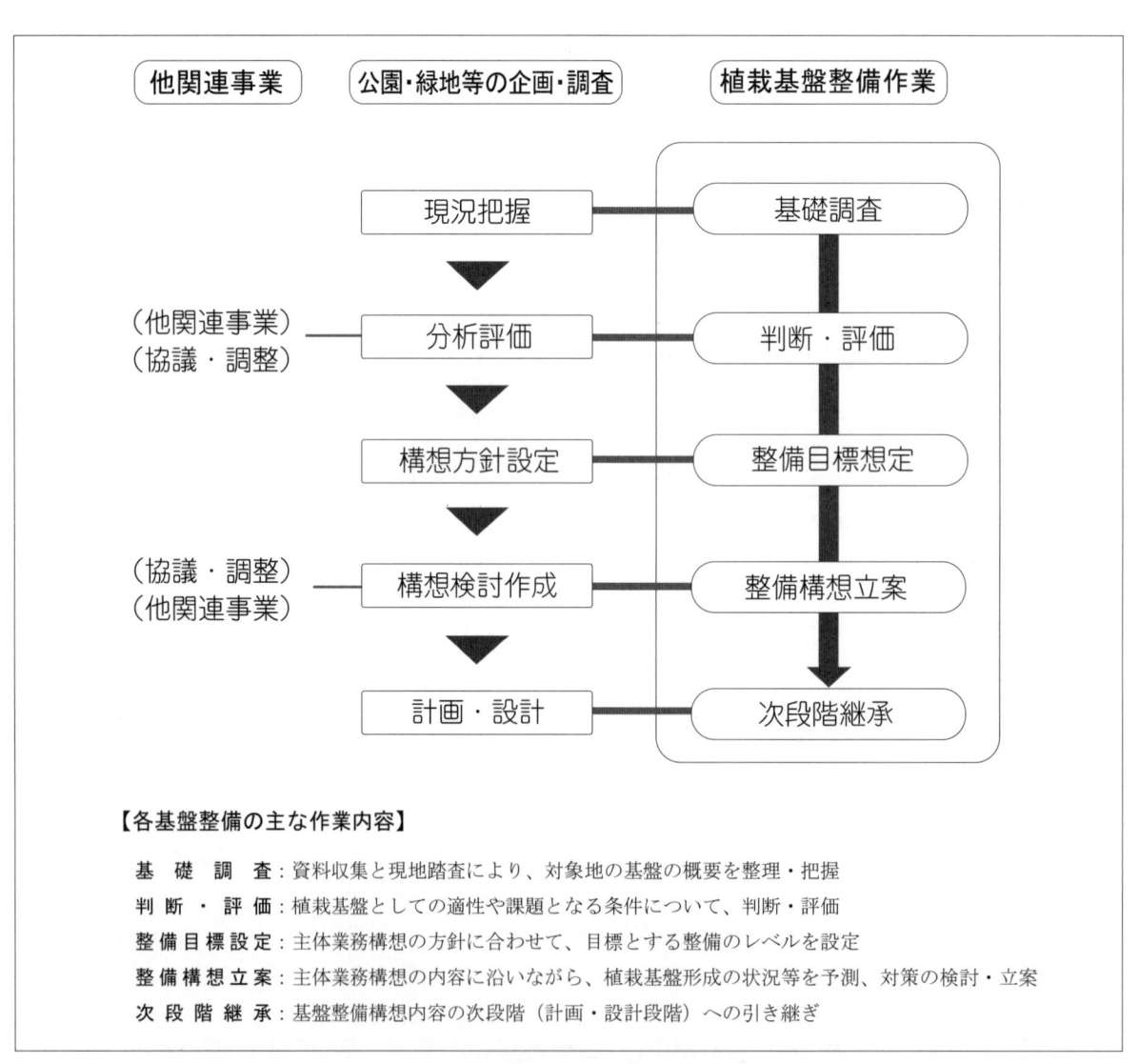

```
 ┌─────────┐ ┌──────────────┐ ┌──────────────┐
 │ 他関連事業 │ │ 公園・緑地等の企画・調査 │ │ 植栽基盤整備作業 │
 └─────────┘ └──────────────┘ └──────────────┘

                        ┌──現況把握──┐──────┤基礎調査│
                              ▼
 (他関連事業)                                      
 (協議・調整)───────分析評価──────判断・評価
                              ▼
                        構想方針設定──────整備目標想定
                              ▼
 (協議・調整)                                      
 (他関連事業)────構想検討作成──────整備構想立案
                              ▼                       ▼
                        計画・設計              次段階継承
```

【各基盤整備の主な作業内容】

　基　礎　調　査：資料収集と現地踏査により、対象地の基盤の概要を整理・把握
　判　断　・　評　価：植栽基盤としての適性や課題となる条件について、判断・評価
　整　備　目　標　設　定：主体業務構想の方針に合わせて、目標とする整備のレベルを設定
　整　備　構　想　立　案：主体業務構想の内容に沿いながら、植栽基盤形成の状況等を予測、対策の検討・立案
　次　段　階　継　承：基盤整備構想内容の次段階（計画・設計段階）への引き継ぎ

図2-12　企画・調査作業手順

2-2-2 基礎調査

> 基礎調査は、対象地の基盤の概況を把握するため、自然環境条件等の資料の収集・分析や現地踏査を行うものである。
>
> 特に、現地踏査においては、敷地の形状の確認を行うと共に、地形の傾斜方向や影響のある水系や地下水・湧水、さらに出現土壌の乾湿等を確認する。
>
> なお、併せて対象地内における表土等の利・活用可能な良質土の確認調査も行う。

【解説】

基礎調査は、植栽対象地となる基盤がまだ出現していない場合（自然地、造成基盤）が多いことから、将来の植栽基盤の形態を予測することを前提に調査を行うものである。また、対象地基盤が既に存在する場合（整形基盤、整地基盤）でも、次段階の計画・設計段階で詳細な調査と分析がなされることから、同様の考え方とする。

具体的には、既存の地形・地質調査や土壌図等の資料を用いると共に、現地踏査による目視や観察等の調査によって、基盤の状況や整備対象について想定し、植栽基盤形成上の課題や整備の方向性を設定していくための拠り所とする。

また、表土等の利・活用可能な土壌等についても、併せて調査の対象とし、早期の対応を図るものとする。

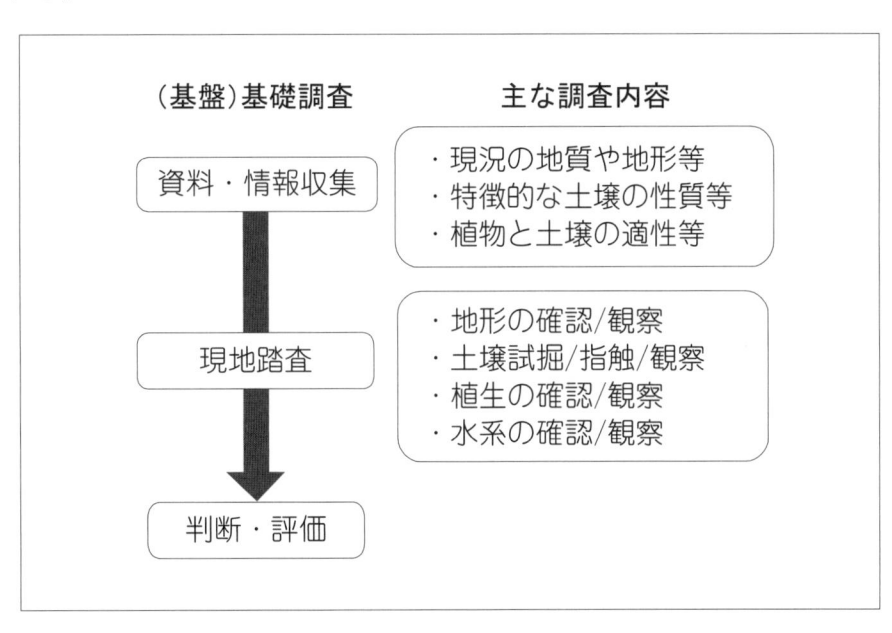

図2-13 基礎調査の手順

(1) 資料・情報の収集と整理

　自然環境や社会環境調査と並行して、対象地の基盤に関する既存資料や聞き取り等による情報の収集を行い、植栽基盤環境としての整理を行う。

　整理される内容は、表2-7のような項目があげられるが、基本的には、以下の状況について、調査、把握していくものとする。

　　①対象地並びに周辺地域を含めた現況の地形や地質等
　　②標準的な土壌の性質等
　　③植生から見た植物と土壌の適性等

表2-7　資料・情報の収集と整理

収集資料・情報	整理内容
・地形図 ・航空写真 ・土地利用図 ・地形分類図 ・土壌図 ・地質調査資料 ・植生図 ・聞き取り調査 ・造成計画図　等	・現況地盤や土壌の形成過程 ・土地利用状況 ・現存植生 ・地形、起伏、立地 ・流域、湧水、地下水 ・生産物や管理の実態（農耕地の場合） ・微気象の特徴と変化 ・地域特有の特殊土壌　等

(2) 現地踏査

この段階においては、通常、基盤の造成等がなされる前で、植栽の対象となる基盤が出現していないことが多いため、直接的な土壌の調査を行うことが困難である。したがって、ここでは、現地の踏査・観察等により、造成後の敷地形状等を想定しながら、基盤の状況や課題について予測していくものとする。

表2-8 概況調査（現地踏査）

調査対象課題	調査内容	調査方法
・敷地形状 ・排水性 ・透水性 ・土壌硬度 ・有害物質 ・土壌酸度 ・養分 ・保水性	地形の確認・観察	現況の土地利用状況や立地、地形の傾斜・方向・起伏等について確認・観察しながら、敷地形状、排水性（透水性）、土壌硬度等を把握する。
	対象地・隣接地土壌の試掘・指触・観察	対象地又は隣接地等で、土壌の試掘や検土杖等で指触土性や土色の観察等により、排水性（透水性）、硬度、養分、保水性等の性質を把握する。また、地盤の崩壊部（露頭）や造成法面等があれば、これらの断面についても土層状態の観察を行う。
	水系の確認・観察	現地踏査をしながら、影響のある水系や地下水、湧水等を確認・観察し、排水性（透水性）、保水性等の状況を把握する。
	植生の確認・観察	現況の植生の構成や分布、生育状況等の確認、観察をしながら、土壌の乾湿、生育阻害物質の有無、養分等の状況を把握する。

(3) 利・活用土壌の調査

　表土をはじめとする利・活用可能な土壌が存在し、かつ良質であると想定される場合には、これらの土壌が植栽土壌として適性なものであるか、また、どのような方法で活用していくかの調査を行う。

　なお、表土等の保全・復元は、工事期間や費用等の面で、必ずしも経済的な工法とは言い難いが、生物資源の保全の観点からも必須の検討項目として積極的に扱うことが望ましい。その場合、関連工事等との調整や作業期間等の調整が重要である。

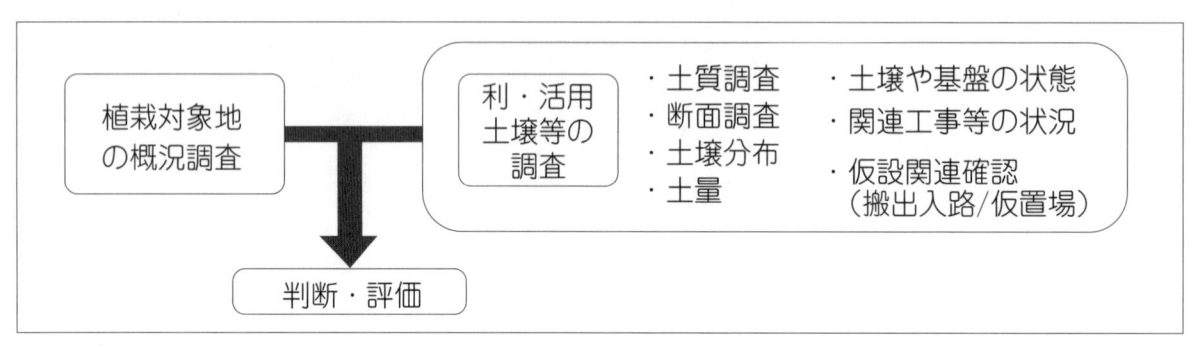

図2-14　利・活用土壌等の調査

1) 表土等の調査

　表土等の調査は、前記の現地踏査において分布の有・無（分布地点、範囲、厚さ）を確認のうえ、次の方法により行う。

　①表土、良質土の厚さ及び特性の違いが予想される地区ごとに、又は、地形及び植生の異なるごとに調査する。

　②調査は、検土杖によって試穿する。ただし、検土杖では、土壌層位が不明瞭な場合はハンドオーガーボーリング、テストピット等によって調査する。

　③植生調査や地質調査が実施されていない場合には、概略の植生や地質を調べる。

　④露頭位置、調査位置、分布境界位置等は、磁石、目測、歩測等によって地形図上に書き込む。

　⑤調査の結果得られた諸データは、内業で行う利・活用土壌分布図の作成が可能なように野帳に記入する。この段階においては、土性は、眼と手による判定のみで十分で、特に分析試験は必要でない。

2) 利・活用土壌分布図の作成

　以上の諸作業の結果を総合して、利・活用土壌分布図を作成する。分布図の区分はおおむね表2-9に従う。

表2-9　利・活用土壌分布図の区分

大区分	・表土厚の違いごとに区分けする。 ・一般には0cm、15cm、30cm、50cm、100cmで区分けすると良いと思われるが、現場状況を勘案して決定する。一般には、実線（太線）にて区分けする。
中区分	・下層土（B層）の状況、概略植生等により区分けする。一般には実線（細線）にて区分けする。 ・下層土：風化土、ローム、砂　等 ・植生：針葉樹、広葉樹、灌木、草　等
小区分	・堆積様式等の特殊地帯を区分けする。 ・一般には、破線又は細線にて区分けする。

2-2-3 判断・評価

> 判断・評価は、基礎調査の結果を基に、形成される基盤の状況や課題等の項目や程度、範囲について予測しながら、基盤としての適性を経験的・総合的に評価する。

【解説】
(1) 判断・評価の視点と考え方

　基礎調査の時点では、対象となる基盤が存在していないことに加え、定量的な把握ができる調査が行えないため、整理された資料や現地踏査の結果を基に、経験的な知識を主体とした総合的な判断・評価を行っていく。

　すなわち、基礎調査結果の判断は、植栽基盤の成立要件を考慮して、最も適正な基盤形成方法を決定する判断材料として活用する。

　判断・評価の考え方は、まず収集、整理された資料や現地踏査により、出現すると考えられる基盤の状況や課題について、その可能性の程度、範囲、影響の度合い等を経験的な知識を主体に予測し、基盤としての適性について、総合的な判断・評価を行う。

　具体的には、出現することが確実と考えられるものと、可能性のあるものに区分しながら、排水性や土壌硬度等の優先される基盤条件や利・活用土壌の利用性について判断・評価を行う。

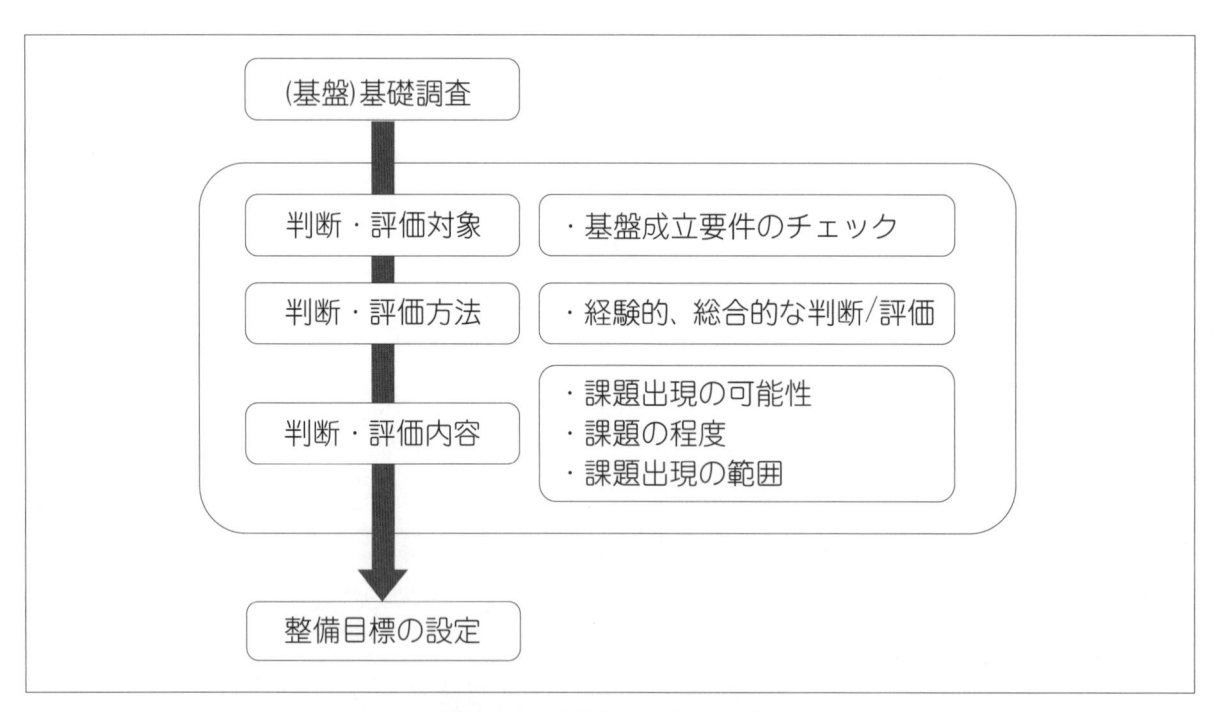

図2-15　判断・評価の手順

（2）植栽基盤造成予定地の性格等による基盤形成の課題と整備の方向

植栽基盤造成予定地は、対象となる土地の性格、基盤の形成過程や状態等により、それぞれ出現する可能性の高い課題があり、さらに対処する整備の方向も異なったものとなるため、これら対象地の性格等の特性を認識した上で、判断・評価していく必要がある。

表2-10 植栽基盤造成予定地区分別の想定される課題と整備の方向〈参考〉

対象地		主な課題	整備の方向
自然地・造成地等	山林、原野	・表土の喪失	・表土の保全、活用
	河川流域近辺湖沼、低湿地	・地下水位が高い	・排水層の設置
		・湧水がある	・有害物質の確認、改善
		・堆積物	・有害物質の確認、改善
	切盛土造成地（造成法面を含む）	・固結土壌	・土壌の粗起こし、耕耘　良質土による客土（法面）
		・排水不良	・排水層設置
		・乾燥	・改良材による保水性の向上
		・養分不足	・肥料養分の補給
		・酸性硫酸塩土壌	・pHの確認、排水対策、中和剤による調整
	臨海埋立地干拓地	・産業廃棄物等の残土	・有害物質の確認、改善
		・塩害	・ECの確認、排水による脱塩
		・固結土壌	・土壌の粗起こし、耕耘
		・排水不良	・排水層設置
		・酸性硫酸塩土壌	・pHの確認、排水対策、中和剤による調整
	海岸砂丘地	・塩害	・ECの確認、排水による脱塩
		・乾燥	・改良材による保水性の向上
		・養分不足	・肥料養分の補給
	農地等の耕作地	・透水不良	・土壌改良材による透水性の改良
		・排水性不良	・排水層設置
		・農薬等による汚染	・有害物質の確認、改善
施設跡地等	一般的な公園緑地	・固結土壌	・土壌の粗起こし、耕耘
		・排水・透水不良	・排水層設置
		・養分不足	・肥料養分の補給
		・乾燥	・改良材による保水性の向上
	建築付帯緑地	・建設残土等	・良質土による入れ換え
		・排水不良	・排水層設置
		・乾燥	・改良材による保水性の向上
	生産施設等跡地	・廃棄物等の残土	・廃棄物等の除去
		・有害物質	・有害物質の確認、改善
	道路緑地（植樹帯、植桝等）	・礫・ガラ等混入	・礫・ガラ等の除去
		・固結土壌	・土壌の粗起こし、耕耘
		・排水不良	・排水層設置
		・乾燥	・改良材による保水性の向上

2-2-4 整備目標の想定

> 整備目標の想定は、主体業務の整備目的や整備目標を基に、基盤判断・評価を踏まえて、植栽基盤として整備する基本形態と整備内容の質的レベルの想定を行う。
> 想定にあたっては、対象緑地の特性を踏まえて、植栽基盤として必要最小限の整備内容を基本とするものと、より高度な整備を目指すものとの2段階区分により設定する。

【解説】

整備目標の想定は、対象事業の整備の目的や目標に応じて、植栽基盤として整備を行うべきレベルの想定を行う。想定にあたっては、一般的な公園・緑地を標準に、より高度な整備内容においては、植栽基盤としての整備レベルを高めに想定していくものとする。

表2-11 植栽基盤整備目標の内容と整備目標

整備目標		内容
標準 植栽基盤整備目標	内 容	施設等の整備内容や規模等が比較的中庸のもので、緑量の確保や植物の健全な生育を目指すものを標準とする。
	対象事例	一般的な公園・緑地を対象とする。
	整備目標	予測される課題として判断・評価された項目の内、排水性、透水性、硬度、酸度、有害物質（礫等も含む）について、主要な改善整備の対象とする。
高度 植栽基盤整備目標	内 容	整備内容や施設の規模、完成目標とする空間の質が比較的高いもので、整備後も一定の質を維持するために相当量の管理内容等を伴うものについては、基盤整備のレベルを高めに設定するものとする。
	対象事例	高密度・集約型の公開空地、日本庭園、貴重保存樹木等を対象とする。
	整備目標	判断・評価の予測課題項目のすべての項目について、整備対象の目標項目とする。

2-2-5 整備構想

> 整備構想の立案は、現況の基盤判断・評価を基に、将来の植栽基盤の形態の想定を行い、植栽基盤としての問題に対する対応課題と、これを改良する整備工法等の想定を行う。
> 立案にあたっては、基盤整備目標を踏まえて、整備の程度や整備の範囲、整備の期間等を十分考慮していくものとする。
> また、表土等の良質土の活用が可能と判断された場合は、利・活用のあり方についても検討・立案を行うものである。

【解説】

(1) 整備構想の概要

植栽基盤整備構想は、事業全体の整備目標や育成目標、地域性、場所性等の関係も含めて整理・検討し、植栽基盤整備のあり方を想定すると共に、計画や設計段階における整備検討の方向性を示していくものとする。

整備工法等の検討・想定の際には、課題改善の程度、整備範囲、整備費用、整備期間等を考慮していくものとする。

また、表土をはじめとする良質な土壌等が存在する場合は、これらの利・活用についても、併せて検討していくものとする。

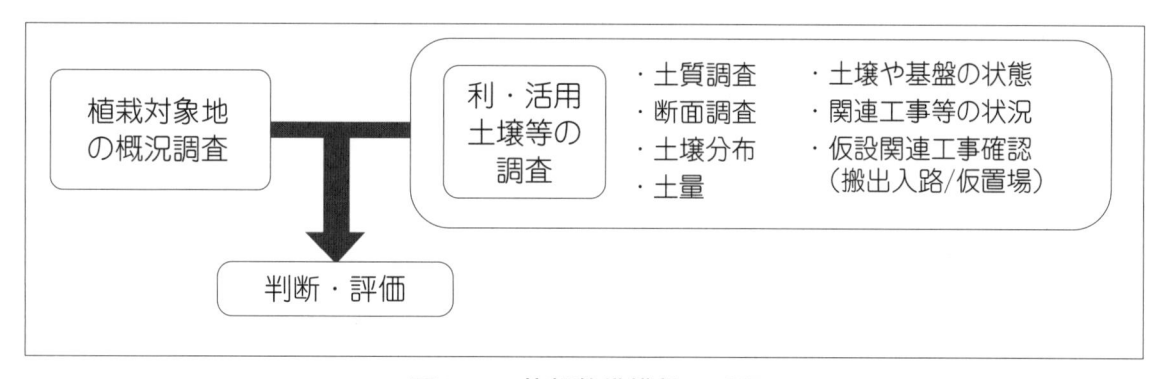

図2-16 基盤整備構想の手順

具体的には表2-12に示すような作業を行う。

表2-12　整備構想の主なる作業内容と考え方

基盤の形状や変化の予測 ・基盤の状況予測	収集した資料や主体業務の造成計画等を基に、現況基盤の改変や造成基盤の状況等について考察し、計画・設計段階での検討・立案の参考に資するよう予測するものとする。
課題の予測 ・基盤の課題予測	予測された基盤の形状や変化から、植栽地としての課題となる可能性のある土壌条件を抽出し、その条件の程度や出現する領域等についても予測していくものとする。
対策の検討・立案 ・整備範囲 ・表土や既存土の利・活用 ・排水計画を主とする整備工法の想定	予測された課題の程度や分布域、事業構想内容、事業費用、事業工程等を考慮しながら、適正な整備の方向性を定めていくのものとする。

(2) 対策の検討・立案作業

対策の検討・立案に際しては、以下の点に留意する。

1) 整備の範囲

整備の規模や範囲に対応した区分における考え方を表2-13に示した。

表2-13　整備規模・範囲等の区分による考え方

	整備規模・範囲・形態	整備の考え方
植栽地の形態	面的な広がりがある植栽地	面的な整備の考え方を基本とする 例：全面盛土、全面排水
	狭く、連続する植栽地	線的な整備の考え方を基本とする
	狭小で、独立した植栽地	部分的な整備の考え方を基本とする 例：植穴客土、植穴排水等
植栽密度	高密度・面植栽 （高中木混植～低木～芝生）	面的な整備の考え方を基本とする
	高密度・狭隘(きょうあい)連続植栽 （生垣、低木縁取り植栽等）	線的な整備の考え方を基本とする
	低密度、単木植栽	部分的な整備の考え方を基本とする 例：植穴客土、植穴排水等

2）表土や既存土壌等の利・活用導入の検討、立案

表土等の利・活用は、貴重な資源の有効活用として、以下の考え方を基に導入をはかっていくものとする。

①事業全体の基本的な考え方の中に、表土等の利・活用の方向性が示されている場合等は、すべての工法に優先して、導入していくものとする。

②表土等の導入が決定した場合は、土量（採取・流用等の土量）や工法（造成・運土計画、仮置き等の仮設計画、機械類の選定等）、工程等の条件を立案し、明示していくものとする。

3）整備工法の想定

具体的な整備工法の選定、明示は、種別レベル（例：土層改良工）までとする。特に、排水計画の想定（基盤造成後の検討では、対応が困難な場合もある）において大規模な整備が予定される場合は、他の工程との早期の調整が必要となる。

基盤の課題と想定される整備工法の概要を図2-17に示す。

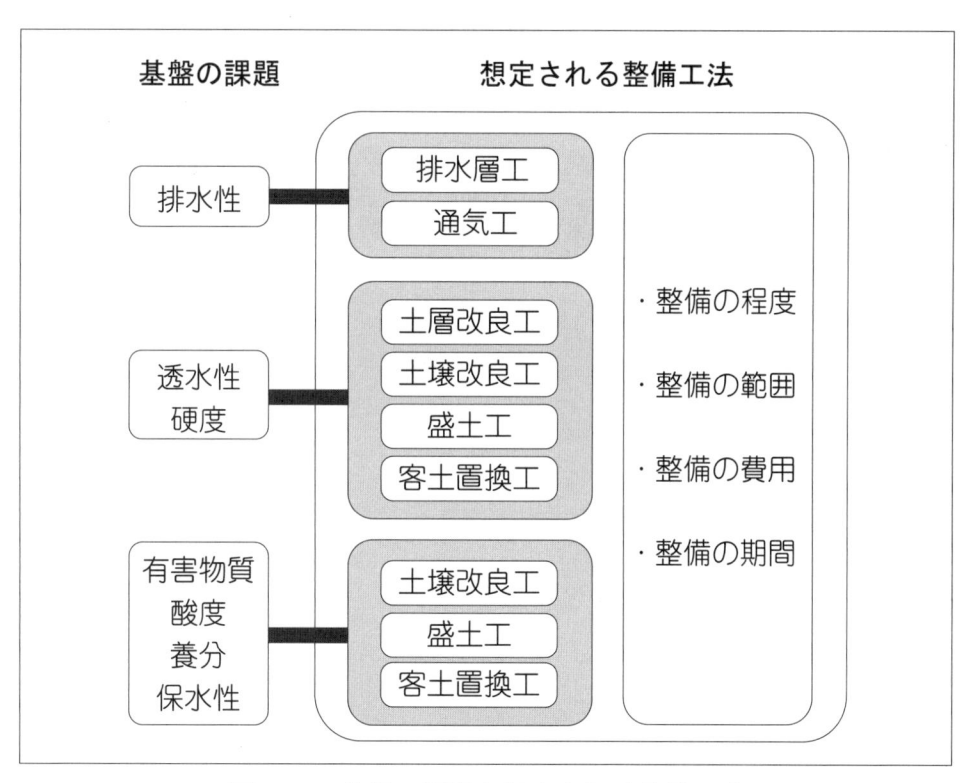

図2-17 基盤の課題と想定される整備工法

4）植栽基盤整備構想のまとめ（参考）

植栽基盤整備構想のまとめとして、基盤の調査から評価、検討、対策等の立案された結果までの事柄を整理し、植栽基盤整備構想報告書（案）等の成果図書に、表2-14に示すような事項と内容を参考に記載するものとする。

表2-14 植栽基盤整備構想報告書（案）に記載する事項と内容の例

基盤基礎調査の概要	・基盤基礎調査の結果 ・利・活用良質土等の調査結果 基礎調査で収集した資料や現地踏査で行った内容について、調査結果の概要を整理してまとめる。表土等の利・活用良質土についても併せて整理する。
判断・評価、目標設定の考え方	・現状基盤判断・評価 ・整備設定目標 調査結果を踏まえて、現状基盤に対して行った課題の予測や判断・評価、設定した基盤整備の目標レベルを整理する。
対策の検討・立案	・整備工法 ・整備規模・範囲 ・良質土等利・活用計画 ・整備期間、概算費用 想定した整備工法、整備の規模や範囲、利・活用良質土等の計画を整理すると共に、これらの整備にかかる期間や概算の費用等についても記載する。
計画・設計段階申し送り事項等	・未確認事項等 ・基盤の改変や状況変化の予測 ・関連事業との協議・調整内容 企画・調査段階で、基盤に関する未確認又は推測の域にある事項、あるいはこれから予測される基盤の状況変化等について整理する。また、建築や土木等の関連事業と行った協議内容や確認事項についても、併せて整理する。

対象地基盤基礎調査

■対象基盤概況
全体地形、水系、植生等から見た概況

■基盤踏査結果
・調査点
・調査項目
・数値結果

全体概説

■現況基盤概況図

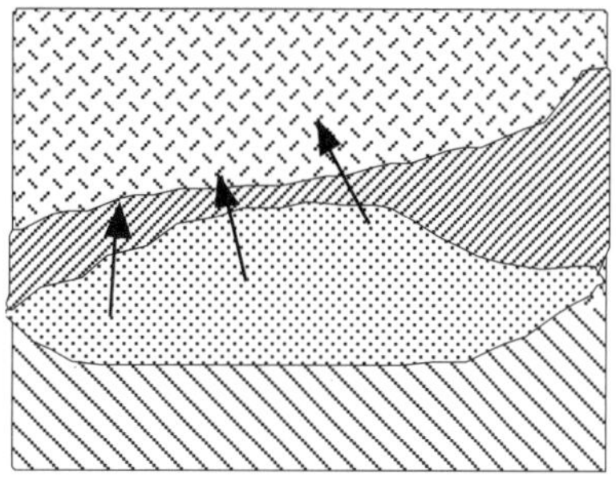

表土等の利・活用調査

■対象採取地概況

■表土調査・分析結果
・調査点
・調査項目
・数値結果

■表土分布図

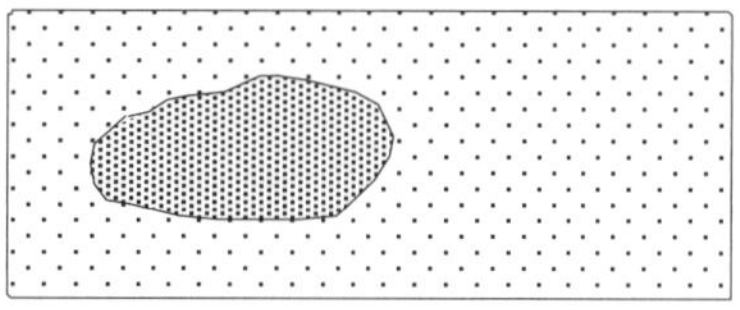

■表土断面図

対策検討・立案

■想定整備工法
標準整備工法

■施工条件
整備範囲、整備目標等

■表土利用計画
・作業手順
・集積計画
・運土計画
・利用方法（表土盛土）

図2-18　（参考）基盤企画・調査段階の成果品イメージ

2-2-6 次段階への継承

> 継承事項の整理にあたっては、適切な整備の方向性や想定した整備工法を示すと共に、計画・設計段階における基盤状態の予測、基盤調査や検討のあり方や留意点等も明記し、さらには、関連事業等との協議・調整事項等についても申し送り事項として整理を行い、基盤整備と相互に関連した一貫性のあるものとして継承していくものとする。

【解説】

(1) 申し送りによる継承

　企画・調査段階は、予測を主体とする作業内容ではあるが、改善の対象として明白な土壌の課題等はもちろんのこと、推測の域にあるものについても、極力次段階（計画・設計段階）で解明又は解決されるよう、申し送り事項の中に記載していくものとする。

(2) 基盤調査や整備に関わる期間、費用の確保

　土壌に関する条件を明示していくことにより、計画・設計段階において、基盤の調査や計画・設計に要する費用、期間等の確保と共に、適正な調査、対策立案の円滑な実施を促していくものとする。

(3) 関連事業等との確認・調整

　現状では問題点として表面化していないもので、当面の課題対象とならないもの（例えば、土木や建築等の造成をはじめとする将来予測される地形の改変行為等による植栽地土壌条件の悪化）については、関連事業等との調整・協議の中で、改変規模等の計画内容を十分に確認しておくと共に、良質表土の保全・活用の検討や良好な植栽地土壌環境の創出を心がけるものとする。

2-3　植栽基盤整備計画・設計

2-3-1　計画・設計の基本的考え方

> 　計画・設計は、対象となる植栽基盤の調査により、土壌環境の確認を行い、これに対応する整備工法や整備仕様の検討・設定を行い、これを設計図書としてとりまとめるものである。
> 　なお、植栽基盤としての基本的な形態が、まだ出現していない場合（自然地、造成基盤）は、企画・調査段階にならい、想定される植栽基盤としての問題点や課題に対応する整備工法を設定して、施工へつなげるための概略設計を行うものとする。
> 　表土等の良質土等、利用可能な土壌の存在が確認されている場合は、詳細調査を行い、これを踏まえて利・活用計画・設計を行うものとする。

【解説】

(1) 目的と作業内容

　計画・設計は、対象地の土壌の植栽基盤としての適性とこれに対応する整備工法の選定ならびに、これを施工するための設計図書の作成を行うものである。

　計画・設計段階は、対象となる基盤が、一般的に「整地基盤」か「整形基盤」であることが多いが、場合によっては、基本となる形態が出現していない「自然地」や「造成基盤」である場合がある。前者の場合は、企画・調査段階の基盤構想を踏まえてより詳細な事前調査を行い、その分析・評価に基づいた整備工法の計画・設計を行う。後者の場合は、企画・調査段階での仕様に基づいて基礎調査等を行い、これを踏まえて植栽基盤整備の想定計画・設計を行うものとする。

1) 基本的な形態が出現していない場合：「自然地」「造成基盤」

　企画・調査段階にならい、予測される植栽対象地基盤の状態や課題等を検討しながら、想定される対策等の検討・立案を行い、設計図書を作成する。

2) 基本的な形態が出現している場合：「整地基盤」「整形基盤」

　植栽基盤整備構想で予測された基盤や想定された整備仕様等を確認しながら、対象地基盤の状態を把握（事前調査）し、具体的な整備目標の設定、整備工法や仕様の検討を行い、設計図書を作成する。ただし、整地基盤の状態で、他事業による整形・造形等がなされる場合は、整形後に基盤調査等を行うことになるため、1)と同様の作業となる。

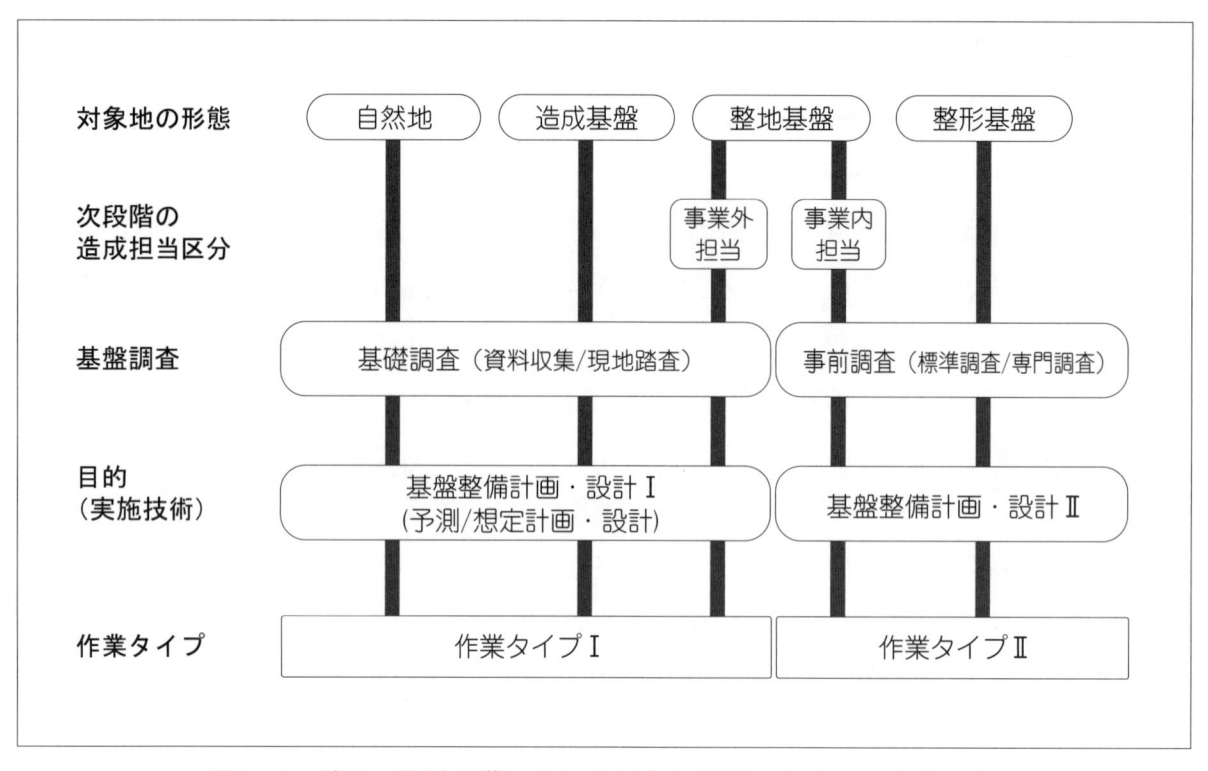

図2-19　計画・設計段階における対象地形態による主な作業内容

(2) 作業の手順

　植栽基盤整備の計画・設計段階の作業は、図2-20の作業手順に沿って行われる。

　本作業では、主体業務である公園・緑地等の計画・設計作業と連携しながら、植栽基盤の整備作業を進めていく。

　本作業は、対象となる現況基盤の状況により、大きく2つの作業手順（作業タイプⅠ、作業タイプⅡ）に分けて行う。

　標準的な作業となる作業タイプⅡの作業は、企画・調査段階の植栽基盤整備構想を踏まえて、より詳細な基盤の「事前調査」を行い、これを分析することにより基盤の現況について「判断・評価」する。そして、これに基づき基盤の計画・設計方針となる「目標設定」を行い、これに対応する整備工法や整備内容の検討を行い、植栽基盤の設計として設計図書をとりまとめる。

　なお、これらの検討結果を踏まえて、関連する土木や建築工事等と、植栽基盤としての配慮事項について協議・調整を行っておくものとする。

図2-20　計画・設計作業手順

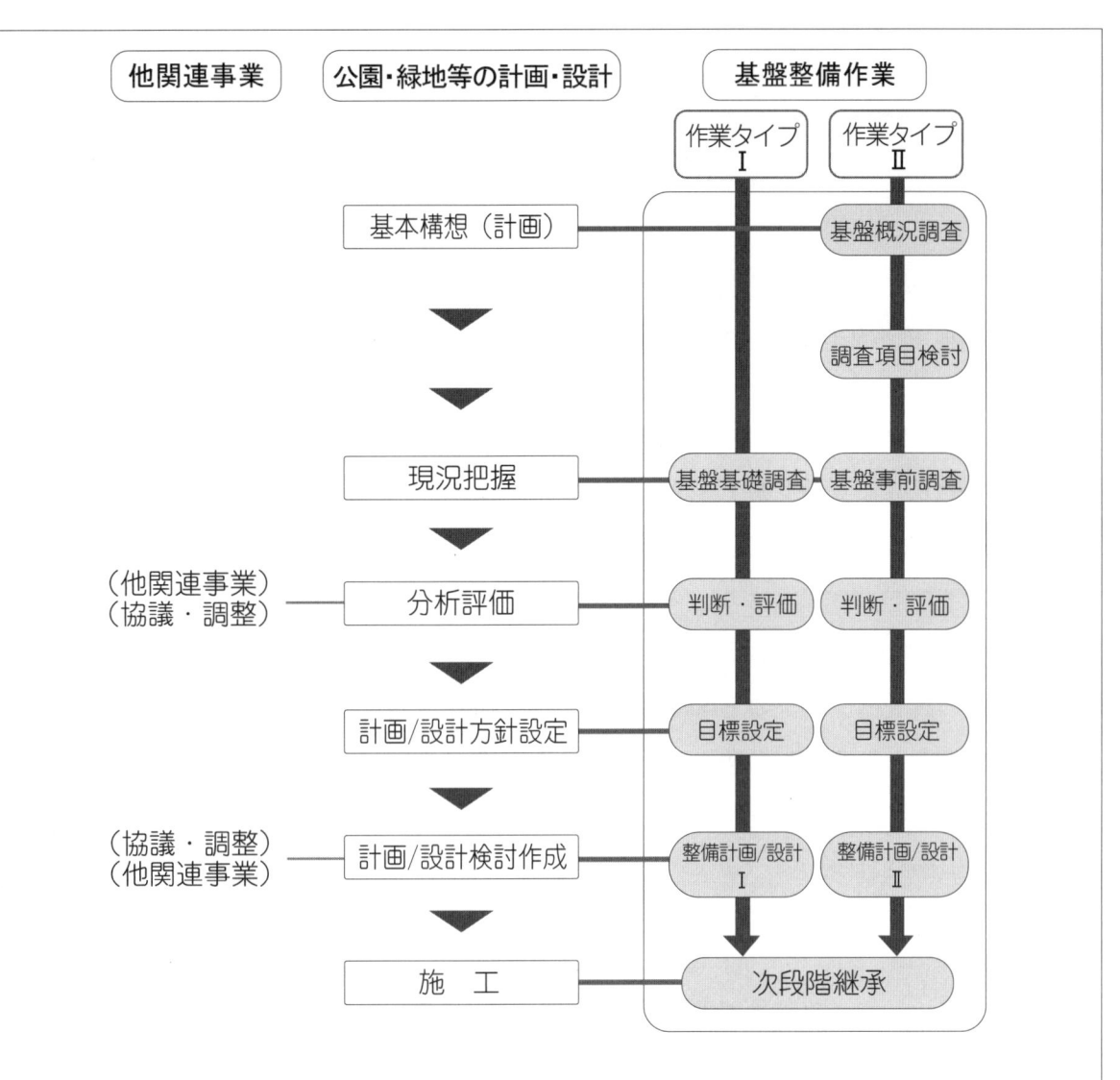

【手順図内の各基盤整備の主な作業内容】

基盤概況調査　：（造成前）資料収集と現地踏査により、対象地の概要を整理・把握
　　　　　　　　（造成後）基盤の事前調査前に現地踏査により、対象地の概況を把握
調査項目の検討：事前調査で行うべき調査項目や内容等について検討
基盤事前調査　：資料の収集整理と共に対象地土壌を調査・分析
基盤判断・評価：土壌の適性や課題となる条件について、判断・評価
整備目標設定　：主体業務計画/設計の方針に合わせて、目標とする整備のレベルを設定
整備計画・設計：主体業務計画/設計の内容に沿いながら、整備工法や仕様等を立案・設定
　　　　　　　　作業タイプⅠでは想定工法や仕様の設定、作業タイプⅡでは具体的な工法等の選定・立案
次段階継承　　：基盤整備計画/設計内容の次段階への引き継ぎ

2-3-2 事前調査

> 事前調査は、植栽基盤となる現況基盤の土壌要件を確認するため、現地調査を主体として行う。
>
> 調査は、簡易な機器類を主体とした標準調査を基本に、対象となる基盤の状況や形態に応じた調査・分析を行い、植栽基盤としての適応性についての詳細・判断に資するものである。
>
> なお、対象地基盤の基本的な形態が出現していない場合には、企画・調査段階の基礎調査及び植栽基盤整備構想等を基に、より詳細な予測調査を行う。
>
> 利・活用良質土等の調査も併せて行う。

【解説】

この段階の調査は、現況の土壌に合った適切な植栽基盤整備の仕様を確定するための事前調査が基本作業となる。整備構想で予測された状態と比較しながら、植栽基盤としての必須の条件について、調査・分析を行うものとする。ただし、基盤調査は、対象地基盤の状況により、2つの流れに区分される。

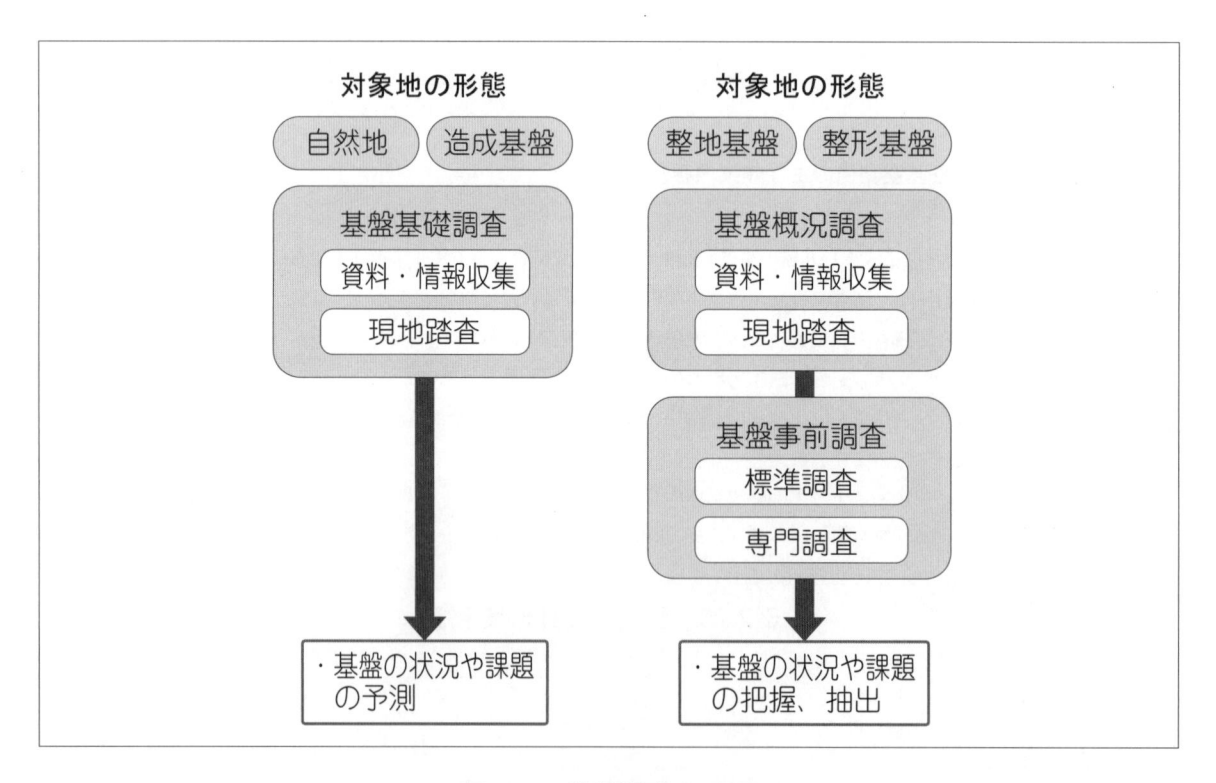

図2-21　基盤調査の手順

(1)「自然地」又は「造成基盤」の場合

基本的な形態の出現前の場合は、資料や情報、現地踏査等により概況を把握し、改変される基盤の状況や課題等について、予測していくものとする。

その内容は、企画・調査段階の『基礎調査』（2-2-2-(2)）の内容に準ずるものとする。

(2)「整地基盤」又は「整形基盤」の場合

簡易な測定方法を主体に、対象地基盤の主要箇所の調査を行い、この調査結果を数値等で得ることにより、基盤の性質を把握し、その適性について的確な判断・評価を行っていくものとする。また、施工段階までに発生する可能性のある問題等についても予測し、事前に対策を講じられるよう整理しておくものとする。

対象となる基盤が形成された状態で、概況の調査と器具類による事前調査を行い、得られた数値等により植栽基盤としての適性を判断・評価していくものとする。

はじめに具体的な調査に先立ち、概況調査として、資料や情報の収集・整理、現地踏査により概況を把握する。この調査に基づき、事前調査（標準調査）で行うべき調査項目と内容の検討及び選定を行う。この際、基盤成立要件の重要な項目を優先しながら、調査対象として選定していくものとする。

続いて、対象地の主要となる箇所で、簡易な検定の機器類による調査を行う。標準調査において、検定の数値が異常な値を示したり、明らかに植物の生育に影響するような何らかの状況が見受けられ、さらに、その要因となるものが不明である場合は、専門機関等による詳細な調査（専門調査）を行うものとする。

また、表土等の利・活用可能な良質土壌についても、併せて詳細な調査を行うものとする。

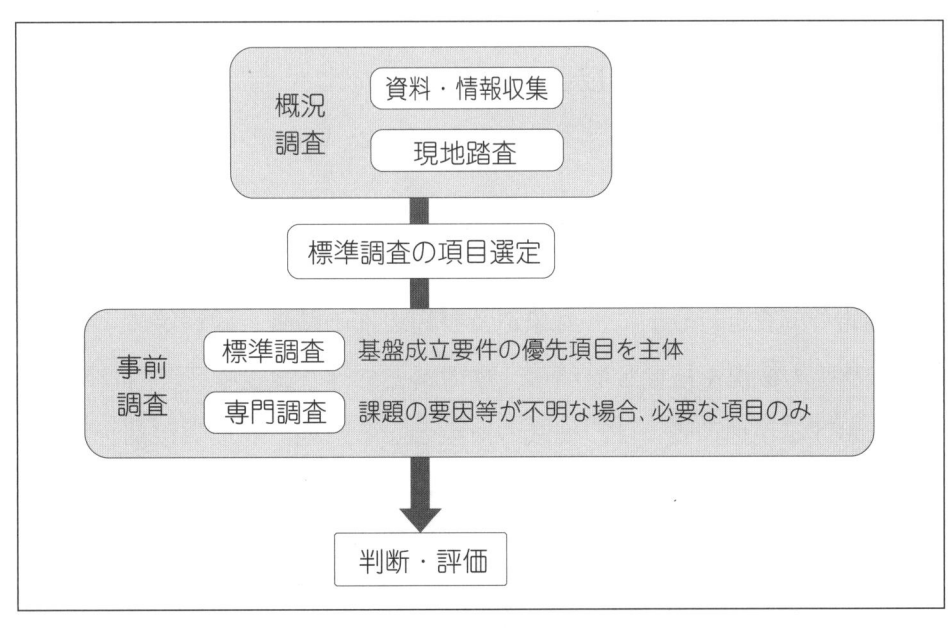

図2-22　基盤造成後の調査

1）概況調査

　企画・調査段階の基礎調査を参考に、資料や情報の収集・整理を行い、現地の踏査を実施した上で、対象地基盤の概況を把握し、本調査（標準調査）における調査項目や内容の検討を行う。

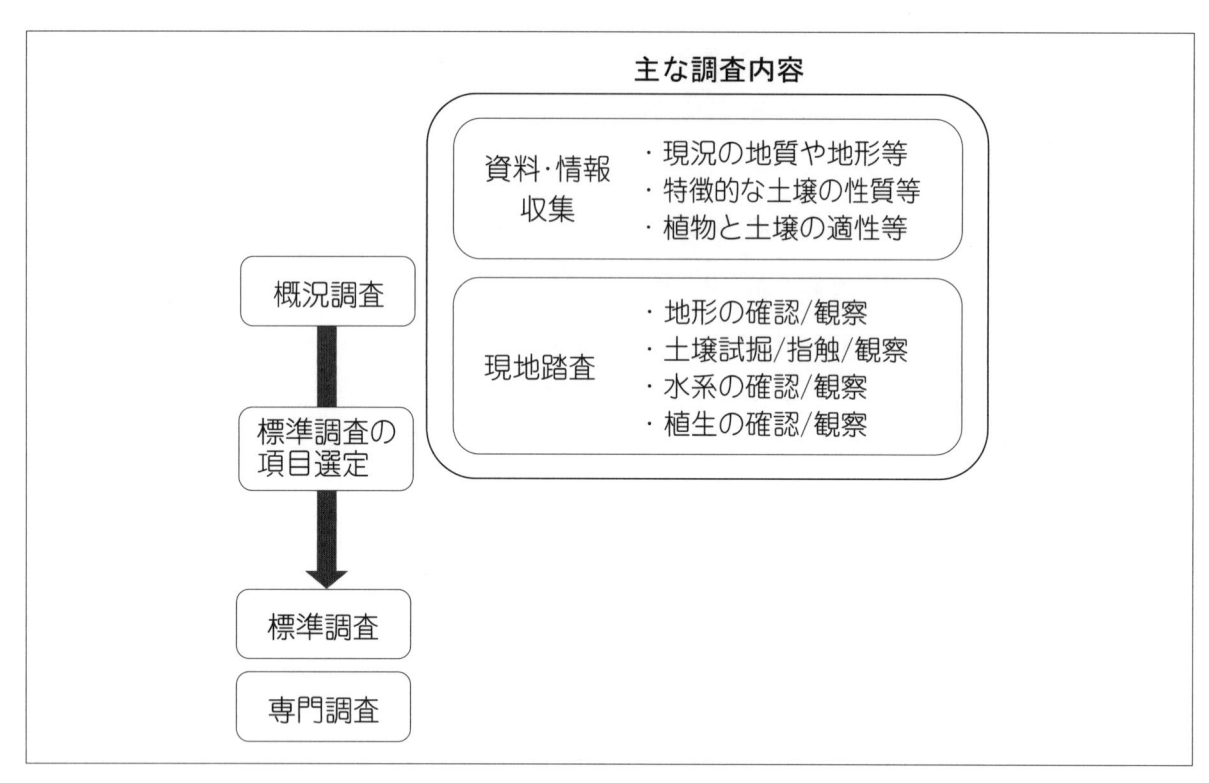

図2-23　概況調査の手順

①資料・情報の確認

　自然環境や社会環境調査と並行して、対象地土壌に関する既存の資料や聞き取り等による情報の収集を行い、土壌環境としての整理を行う。
　その内容は、企画・調査段階の『基礎調査』(2-2-2-（1））の内容に準ずるものとする。

②現地踏査

　基盤の本格的な調査を行う前に、対象地及び周辺部の踏査、観察等により、対象地の形状や土壌の状態等の概況を把握しながら、標準調査で行う調査項目と内容の検討を行う。
　敷地全般における現地踏査では、植栽の対象となる敷地や周辺隣接部を踏査しながら、敷地形状、全体の高低差や起伏等の地形、表面排水の状況、土壌の硬軟や乾湿等の情報により、現況を把握する。

2) 標準調査

①調査内容

　概況調査で把握された状況を踏まえて、表2-16に示す項目を参考に、必要と考えられる調査方法と内容を選定して調査を実施する。

　具体的な調査は、簡易な機器類を使用し、比較的短時間で行える方法で、調査・分析から得られた数値等の結果により、対象地基盤のおおよその性質を把握するものとする。

　この調査において、明らかに課題となるような異常な状態が見られ、さらにその要因等が不明で、適性についての判断・評価が困難である場合にのみ、専門機関等が行う専門調査へ移行するものとする。

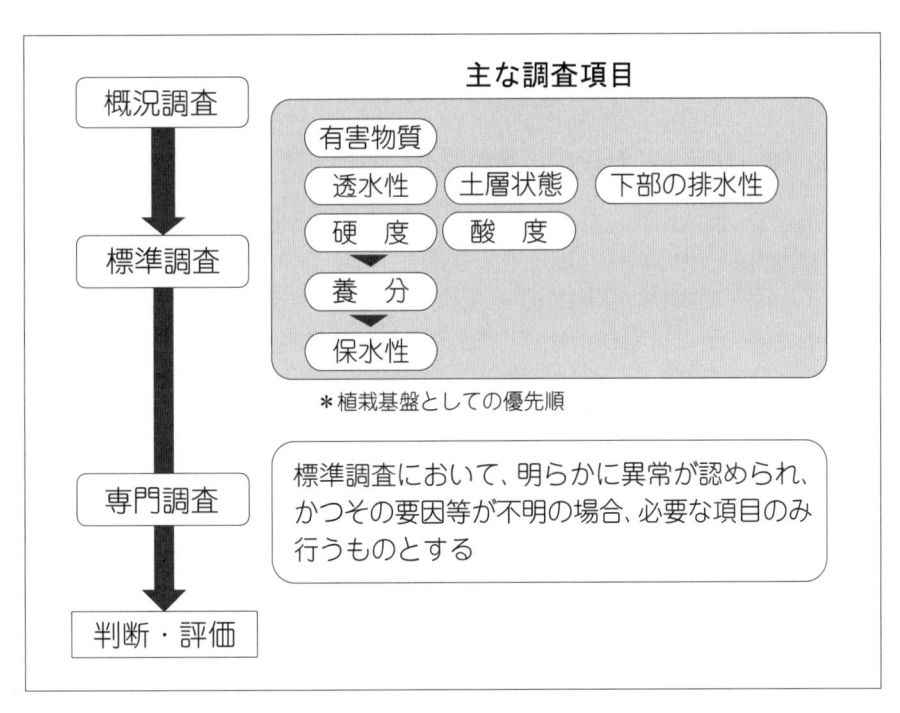

図2-24　標準調査の手順

②調査地点数量

　調査地点数量は、現地の微地形、出現する可能性がある土壌種（土壌図等から判断する）、搬入される外部の土壌（工事記録、工事関係者への聞き取りによる）の種類、造成の手順等によって土層状況が大きく異なるので、一概に決定できない。国土調査法に基づく土壌図の場合、農地と草地では25haにつき1点、林地では100haにつき1点の割で試坑を掘って土壌断面を調べることになっているが、種々の土壌が攪乱されることが一般的な造成土壌では、これより多い試坑（土壌断面調査）が必要になることが通例であり、一つの考え方として、表2-15の例がある。ただし、基本計画、基本設計、実施（詳細）設計と段階が進む毎に単位面積当たりの調査点数（精度）を増やす必要がある。

表2-15　調査地点数量の例

調査対象及び 調査精度	簡易断面調査 （検土杖、簡易試坑調査）	基本断面調査 （試坑断面調査）
大規模・概査 （宅地開発等面積50〜100ha以上程度）	20〜40点／10ha	1〜2点／10ha
中規模・概査	10〜20／ha	1〜2／ha
小規模・概査	10〜40／10a	5〜10／10a

注）日本造園学会（2000）に一部加筆

したがって、実際には、現地の種々の状況と調査に要する期間、費用等を考慮しながら適宜決定する。

なお、実際の調査点の取り方は、あくまでも現地の微地形や植生・表層土壌の状況等で決定するが、マス目状や放射状に配置する場合は原則として等面積配分した区域の中央とする。

表2-16　計画・設計段階の事前調査における標準調査項目と内容

調査項目	調査内容
敷地全般の排水性土層状態	・敷地内で、地形の凹凸箇所や土壌表面が湿っていたり、色が変わっていたり、滞水している可能性がある場合は、その付近を中心に試掘し、排水の状況を調べる。 ・敷地内の造成状況の差異、表層土壌の色、雑草等植生の状況等から、土層状況が異なると判断される毎に検土杖調査等で土層状況を確認する。 ・植栽地の主要部分の数か所を、下層付近の深さまで試掘し、土壌層位や各層位の状態（土色、土性、硬度等）を調べる。さらに、必要に応じて検土杖調査で補足的に土壌層位（土色、土性）を測定する。出現した主なる土壌を採取し、代表的な土壌について、酸度等の測定又はより詳細な分析に供する。
透水性（排水性）	・土層の状況を考慮した深さにおいて、簡易現場透水試験器を用いて、現場にて透水性を調べる。
硬度	・長谷川式土壌貫入計（又は山中式硬度計）を用いて、土壌硬度を調べる。
有害物質	・現地の土壌を観察し、明らかに変色（青みがかった灰色等）していたり、植栽地が造られてからの時間経過の割に雑草などの侵入が見られない場合等は、試験的に播種（ハツカダイコン等）を行い、発芽試験を行う。正常に発芽しない場合は、有害物質の存在の可能性があるので、専門家による分析に委ねる。 ・ECメーターを用いて電気伝導度を測定する。これにより、イオンとなる有害物質の判断が可能である。
酸度	・pH計により、試掘した際の掘削土や掘削断面で出現した土壌の酸度（酸性・アルカリ性）を調べる。
養分	・植栽地の土壌の土（マンセル土色帳による）、土性（経験者の指触土性又は土壌分析による）、調査地及び周辺部に生育している雑草等の植物生育状態から、土壌養分の状況（腐植の含有量等）を推定・判断し、土壌がどの程度肥えているか痩せているかを調べる。
保水性	・調査地土壌の土性（経験者の指触土性又は土壌分析による）や現地観察等から、土壌の保水性を類推する。 ・土壌が山砂や真砂土でかつ礫の多い場合、あるいはツツジ等の浅根性の植物を植栽する場合は特に留意する。

3) 専門調査

①判断

　専門調査とは、専門機関に委ねる室内分析による調査方法である。標準調査において明らかに何らかの異常が確認され、かつその要因となる有害物質等が不明瞭な場合に行うものとする。ただし、分析により具体的な物質の存在等が、数値と共に得られるものの、「どの様な方法で、どの程度改善すべきか」の判断は極めて困難なものといえる。また、現場で、分析に必要な量の土壌検体を採取し、専門機関において分析を行うため、分析結果を得るのに相応の時間と費用を要することを、頭に入れておくことが重要である。

　専門調査の一般的な分析項目例と判断基準値を表2-18（後述2-3-3）に示す。

②分析に必要な検体量

　分析に必要な検体量（検査に必要な土の量）は、検査項目により異なるため、検査機関に相談の上で採取するものとする。参考までに、一般的に行われている分析に要する量を示すと、1検体当たり500g～1kg（生の土で1cm程度以上のレキが入っていない状態での概略値）が標準的な数値となっている。ただし、分析項目が増すにつれ、特に、有害物質等を特定するための分析等は、必要となる検体量も増加する。

4) 表土等の利・活用土壌

　植栽対象地以外の採取土や流用土等で利・活用可能な良質土について、企画・調査段階で検討・立案がなされている場合は、現況との比較、再確認を行う。また、企画・調査段階で、検討や具体的な対応が示されていない場合は、改めて土壌としての適性や土量等の詳細な調査を行うものとする。

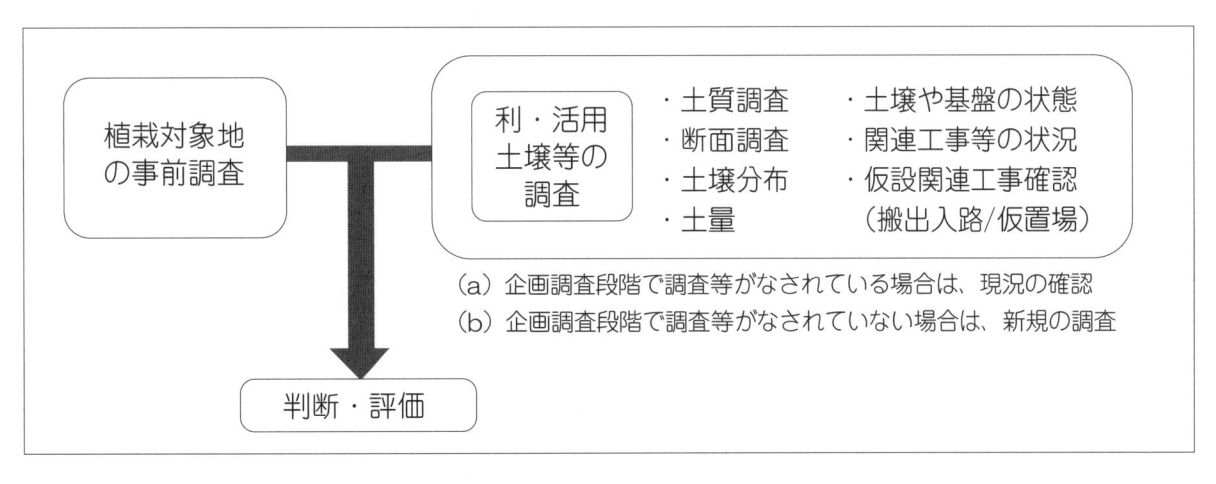

図2-25　利・活用土壌等の調査

2-3-3 判断・評価

> 　判断・評価は、対象地基盤の事前調査（標準調査又は専門調査）で得られた分析結果の数値等を、判断・評価基準に照らしながら、基盤としての適性等について評価を行うものである。
> 　この際、植栽基盤成立条件の重要度の高い順に、判断・評価を行うものとする。また、利・活用良質土等についても併せて判断・評価するものとする。

【解説】

　判断・評価は、事前調査の結果を基に、植栽基盤としての適正や整備対象となる課題等の数値等の判断・評価を行うものである。

　基盤の基本的な形態が出現していない場合は、収集された資料や現地踏査等の結果を基に、経験的な知識を主体とした総合的な判断・評価を行う。

　基盤の基本的な形態が出現している場合は、概況調査、標準調査及び専門調査から得られた数値等を、「判断・評価基準」に照らしながら、基盤としての適正について判断・評価を行う。

　なお、以下に示す判断基準値は既存知見を総合してとりまとめたものであるが、もとより生物としての植物の反応は工業製品のように単純ではない。したがって、これら値はあくまでも一つの目安であり、その判断利用にあたっては、これらの値を単純に比較するのではなく、総合的観点から考慮することが常に求められる。

(1) 基本的な形態が出現していない場合：「自然地」または「造成基盤」

　収集した資料と対象地基盤の概況により、予測的な判断・評価を行う。

　基盤調査の時点で、対象となる基盤が存在していないことに加え、厳密な数値等が得られる調査が行いにくいため、整理された資料や現地踏査の結果を基に、経験的な知識を主体とした総合的な判断・評価を行っていくものとする。

　具体的な内容は、企画・調査段階の『判断・評価』（前出2-2-3）に準ずるものとする。

(2) 基本的な形態が出現している場合：「整地基盤」または「整形基盤」

　調査結果の数値等を基に、植栽基盤成立に関わる条件のうち、重要度の高い項目を中心に判断・評価を行う。

　標準調査及び専門調査から得られた数値は、以下の基準により、判断・評価していくものとする。また、この際、調査項目のうち、植物の生育等に影響の大きい重要度の順に優先して評価していくものとする。

標準調査、専門調査のいずれの調査の場合も、判断・評価基準の評価レベルの「1」（良）を適性なものとし、評価レベル「2」（可）は、特殊な場合（すべての項目が評価レベル2となり、植栽対象となる植物の環境適応力が低い場合等）を除き検討を要するものとし、評価レベル「3」（不良）は、基本的に改善、整備の対象とする。

表2-17　判断・評価のレベル区分

評価レベル	内容
評価レベル1（良）	植栽基盤として望ましい数値、条件等のレベル
評価レベル2（可）	枯損に至ったり、生育等に直接大きな影響を与えないものの、他の要素と複合した場合や植物によっては影響を受けることもあるレベル
評価レベル3（不良）	明らかに植栽植物の生育等に影響を及ぼす数値で、特に重要度の高い項目ほど、その可能性が強いレベル

表2-18　標準調査判断・評価基準

重要度	調査項目	調査方法	単位	評価 1(良)	評価 2(可)	評価 3(不良)
1	排水性	排水状況観察	－	良好な排水状況	問題なし	排水不良状況が顕著
1	透水性	長谷川式簡易現場透水試験器	mm/hr	100＜	30〜100	30＞
1	硬度	長谷川式土壌貫入計	cm/drop S値	1.5〜4.0	1.0〜1.5	1.0＞
(1)	酸度（pH）	pH（H_2O）	－	5.6〜6.8	4.5〜5.5 6.9〜8.0	4.5＞ 8.0＜
(1)	有害物質	電気伝導度（EC）	dS/m	0.2〜0.5（砂土） 0.2〜1.0（その他土壌）		0.5以上（砂土） 1.0以上 0.2以下（特に0.1以下）は不良ではないが貧栄養
(1)	有害物質	ハツカダイコン*発芽試験	－	生育良好	貧栄養等が観察されても生育障害はない	生育障害が見られる
2	養分推定	植生観察、指触土性、土色等	－	良好な状態	阻害要因はないと見られる状態	明瞭な問題点の存在
3	保水性	植生観察、指触土性等	－	良好な水分を保つ	特に問題なし	保水性不足が顕著

注）重要度
1：植栽基盤成立条件の中で最も重要度の高いもの。
(1)：重要度の高い項目であるが、改善対象として出現する確率は「1」より低いもの。
2：判断・評価を行う際、最重要項目の下位に位置するもの。
3：植栽基盤成立条件ではあるが、必須の改善項目とならないもの。
＊：試験時期等によっては、牧草種子等を用いても可。ただし、対照区を明確にしておくこと。

表2-19 専門的な調査項目の判断・評価基準

重要度	区分	調査項目	実施条件等	単位	評価 1（良）	評価 2（可）	評価 3（不良）
1	物理性	粒径組成	対象地の主なる土壌で把握	三角座標における範囲（国際法による土性）火山灰土	砂　　：40〜70 粘土　：0〜20 シルト：15〜60 ％で囲まれる範囲	砂　　：30〜80 粘土　：0〜25 シルト：0〜70 ％で囲まれる範囲	左記以外の範囲
				三角座標における範囲（国際法による土性）鉱質土壌	砂　　：80〜85 粘土　：0〜20 シルト：0〜20 ％で囲まれる範囲	砂　　：30〜90 粘土　：0〜25 シルト：0〜45 ％で囲まれる範囲	左記以外の範囲
	養分	全窒素		g/kg	1.2<	1.2〜0.6	0.6>
(1)	物理性	礫含有量	土壌調査で礫量が「富む〜すこぶる富む」と評価された場合	g/kg	200>	200〜400	400<
	阻害物質	pH（H$_2$O$_2$）	pH（H$_2$O）<4	−	4前後 この値は、酸性硫酸塩土壌である場合の判断基準値であり、pHが4であれば特別な樹種を除き、酸性硫酸塩土壌の有無にかかわらず中和対策は必要である。	3.5〜4程度	3.5>
	阻害物質	硫酸イオン	pH（H$_2$O$_2$）<3.5		ほとんど認められない pH（H$_2$O$_2$）が3.5以下程度で、酸性硫酸塩土壌が疑われる場合、硫酸イオンの存在を塩化バリウム法等でチェックする（硫酸イオンがあれば酸性硫酸塩土壌と見なす）。	わずかに認められる	著しい
	阻害物質	塩素イオン	EC>0.5dS/m	g/kg	0.5> 沿岸埋立地等海水起源の塩類汚染が考えられ、ECの値が高い時に、原因追及のためにチェックする。 なお、塩素イオンの判断基準については、樹木生育との関係が明確ではないため、この値は参考値である。	0.5〜2	2<
2	物理性	飽和透水係数	対象地の主なる土壌で把握	m/s	10^{-4}<	10^{-4}〜10^{-5}	10^{-5}>
	物理性	有効水分保持量	対象地の主なる土壌で把握	L/m^3	120<	120〜80	80>
	保肥力	塩基性置換容量	対象地の主なる土壌で把握	cmol(+)/kg	20<	20〜6	6>
	養分	腐植（全炭素×1.72）	対象地の主なる土壌で把握	g/kg	50< ただし、天然腐植を含む火山灰土客土での条件である。その他土壌については3章参照。	10〜50	10>
3	物理性	固相率	火山灰土	g/kg	200>	200〜300	300<
			鉱質土壌	g/kg	400>	400〜500	500<
	養分	有効態リン酸		mg/kg	200<	200〜100	100>
	養分	置換性カルシウム		cmol(+)/kg	5.0<	5.0〜2.5	2.5>

本判断の基準値等は、日本造園学会（2000）の結果を基礎としている。

注）重要度　1：植栽基盤成立条件の中で重要度が高く、必ず実施すべき項目
　　　　　(1)：出現する確率は比較的低いが、阻害性に関係するため、条件によっては「1」と同等もしくはそれ以上に重要な項目
　　　　　2：把握しておくことが望まれる項目
　　　　　3：必要に応じて、実施することもある項目（ただし、判断基準値は今後の検討を要するとされており、厳密性がある値ではない）

2-3-4 整備目標

> 整備目標の設定は、主体業務の整備目的や整備方針を基に、現況基盤土壌の評価を踏まえて、植栽基盤として整備すべき土壌要件のレベルの設定を行う。
> 設定にあたっては、対象緑地の特性を踏まえて、植栽基盤として必要最小限の整備内容を基本とするものと、より高度な整備を目指すものとの２段階区分により設定する。

【解説】

整備目標の設定は、対象事業の整備の目的や方針に応じて、植栽基盤として整備を行うべきレベルの設定を行い、具体的な数値等により示していくものとする。一般的な公園や緑地を標準に、より高度な整備内容においては、基盤整備の対象レベルを高めに設定していくものとする。

表2-20 基盤整備目標の内容と数値目標

整備目標	内容及び数値目標			
標準基盤整備目標	内容	施設等の整備内容や規模等が比較的中庸のもので、緑量の確保や植物の健全な生育を目指すものを標準とする。		
	対象事例	一般的な公園や緑地		
	整備目標	判断・評価基準の重要度の『1』の項目については、評価レベル「1」の数値基準を整備の目標とする。	項目	数値基準等
			排水性	問題ないこと
			透水性	100mm/hr以上
			硬度（S値）	1.5〜4.0
			酸度（pH（H_2O））	5.6〜6.8
			有害物質（EC）	砂土 0.5dS/m以下 1.0dS/m以下
高度基盤整備目標	内容	整備内容や施設の規模、完成目標とする空間の質が比較的高いもので、整備後も一定の質を維持するために、相当量の管理内容等を伴うものについては、基盤整備のレベルを高めに設定する。		
	対象事例	高密度・集約型の公開空地、日本庭園、貴重保存樹木等		
	整備目標	判断・評価基準の重要度の『1』『2』『3』のすべての項目について、評価レベル「1」の数値基準を整備の目標とする。	項目	数値基準
			排水性	良好であること
			透水性	100mm/hr以上
			硬度（S値）	1.5〜4.0
			酸度（pH（H_2O））	5.6〜6.8
			有害物質（EC）	0.3dS/m以下
			養分	十分であること
			保水性	良好であること
		修景用花壇等の重点的に高レベルの品質が要求される場所については、別途、個別に目的に合わせた整備目標を設定するものとする。		

2-3-5 整備計画・設計

> 整備計画・設計は、植栽基盤としての適性の判断・評価や整備目標等に基づいて、基盤の整備すべき範囲、程度、費用、期間等を考慮しながら、適切な基盤整備工法や仕様の検討を行い、整備計画・設計としてとりまとめるものである。
> なお、対象地の基盤が基本的な形態の出現前の場合は、概略設計としてとりまとめる。
> 表土等の良質土利・活用についても、検討・立案を行い、利・活用計画・設計としてとりまとめる。

【解説】

整備計画・設計は、対象地基盤の判断・評価並びに基盤整備目標に基づいて、整備の工法や仕様の検討・立案を行う。対象地基盤の形態により、以下の2系統に区分される。

表2-21 整備計画・設計の区分

「自然地」または「造成基盤」	基盤の基本的な形態の出現前は、造成後の状況や課題等の予測、整備工法や整備範囲、表土等の利・活用の検討と共に、想定計画・設計を行う。
「整地基盤」または「整形基盤」	基盤の基本的な形態が出現している場合は、具体的な整備工法と仕様の検討・設定を行う。整備工法等の検討の際には、課題改善の程度、整備範囲、整備費、整備期間等を考慮しながら、適切な整備工法と仕様の設定を行い、計画・設計として取りまとめる。

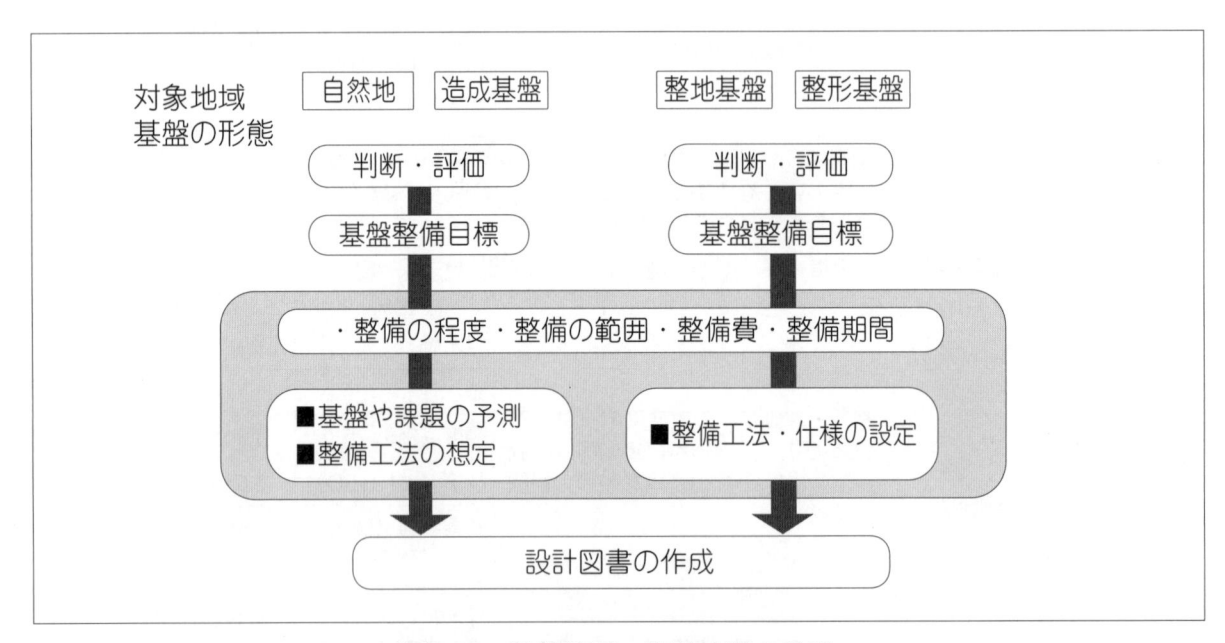

図2-26 基盤計画・設計技術の手順

(1)「自然地」または「造成基盤」の場合

造成後の基盤の状況や課題の予測、整備工法等の想定を行い、計画・設計として取りまとめる。

1) 基盤の形状や変化の予測

収集した資料や造成計画等を基に、現況基盤の改変や造成基盤の状況等について考察し、計画・設計段階での検討・立案の参考に資するよう予測するものとする。

2) 課題の予測

予測された基盤の形状や変化から、植栽地としての課題となる可能性のある土壌条件を抽出し、その条件の程度や出現する領域等についても予測していくものとする。

3) 対策の検討・立案

予測された課題の程度や分布域、事業構想内容、事業費、事業工程等を考慮しながら、適正な整備の方向性を定めていくのものとする。

また、設計段階の場合の整備工法は、想定設計であることから、基盤造成後の施工段階で、改めて基盤の事前調査及び対策の立案・設定が行われていくための条件等について、明示していくものとする。

4) 整備レベルの程度

この段階で定める整備レベルは、以下の区分や設定を行う程度のものとする。

- 面的な整備または、単体的な整備の区分と対象となるであろう整備面積
- 表土等の資源の利・活用導入の有無とその利・活用想定計画
- 具体的な整備工法の選定、明示は、種別レベルまでとする（例：土層改良工）
- 排水計画の想定（基盤造成後の検討では、対応が困難な場合もある）
- 施工段階における基盤の事前調査と対策の立案に関する事項や条件の明示
- 事業費用の概算

具体的な内容は、企画・調査段階の『整備構想』（前述2-2-5）に準ずる。

(2)「整地基盤」または「整形基盤」の場合

対象地基盤の判断・評価並びに基盤整備目標に基づいて、具体的な整備の工法や仕様の検討・立案を行い、基盤整備計画・設計として取りまとめる。

また、整備工法等の検討の際には、課題改善の程度、整備範囲、整備費、整備期間等を考慮しながら行うものとする。

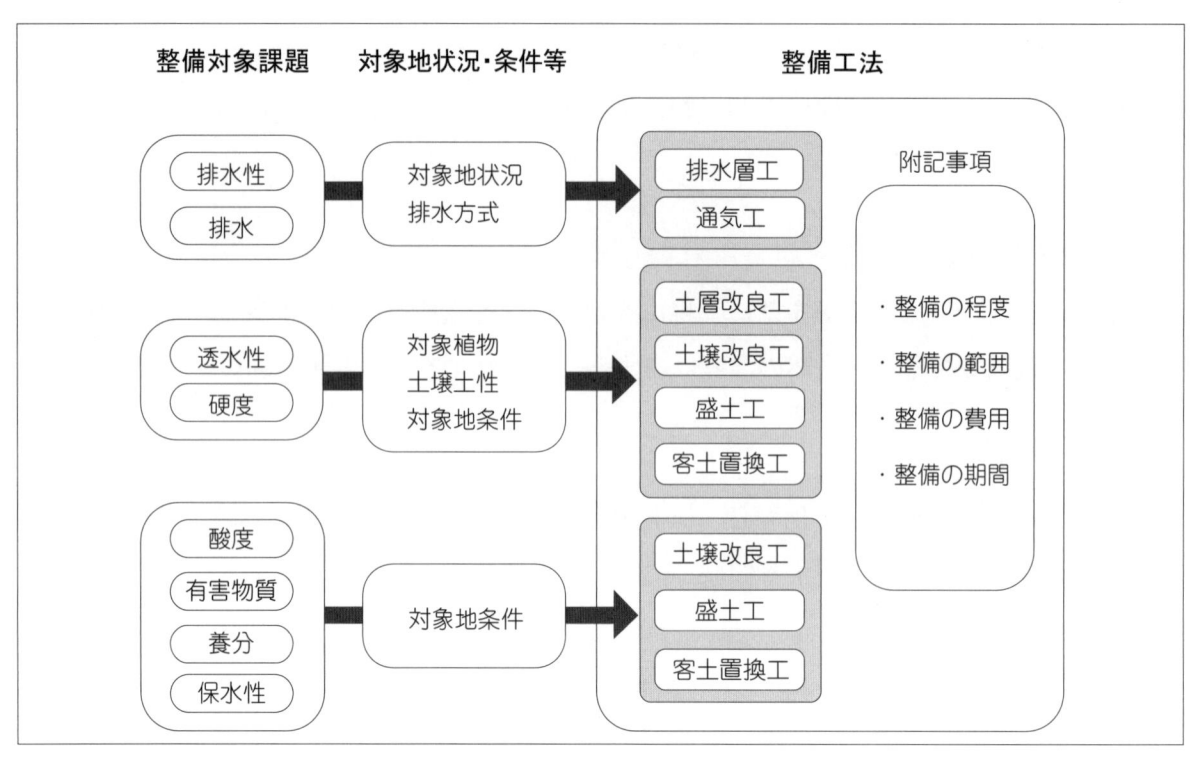

図2-27　基盤計画・設計整備工法選定

1）整備工法の選定

　土壌調査・分析で抽出された各々の問題点に対応する整備対象（課題）は、「表2-22　整備対象と植栽基盤整備工法」と「図2-28　対象地状況・条件等による整備工法の選定」により、選定していくものとする。

　「表2-22　整備対象と植栽基盤整備工法」は、各整備対象に対する具体的な工法の種別及び細別の関係について、直接的な改善で効果のあるものと間接的な改善で効果のあるものに区分したものである。各整備工法は、整備対象に対して1対1対応ではなく、他の整備対象にも効果がある場合もあることから、整備工法選定の際は、整備対象の種類、整備費、整備期間等を考慮しながら、選定していくものとする。

　計画・設計段階において、対象地細部の基盤条件まで把握することは困難ではあるが、基本的な整備の方策を、具体的な工法や仕様により示していくものとする。

　施工直前における基盤条件の変化や部分的な課題、主要な箇所における細やかな対応等については、施工段階に委ねるものとする。

　表土等の利・活用は、採取、運搬、仮置、復元等の多様な手順の他に、関連工事等との調整や準備工等が必要となるため、十分な検討と共に、基盤整備計画・設計とは別に、利・活用計画（造成計画、運土計画、仮設計画、復元計画等）を策定する必要がある。

　各整備工法の詳細や留意事項等については、第3章 詳細技術編・整備工法（3-2）に解説されている。

表2-22　整備対象と植栽基盤整備工法

整備工法	整備対象	排水・排水性 表面排水	排水・排水性 下層排水	有効土層の範囲（厚さ・面積） 透水性	硬度	酸度	有害物	養分	保水性	摘要
排水層工	①開渠排水	○	△							流量の少ない仮設排水
	②暗渠排水	△	○	△						比較的広い面積の対象地
	③縦穴排水		○							不透水層を持つ狭い面積
	④硬盤破砕		○							不透水層を持つ堅固な地盤
土層改良工	①普通耕			○	○				△	地被・草花及び芝生類
	②深耕			○	○				△	高中木及び低木
	③混層耕			○	○				△	高木・中低木・地被植栽
	④空気圧入耕起法		△	○	○				△	植栽完了地（高中低木・地被）
土壌改良工	①土壌改良			○	○	△		△	○	対象毎に適用
	②中和剤施用					○				対象毎に適用
	③施肥							○		対象毎に適用（養分）
盛土工	①採取表土盛土	△		○	○	○	○	○	○	良質の採取表土
	②発生/流用良質土盛土	△		○	○	○	○	○	○	良質の発生土・流用土
	③購入土盛土	△		○	○	○	○	○	○	良質の購入土
客土置換工	①客土置換	△		○	○	○	○	○	○	対象地の良質土による置換
通気工	②空気管設置		△	△						有効土層下部への通気

注）○：直接的な対象課題、△：間接的な対象課題

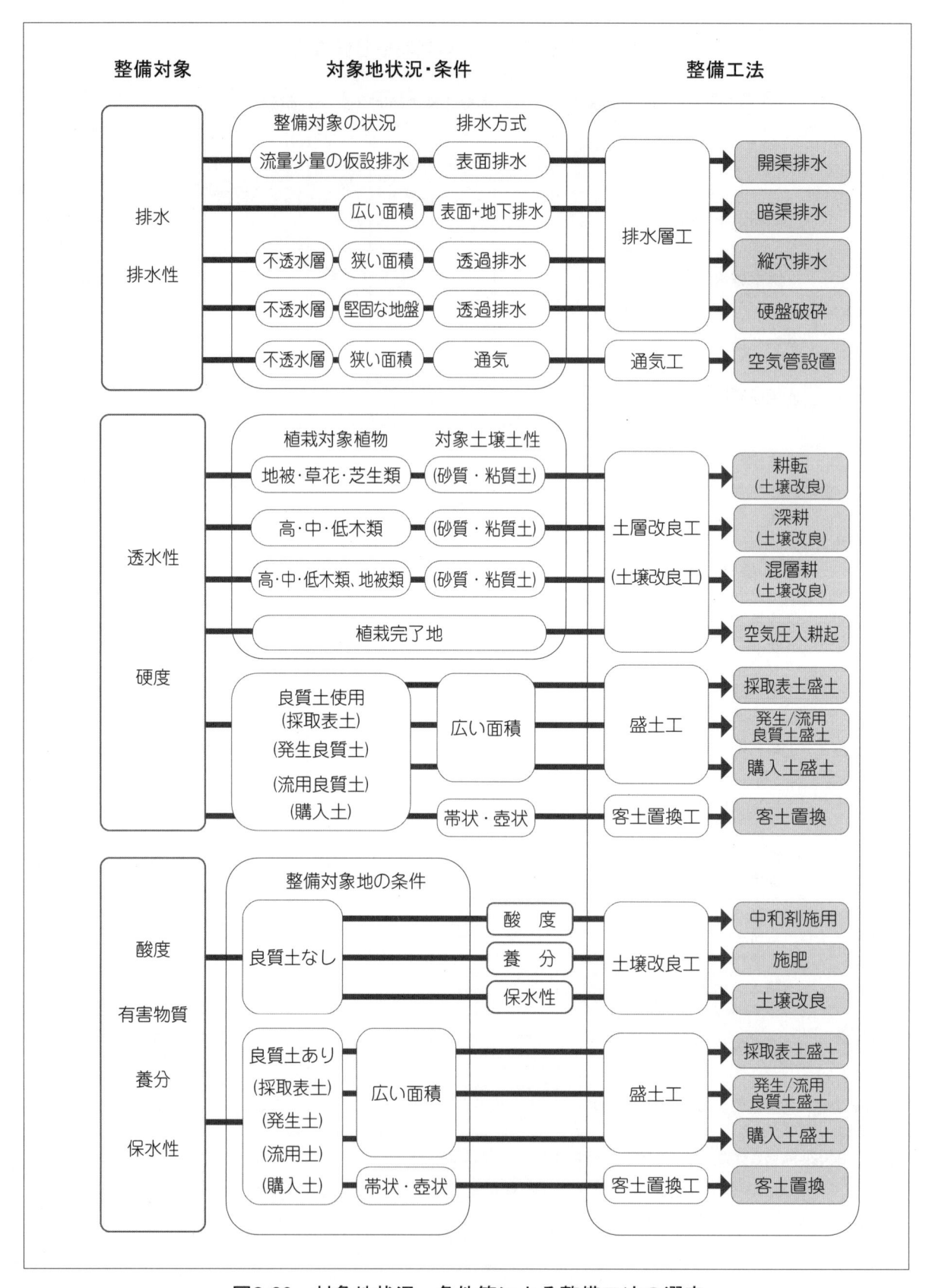

図2-28　対象地状況・条件等による整備工法の選定

(3) 基盤整備計画・設計のまとめ（「整地基盤」または「整形基盤」の場合）

　基盤整備計画・設計のまとめとして、基盤の調査から評価、検討、対策等の立案された結果までの事項を整理し、計画説明書または設計図、特記仕様書等の成果図書に、以下の事項と内容を参考に記載するものとする。

1) 基盤事前調査の概要

　基礎調査で収集した資料や現地踏査で行った内容について、調査結果の概要を整理しまとめる。表土等の利・活用可能な良質土についても併せて整理する。

- ・基盤事前調査の結果
- ・利・活用良質土等の調査結果

2) 判断・評価、目標設定の考え方

　調査結果を踏まえて、現状基盤に対して行った課題の予測や、判断・評価、設定した基盤整備の目標レベルを整理し、図書等に記載する。

- ・現状基盤判断・評価
- ・整備設定目標

3) 対策の検討・立案

　設定した整備工法、使用資材、標準的な基盤整備の断面、整備の規模や範囲、施工条件、利・活用良質土等の計画・設計内容を整理し、図書等に記載する。また、これらの整備にかかる整備期間の全体工事工程への盛り込みや、数量計算書に記載する当該基盤整備数量等の算出等を行う。

- ・整備工法、施工手順、使用資材等の指定、標準断面、整備範囲、施工条件等
- ・良質土等の利・活用計画・設計
- ・整備工事工程
- ・整備工事の数量算出

4) 施工段階への申し送り事項等

　計画・設計段階で、造成前で基盤に関する情報が未確認または推測の域にある場合や、これから基盤の改変等が予定されている場合、これらの内容について整理し、申し送り事項として記載するものとする。また、建築や土木等の関連事業間で取り交わした協議内容や確認事項についても、併せて整理する。

- ・未確認事項等（具体的内容について検証、確認ができなかった内容等について）
- ・基盤の改変予定や状況変化の予測
- ・関連事業との協議・調整内容

（4）基盤整備計画・設計成果品イメージ（参考）

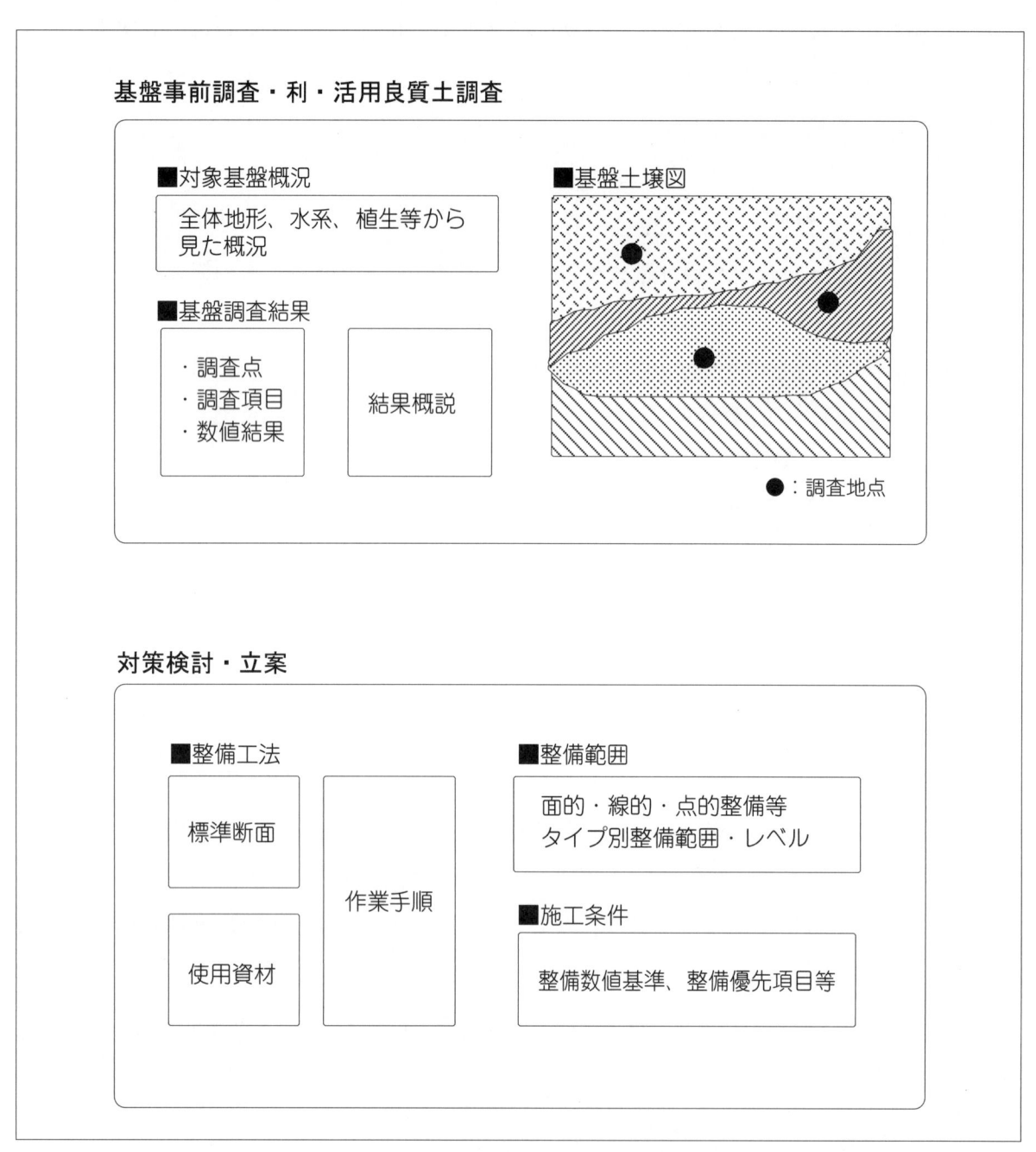

図2-29　（参考）基盤整備計画・設計成果品イメージ

2-3-6 次段階への継承

> 継承事項の整理にあたっては、予測される施工段階における基盤状態、基盤の調査や検討のあり方、施工時の留意点等を示すと共に、関連事業等との協議・調整事項等についても申し送り事項とし、基盤整備計画・設計段階と基盤整備施工段階が相互に関連し、一貫性のあるものとなるよう、継承していくものとする。

【解説】

(1) 前段階の継承

　企画・調査段階からの申し送り事項や記載内容等を基に、改めて対象地基盤調査等を行うことにより、土壌条件等について、確認・把握していくものとする。

(2) 申し送りによる継承

　基盤の基本形態が出現する前は、予測を主体とする想定計画・設計を行い、基本形態が出現している場合は、基盤の条件を確実に把握しながら、その具体的な対策を検討・立案を行った上で、整備に関わる条件等を示していくものとする。

(3) 調査や整備に関わる期間、費用の確保

　施工段階における条件等を明示することにより、基盤の確認調査や基盤整備に要する費用、整備期間等を確保すると共に、施工段階における適正な基盤の確認により、円滑な整備の実施を促す。

2-4 植栽基盤整備施工

2-4-1 施工の基本的考え方

> 施工は、設計図書を基に対象基盤の状況の確認を行い、設計仕様に基づいて植栽基盤の整備を行うものである。
> なお、設計図書の内容が概略設計であったり、対象基盤が基本的な形態を示していない状態の場合は、あらためて事前調査に立ち戻り、適切な整備仕様等の設定を行い、場合によっては変更・調整を行いながら適切な基盤の整備を行う。

【解説】

(1) 施工段階における作業の目的と内容

植栽基盤整備施工段階は、一般的に、対象となる基盤が「整地基盤」または「整形基盤」の形態をなす場合が多く、この場合、対象となる現況基盤と設計段階における基盤の状況とを細部にわたり比較・確認しながら、植栽基盤整備の施工を行う。一方、基本的な形態を示していない「自然地」や「造成基盤」の状態で対応することも少なくなく、この場合、基盤の造成・整地後に、設計内容に対する対象地の確認調査と整備工法や仕様の比較検討等を行ってから、植栽基盤整備の施工を行うこととなる。

また、対象地の部分的な課題や状況変化等により、設計仕様での対応が困難である場合には、適切な基盤整備への変更協議を経て、植栽基盤整備を行っていくものとする。

施工段階における対象地形態による主な作業内容は、基盤の形態や対応時の立場・状況等により、図2-30に示すように4系統となり、基盤調査や個別の検討等の具体的な作業については、作業タイプⅠと作業タイプⅡに集約される。

表2-23 施工段階における対象地形態別の主な作業内容

対象地の形態	条件等	作業内容
「自然地」または「造成基盤」	基本的な形態が出現していない場合	基盤造成・整地後に、対象地基盤と具体的な設計整備工法等の比較・確認を行う。
整地基盤	基本的な形態が出現している場合	現況基盤に対する整形等の改変により、以下の区分となる。 | 現況基盤の状況	施工
---	---
整地基盤に対して、さらに他の業種による整形や造形が加えられる場合	基本的な形態が出現していない場合：「自然地」又は「造成基盤」の作業と同様。
整地基盤への整形等が当該業務に含まれている場合	設計段階で設定された標準的な整備工法や仕様に対する詳細な確認及び基盤整備の施工を行う。	
整形基盤	基本的な形態が出現している場合	設計段階において定められた整備設計及び仕様に対する詳細な確認・検討を行い、基盤整備の施工を行う。

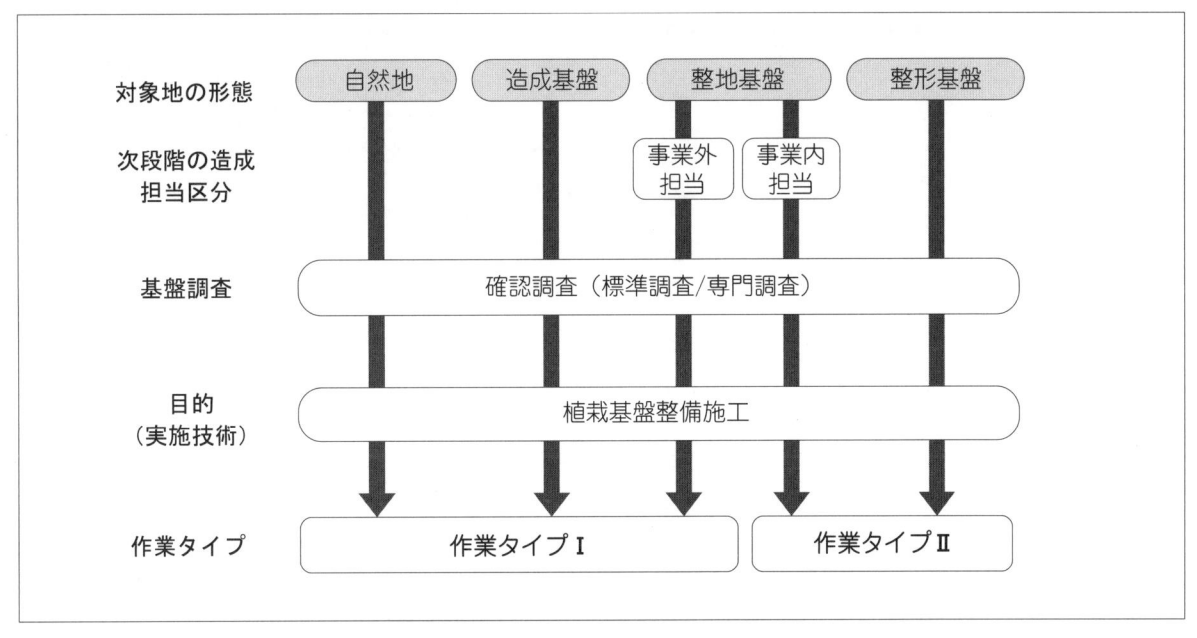

図2-30　施工段階における対象地形態による主な作業内容

（2）作業の手順

　植栽基盤整備の施工段階の作業は、図2-31の作業手順に沿って行われる。

　本業務は、主体業務である公園や緑地等の施工作業と連携しながら、植栽基盤の整備作業を進めていくものとする。

　本作業は、対象とする現況基盤の状況により、大きく2つの作業手順（作業タイプⅠ、作業タイプⅡ）に分けて行うこととなる。

　標準的な作業となる作業タイプⅡの作業は、施工の準備工の一環として計画・設計段階の「設計図書の確認」と、対象地土壌の特性と設計内容を確認するための「基盤確認調査」を行い、調査結果の「判断・評価」を経て「整備目標の確認」を行う。これを受けて施工計画の作成が行われるが、この際に現況基盤の状態に問題があり、設計内容の変更が必要と判断された場合は「調整・変更協議」を行い、設計変更の手続きを経て植栽基盤の整備施工が行われる。

　さらに、施工完了後、整備された基盤が設計図書の内容を満たしているか「出来形管理・品質管理」を行うことにより確認する。

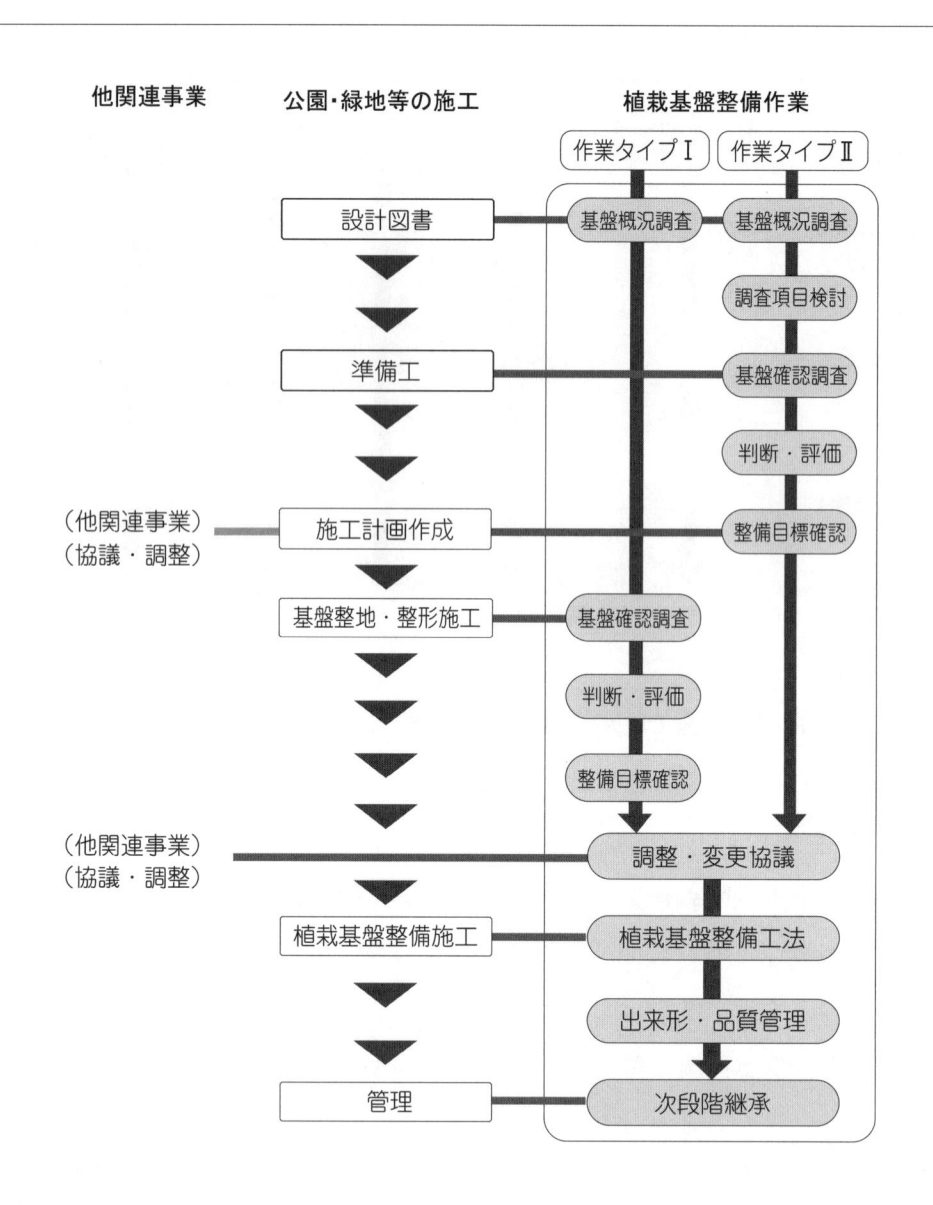

【手順図内の各基盤整備の主な作業内容】

- ①基盤概況調査　：設計図書と現地踏査により、対象地の概況を把握
- ②調査項目の検討　：確認調査で行うべき調査項目や内容等について検討
- ③基盤確認調査　：設計図書で示された基盤の条件と共に、細部についても確認
- ④基盤判断・評価　：土壌の適性や課題となる条件について、判断・評価
- ⑤整備目標確認　：設計整備目標に対して、施工性の適正等について確認し、不適切な場合は、設計変更の手続きを経る。
- ⑥調整・変更協議　：整備工法や手順等の調整・変更、確認
- ⑦基盤整備工法　：設計図書や施工計画の内容に沿いながら、整備工法で使用する資材等の準備と実際の基盤整備の施工。
- ⑧次段階継承　：整備施工内容等の次段階（管理段階）への引き継ぎ

図2-31　基盤整備施工作業手順

2-4-2 確認調査

> 確認調査は、対象地の基盤の現況と設計内容の比較検討や施工条件を確認するために行うものである。
> 対象地基盤の状況により、直接基盤を確認できる場合と造成・整地後に行う場合の２タイプに区分される。

【解説】

確認調査は、整備を行う段階であることから、対象地の現況と設計内容や施工条件等を比較・検討しながら、基盤の詳細な部分も含めて、基盤条件の確認を行うことが基本作業となる。ただし、調査は、対象地基盤の形態や植栽基盤整備設計の仕様等の有無により、2つのタイプに区分される。

表2-24 作業タイプ区分

作業区分	対象地基盤の形態及び植栽基盤整備設計・仕様設定の有無
作業タイプⅠ	・「自然地」または「造成基盤」 ・「整地基盤」で、他業者による整形等が予定されている場合
作業タイプⅡ	・「整地基盤」で、整地基盤の整形等が当該業務に含まれる場合 ・「整形基盤」

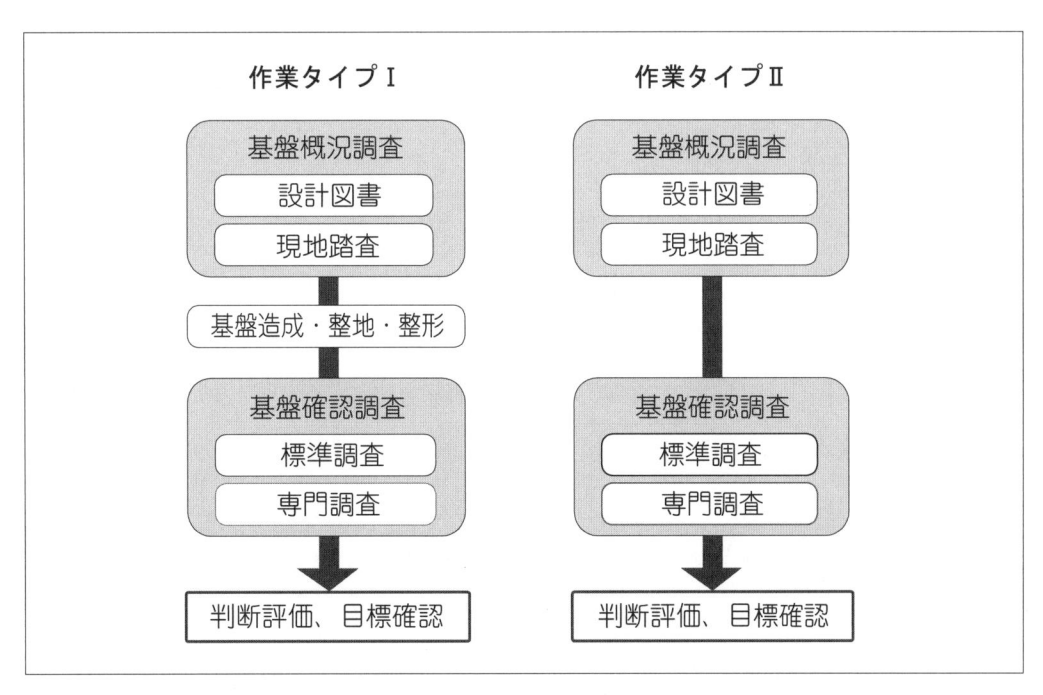

図2-32 基盤調査の手順

(1) 作業タイプⅠ

このタイプの調査は、設計図書等に示された条件等を基に、基盤の造成または整地・整形後に、標準調査等を主体とした対象地基盤の調査を実施し、課題等に対する確認・検討の際の基礎資料とする。

1) 概況調査

おおむね、以下の作業を実施する。

具体的な調査項目と内容は、計画・設計段階の『事前調査』（2-3-2）に準ずる。

①設計図書等による条件確認

設計図書の仕様や明示されている条件について、確認を行う。

②現地踏査

現地の踏査・観察等により、設計図書等の記載内容と対象地の状況を比較しつつ、造成後の敷地形状や課題等を想定し、対象地基盤の概況を把握する。

2) 基盤調査

①標準調査

簡易な土壌検定の機器類を主体とした調査・分析で対象地基盤の性質を把握する。

基盤の造成または整地完了後に、必要と考えられる調査方法と内容を選定し行う。標準調査は、簡易な機器類を使用し、比較的短時間で行うことが可能な調査方法を基に、調査・分析から得られた数値等の結果により、対象地基盤のおおよその性質を把握するものである。

この調査において、明らかに課題となるような異常な状態が見られ、さらにその要因等が不明で、適性についての判断・評価が困難である場合にのみ、専門機関等が行う専門調査へ移行することとなる。

②専門調査

標準調査で判明しない課題や要因について、より詳細な調査・分析を行う。

専門機関の室内分析による調査方法で、基本調査において明らかに何らかの異常が確認され、かつその要因となる有害物質等が不明瞭な場合にのみ行うものである。ただし、分析により具体的な物質の存在等が、数値と共に得られるものの、「どの様な方法で、どの程度改善すべきか」の判断は極めて困難なものといえる。また、現場にて分析に必要な量の土壌検体を採取し、これを専門機関に搬送して分析を行うため、分析結果を得るのに相応の時間と費用を要することを念頭に置いておくことが必要である。

分析に必要な検体量（検査に必要な土量）は、検査項目により異なるので、検査機関に

相談の上、採取するものとする。

具体的な調査項目と内容は、計画・設計段階の『事前調査』(2-3-2) に準ずる。

(2) 作業タイプⅡ

このタイプの調査は、整備設計の整備方法や仕様等の内容を確認しながら、設計段階の基盤状況や課題と現況とを比較・検討し、さらに設計段階では対応が不十分となる対象地細部についても詳細に調査を行い、得られた数値等により植栽基盤としての適性について、改めて判断・評価していくものとする。また、設計業務完了後に状況等が変化している場合は、変化の事由や程度等を確認し、必要と考えられる項目の調査を追加して行う。

植栽基盤整備設計の内容等の確認を行いながら、具体的な基盤調査に先立ち、概況調査として、設計図書に示された仕様や特記事項等の確認と、現地踏査による概況把握を行う。この調査で、対象地の状況や整備設計等に問題がなければ判断・評価へ移行し、問題がある場合には、確認調査（標準調査）で行うべき調査項目と内容の検討及び選定を行う。この際、設計段階で課題となった事項や植栽基盤の成立要件として重要な項目を優先しながら、調査対象として、選定していくものとする。

続いて、対象地の主要となる箇所で、選定した調査項目について簡易な検定の機器類による基盤調査を行う。標準調査において、検定の数値が異常な値を示したり、明らかに植物の生育に影響するような何らかの状況が見受けられ、さらにその要因となるものが不明である場合のみ、専門機関等による詳細な調査（専門調査）を行うものとする。

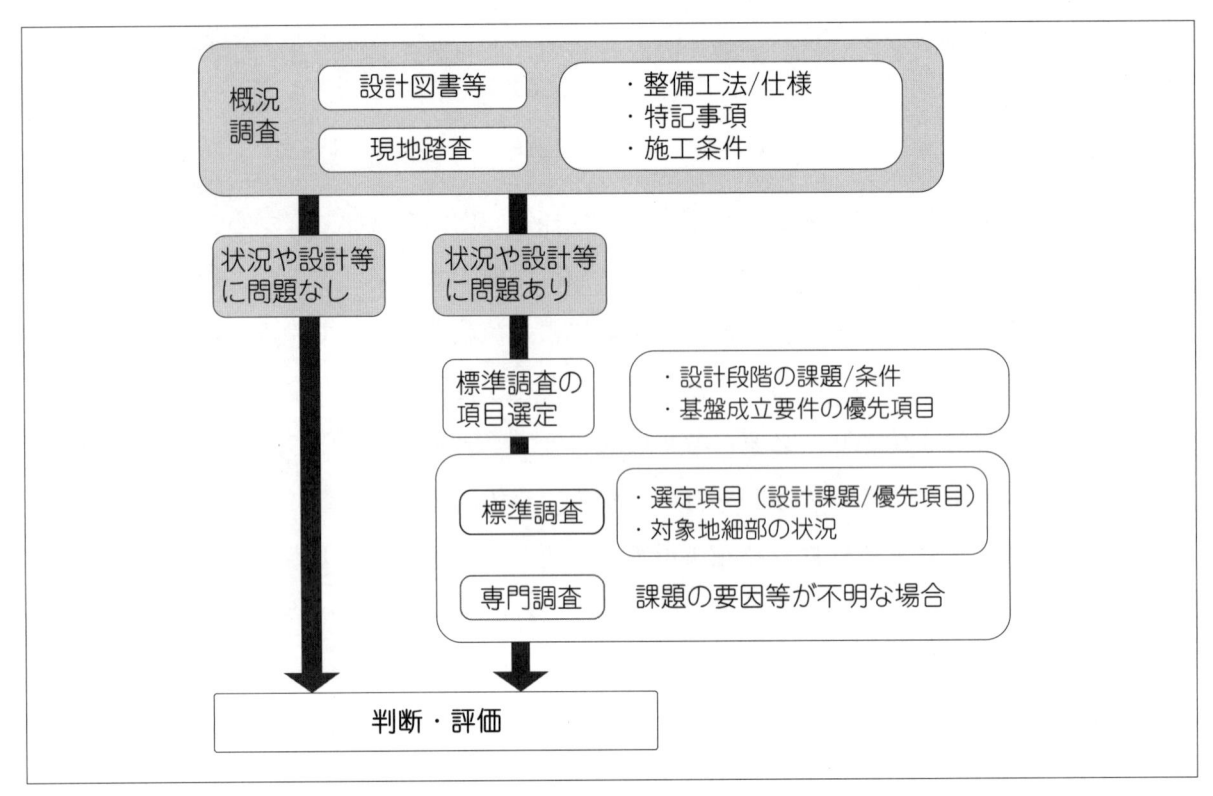

図2-33　基盤確認調査の手順

1) 概況調査

おおむね、以下の作業を実施する。

具体的な調査項目と内容は、計画・設計段階の『事前調査』（2-3-2）に準ずる。

①設計図書等による条件確認

　設計図書等の整備工法や仕様、さらには特記事項に示された施工条件等の確認、把握を行う。

②現地踏査

　基盤の本格的な調査を行う前に、設計段階で課題となった条件等を前提に、対象地及び周辺部の踏査、観察等により、対象地の形状や土壌の状態等の概況を把握しながら、標準調査で行う調査項目と内容の検討を行う。

　また、設計業務完了後に、重機造成等により対象地の状況が変化している場合には、現況と設計図書を照らし合わせながら、変化した事由と共に、改変の程度や範囲等についても詳細に調査・確認する。

2）確認調査

①標準調査

　この調査は、簡易な機器類を使用し、比較的短時間で行うことが可能な調査方法で、調査・分析から得られた数値等の結果により、対象地基盤の性質を把握するものである。

・設計図書で示された基盤の条件等について、植栽基盤成立条件の優先される項目の順に、再度調査、確認していくものとする。

・設計段階で設定された植栽基盤整備工法や仕様は、標準的な対応策であることから、主要な植栽対象地等を中心に、細部にわたり確認しながら調査を行うものとする。

・対象地の状況が変化している場合は、「標準調査」の項目の内、影響を受けたと想定される条件について調査・確認していくものとする。

　具体的な調査項目と内容は、計画・設計段階の『事前調査』(2-3-2)に準ずる。

②専門調査

　標準調査において、明らかに課題となるような異常な状態が見られ、さらにその要因等が不明で、適性についての判断・評価が困難である場合にのみ、専門機関等が行う専門調査へ移行するものとする。

　具体的な調査項目と内容は、計画・設計段階の『事前調査』(2-3-2)に準ずる。

2-4-3 判断・評価

> 判断・評価は、対象地基盤の確認調査の結果を、設計目標や設計内容等に照らしながら、基盤としての適性について、評価を行う。

【解説】

(1) 作業タイプⅠの調査に対する判断・評価

基盤造成または基盤整地後の標準調査、専門調査の結果により、最終的な判断・評価を行うものとする。

(2) 作業タイプⅡの調査に対する判断・評価

本タイプの調査に対する判断と評価は、以下のように行う。

① 植栽基盤整備設計等に基づいた確認調査（標準調査、専門調査）の結果から得られた数値により、判断・評価を行うものとする。

② 設計後に状況の変化があった場合の判断・評価は、調査対象とした項目について行うものとする。

③ 上記のいずれの場合も、「標準調査判断・評価基準」「専門調査判断・評価基準」の数値を基に、植物の生育に影響の大きい重要度の順に、判断・評価を行うものとする。

④ 標準調査、専門調査のいずれの調査の場合も、判断・評価基準の評価レベル「1」（良）を適正なものとし、評価レベル「2」（可）は特殊な場合（すべての項目が評価レベル2となり、植栽対象となる植物の環境適応力が低い場合等）を除き、改善対象としないものとし、評価レベル「3」（不良）は、基本的に改善の対象とする。

⑤ 調査項目の重要度の順に評価レベルの適合性が強まるものとなる。

具体的な判断・評価基準は、計画・設計段階の『判断・評価』（2-3-3）に準ずる。

2-4-4 整備目標の確認

> 整備目標の確認は、確認調査の判断・評価を踏まえて、設計段階で設定された整備目標とレベルを検討し、対象地基盤の状況等との適正や整備の実現性についての確認を行う。

【解説】

整備目標の確認は、主体事業の整備の目的や方針、さらに計画・設計段階で設定された整備目標が、対象地の諸条件に照らし合わせ、適正なものであり、かつ整備可能かどうかについて、改めて確認していくものとする。

設計目標で定められた整備対象となる項目や、整備目標とする数値基準等のうち、現実に適合しないものについては、見直しを行っていくものとする。

具体的な整備目標の数値等については、計画・設計段階の『整備目標』(2-3-4)に準ずる。

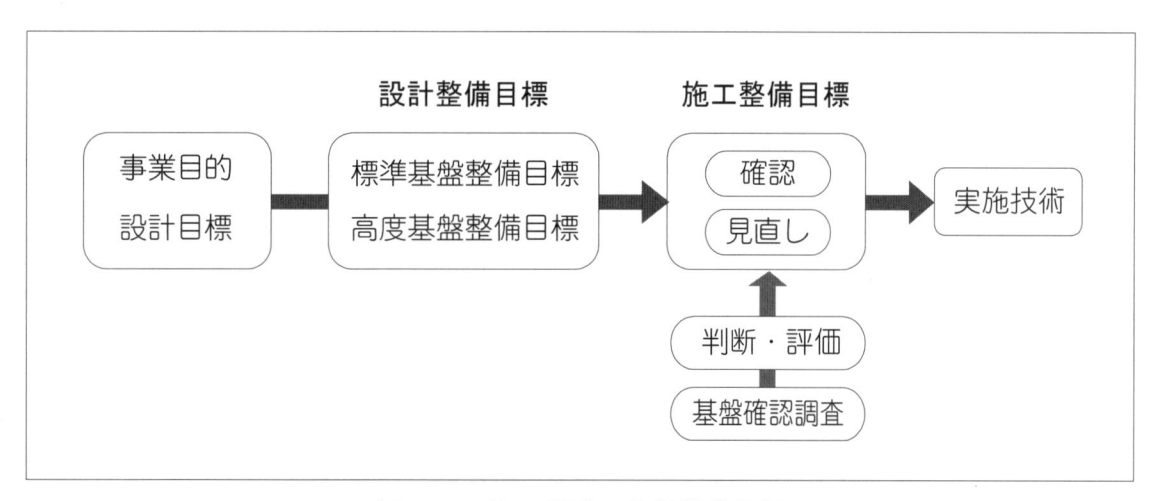

図2-34 施工段階の基盤整備目標

2-4-5 整備施工

> 整備施工は、設計内容を基に、基盤整備の施工方法や手順等の詳細について検討・調整し、変更・調整の必要がある場合は、これらの手続きを経て、基盤の整備施工を行う。
> なお、基盤整備の施工は、出来形や品質管理を行い、設計数値目標等を確認しながら、遂行するものとする。

【解説】

整備施工は、確認調査の判断・評価並びに基盤整備目標に基づいて、設計図書で示された整備の工法や仕様に対して、対象地細部の状況を照らし合わせながら、施工方法や手順、使用する資材や機械類等の詳細な部分について検討し、基盤の整備を行う。

なお、整備工法等の検討の際には、課題改善の程度、整備範囲、整備費、整備期間等を考慮しながら、適切な施工方法や資材等の検討を行う。

対象地細部の状況や課題に対して、設計図書等で示された仕様で対応が不十分と判断される場合は、適切な整備工法等の追加・変更等の手続きを経て、基盤整備を行っていくものとする。

また、設計図書等に記載された工法（設計整備工法）は、対象地基盤に対する基本的な対応を示したものであることから、部分的な課題等については、個別に工法等（部分対応整備工法）を検討し、対応していくものとする。

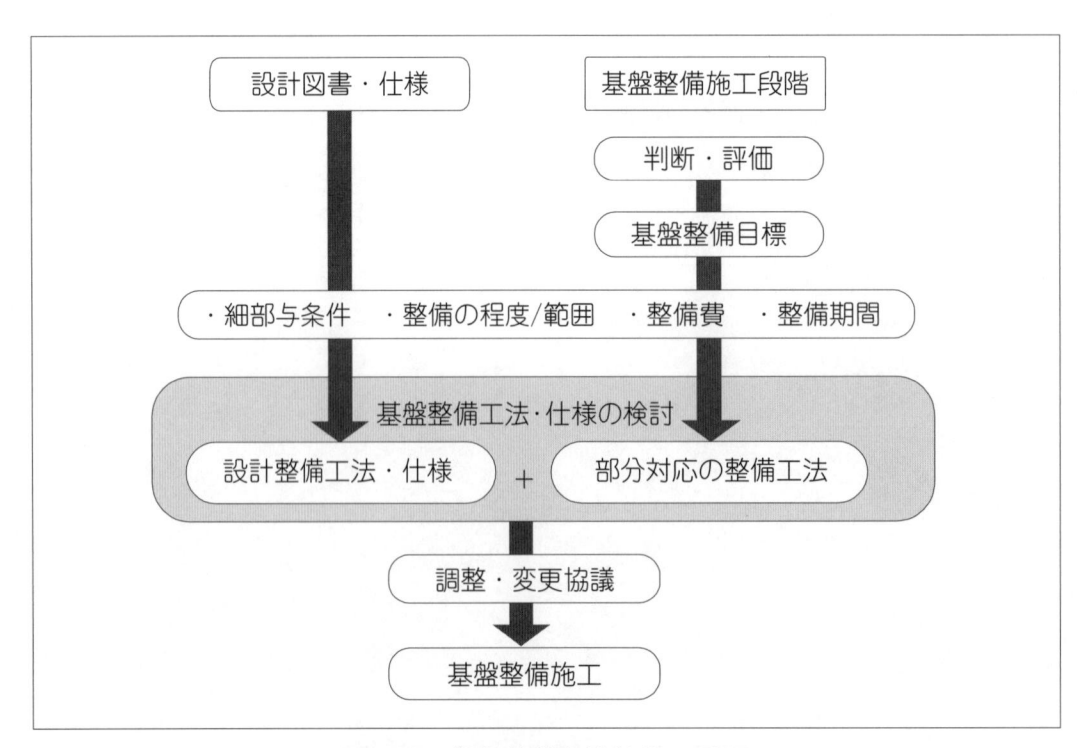

図2-35 基盤整備実施技術の手順

（1）整備工法の確認

整備工法の確認は、以下のように行う。

① 対象地基盤の判断・評価並びに植栽基盤整備目標に基づいて、具体的な整備の工法や仕様の確認・検討を行う。

② 整備工法等の確認の際には、課題改善の程度、整備範囲、整備費、整備期間等も併せて、考慮していくものとする。

③ 計画・設計段階において選定された工法や仕様を基に、対象地基盤条件や施工手順等の確認・検討を行う。この際、基盤細部の条件等が設計仕様で対応不可能な場合は、改めて適正な整備工法の検討・選定を行うものとする。

④ 各種使用資材や使用機械類の選定や留意事項については、「第3章 詳細技術編：関連資材」に解説されている。

課題別の整備工法の選定等は、計画・設計段階の実施技術（2-3-5-（2）等）の内容に準ずる。

（2）変更協議

植栽基盤を施工していく上で、対象地基盤の状態が、設計図書等に基づく対応では困難な状況が生じた際は、調整・変更等の協議を行うものとする。

① 対象地の調査等により、設計仕様では対処できない課題等が抽出された場合は、適切な整備の方策について検討し、設計変更の手続きをとることとする。

② 変更協議は、基盤整備のみの変更だけでなく、場合によっては、植栽樹種や規格の変更、植栽位置の変更も併せて検討していくものとする。

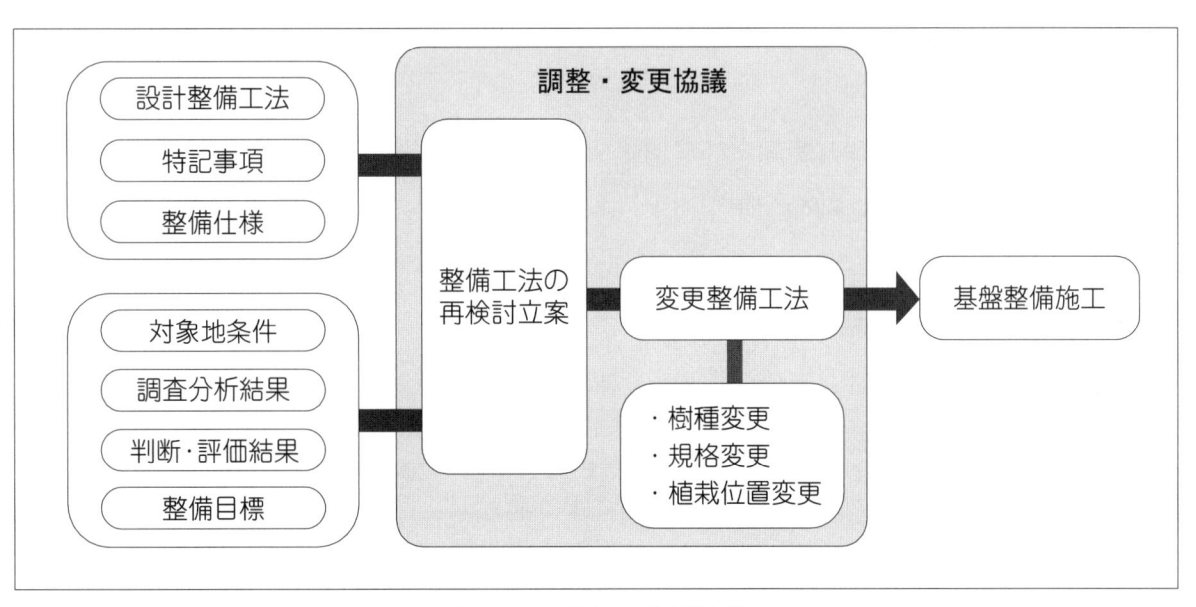

図2-36　調整・変更協議

(3) 植栽基盤整備施工

　工事工程や資材等を考慮しながら、植栽基盤整備の施工を行う。

　植栽基盤整備に係る工事工程、施工手順、資材の調達、使用重機類等を検討・調整しながら、植栽基盤整備設計で示された整備工法（または変更整備工法）による植栽基盤整備の施工を行う。

　施工手順及び使用機械類については、第3章 詳細技術編の『整備工法及び関連資材』（3-2及び3-3）を参照。

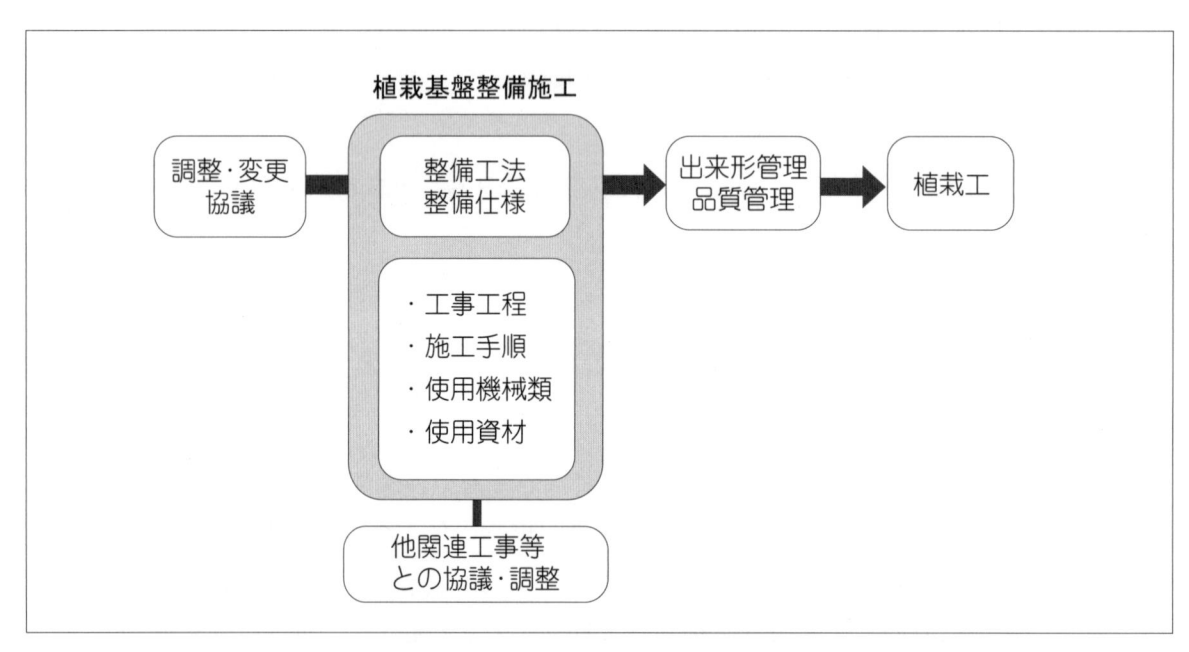

図2-37　植栽基盤整備施工の手順

(4) 出来形管理、品質管理

　植栽基盤整備施工完了後、整備された植栽基盤が、設計図書等に示された目標とする数値基準等を満たしているか、計測や測定器等により確認を行う。主な確認事項は、以下のとおりである。

　①植栽基盤整備範囲の確認：出来形管理

　　整備された基盤の厚さと面積を計測し、出来形管理を行う。

　②植栽基盤整備の確認：品質管理

　　整備された質的改善の度合い等を機器類により測定し、品質管理を行う。対象となる項目と測定方法は、植栽基盤調査の内容に準じたものとする。

　③自治体等や工事別に、管理基準等が定められている場合は、これを遵守すること。

2-4-6 次段階への継承

> 継承事項の整理は、対象地基盤の整備前や施工中の状況、整備施工等の記録により、管理段階へ目標とする整備レベルや整備内容を継承していくものとする。
> また、施工段階で対応していない整備対象となるべき項目や内容等についても、引継事項として継承していくものとする。

【解説】

(1) 前段階の継承

設計図書、仕様書をはじめ、申し送り事項等を基に、改めて対象地基盤を詳細に比較、確認しながら、植栽基盤の状態や整備課題等について整理しておくものとする。

(2) 申し送りによる継承

施工段階での基盤の状況や施工状況、整備内容を記録し、設計図書や竣工図と共に整理していくことで、管理段階における植栽基盤管理が的確に行えるよう継承していくものとする。

(3) 関連事業等との調整・協議

植栽基盤整備において、他の関連事業や業種（土木、建築等）と出合（であい）や調整等が生じた場合は、その調整・協議の概要を整理し、次段階へ継承していくものとする。

2-5 植栽基盤管理

2-5-1 管理の基本的考え方

> 管理は、対象とする植栽基盤の状態を計画・設計段階の整備目標を踏まえて、良好に育成・維持するものである。
>
> 植栽基盤に障害等の問題が認められた場合には、必要に応じて、生育不良の要因を調べる診断調査や定期的に実施する追跡調査等を行い、整備された基盤の状況を観察・確認しながら、植栽基盤の質的な維持を継続するものとする。

【解説】

(1) 目的と内容

植栽基盤管理段階は、基盤整備施工の完了した基盤条件に対して、質的な低下の抑制や改善、不足した要素の補充等を行うものである。

具体的には、土壌硬度や透水性のように、利用形態や経年変化により、質的に劣化していく可能性がある基盤条件を、抑制または改善し、植栽基盤整備施工時の状態を維持していくものである。

一方、養分等のように、植栽基盤成立要件においてやや重要度が下がるために、施工時に十分な条件に整備されなかったり、植栽後の収奪や流亡により、不足気味となる要素については、植物の生育や活力の状況に応じて対応が必要となる。

この段階は、整備された植栽基盤の内容と植栽された植物等について確認・把握していくと共に、適切に植物の生育状況や植栽基盤の状態を確認し、さらには課題の改善や目標の見直し等を行いながら、育成目標や維持管理目標にあった植物の生育を実現していくことにある。

この段階で行われる植栽基盤の調査や整備等の植栽基盤管理は、通常の維持管理業務の中で、明らかに土壌に起因する生育不良等が認められた場合にのみ、実施されることを前提としている。

表2-25 管理段階における調査方法と目的

主となる調査方法	段階における目的
追跡調査	・管理目標に基づく確認調査
診断調査	・生育不良に基づく障害確認調査

(2) 作業手順

植栽基盤整備の管理段階の作業は、図2-38の作業手順に沿って行われる。

本作業は、主体業務である公園や緑地等の管理作業と連携しながら、植栽基盤の管理作業を進めていくものとする。

すなわち、「設計図書及び竣工図書等の確認」により、整備目標や施工内容等の確認を行うと共に、管理対象地の確認を行う「基盤概況調査」を踏まえて、「基盤管理目標設定」を行い、その目標に沿った管理作業を行うものである。

管理段階は、あくまでも育成・維持管理業務を主体としたもので、以降の基盤調査は、業務毎に必須のものとして義務づけられたものではなく、土壌に要因のある生育異常等が見られた場合にのみ『基盤調査（診断調査）』を行うものと、数年毎に行う『基盤調査（追跡調査）』により土壌条件の確認・把握を継続していくものとする。

次いで、これらの「分析・評価」の結果に従い、管理方針について、見直しを含めて、検討・設定していくものとする。

```
他関連事業　公園・緑地等の管理          植栽基盤管理作業

     ┌─────┐         ┌─────────┐
     │ 準備工 │────────│ 竣工図書等の確認 │
     └─────┘         └─────────┘
        ▼                 │
                     ┌─────────┐
                     │ 基盤概況調査  │
                     └─────────┘
        ▼                 │
     ┌──────┐        ┌─────────┐
     │管理計画作成│────────│ 基盤管理目標設定│
     └──────┘        └─────────┘
        ▼                 │
        ▼                 ▼
     ┌─────┐        ┌─────────┐     ┌─────────┐
     │ 巡回点検 │────────│ 基盤追跡調査  │     │ 植物の生育不良 │
     └─────┘        └─────────┘     └─────────┘
        ▼                                │
                                   ┌─────────┐
                                   │ 基盤診断調査  │
                                   └─────────┘
        ▼                                │
                                   ┌─────────┐
                                   │ 基盤判断・評価 │
                                   └─────────┘
        ▼                                │
                                   ┌─────────┐
                                   │ 基盤管理目標設定│
                                   └─────────┘
   (協議・調整)                           │
   (他関連事業)─────────────────────────│調整・変更協議│
        ▼                                │
     ┌──────┐        ┌─────────┐     ┌─────────┐
     │育成/維持管理│────────│ 基盤管理施工  │     │ 基盤管理施工  │
     └──────┘        └─────────┘     └─────────┘
        ▼                 ▼                 ▼
     ┌─────┐         ┌─────┐          ┌─────┐
     │ 管理継続 │────────│  継承 │          │  継承 │
     └─────┘         └─────┘          └─────┘
```

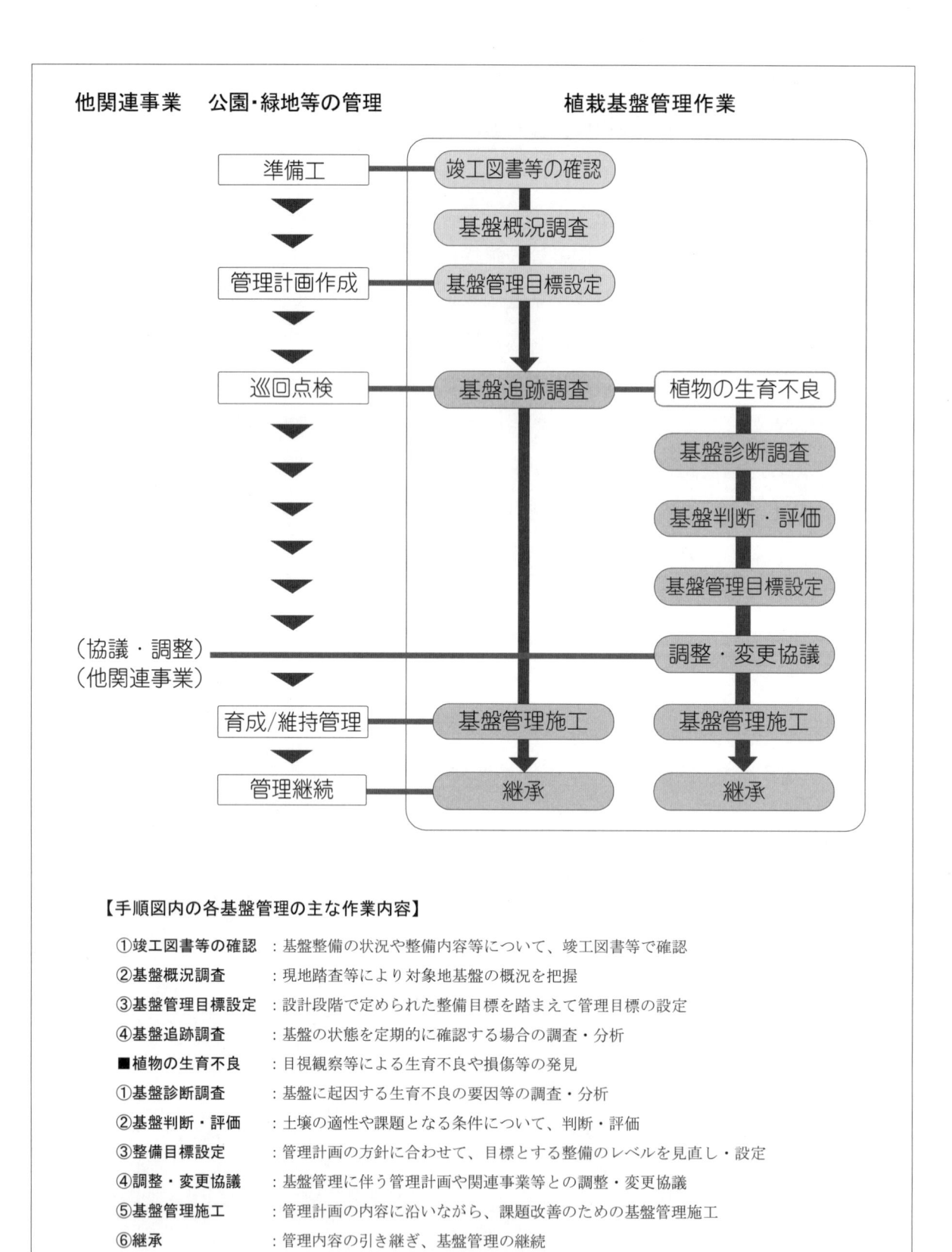

【手順図内の各基盤管理の主な作業内容】

- ①竣工図書等の確認　：基盤整備の状況や整備内容等について、竣工図書等で確認
- ②基盤概況調査　　　：現地踏査等により対象地基盤の概況を把握
- ③基盤管理目標設定　：設計段階で定められた整備目標を踏まえて管理目標の設定
- ④基盤追跡調査　　　：基盤の状態を定期的に確認する場合の調査・分析
- ■植物の生育不良　　：目視観察等による生育不良や損傷等の発見
- ①基盤診断調査　　　：基盤に起因する生育不良の要因等の調査・分析
- ②基盤判断・評価　　：土壌の適性や課題となる条件について、判断・評価
- ③整備目標設定　　　：管理計画の方針に合わせて、目標とする整備のレベルを見直し・設定
- ④調整・変更協議　　：基盤管理に伴う管理計画や関連事業等との調整・変更協議
- ⑤基盤管理施工　　　：管理計画の内容に沿いながら、課題改善のための基盤管理施工
- ⑥継承　　　　　　　：管理内容の引き継ぎ、基盤管理の継続

図2-38　基盤管理作業手順

2-5-2 調査

> 　管理段階での基盤調査は、植物の生育状況の異常や植栽基盤等に課題が認められた場合に行う診断調査と、植栽基盤の状態を定期的に確認するための追跡調査を基本とする。
> 　調査は、植物の生育状況等の調査を併用して行うものとする。

【解説】

　管理段階の基盤調査の前提として、管理目標等に照らし合わせながら植物の生育状況等の観察を行う通常の巡回点検があり、この点検結果を基に行われる基盤調査は、土壌に起因する課題等が認められた場合に行うものと、定期的に基盤の状態を確認していく場合に行うものとに区分する。

　植栽後の基盤の調査は、植物の根系域と重なるため、土壌の調査が行い難く、根系を損傷する場合もあることから、必要最低限の調査項目以外は極力控えるものとする。

(1) 基盤診断調査

　基盤診断調査は、植栽植物の観察等により、樹勢の衰えや枝枯れ等の症状が見られたり、育成管理目標に達しないような植物の生育不良が認められ、かつその要因が植栽基盤にあることが想定される場合に行う調査である。

(2) 基盤追跡調査

　基盤追跡調査は、定期的に植栽基盤の状態を確認するための調査で、植栽基盤の環境や利用状況にもよるが、おおよそ5～10年毎に調査していくことをひとつの目安とする。ただし、重点的な花壇等の修景箇所においては、より短い間隔で土壌のチェックを行う。

(3) 生育不良等の要因と観察・調査
1) 植栽植物の生育不良や枯損等の要因

　植栽植物が生育不良や枯損等に至る原因は、直接的なものから間接的なものまで様々な要因があげられる。また、これらの要因が一つで働きかけるのではなく、相互に関連し合って植物に影響を与えている場合がある。また、影響の強さや進行にも慢性的なものから急性のものまであり、さらに視覚的に捉えられるものとそうでないもの等、多様な状況が考えられる。

　植栽植物の生育等に影響を及ぼすと考えられる要因を整理すると、表2-26のような要因があげられる。

表2-26　植栽植物の生育不良や枯損等の要因例

樹木自体の要因		樹木等の品質不良
		樹木相互の競合
		老齢化による衰弱・腐朽・枯死
自然的要因	動物に関わる要因	ほ乳類、鳥類による害
		昆虫類による害（虫害）
	植物に関わる要因	植物競合による被圧
		菌類による害（病害）
	気象・大気に関わる要因	風潮害、寒雪害等の気象要因
		大気汚染物質等による要因
	土壌に関わる要因	<u>物理性に関わる被害（排水性、土壌固結等）</u>
		<u>化学性（有害物質）に関わる被害</u>
人為的要因	施工に関わる要因	植栽時期の不適当
		<u>施工不良</u>
	管理に関わる要因	病虫害防除の不完全
		<u>養分供給の過不足</u>
		<u>水供給の過不足</u>
		養生施設の不備
		過度の剪定・刈込
		除草等の不完全
		堆積物等放置
		不適切な薬剤使用
	直接的な損傷	<u>地形変更</u>
		<u>踏圧</u>
		<u>物理的損傷</u>
		火気による損傷

注）<u>下線部</u>の要因が土壌による可能性のあるもの

2）調査項目と内容

　調査は、大きく2つに区分される。すなわち、「植栽植物の調査」と、「植栽基盤の調査」である。

①植栽植物の調査

　植栽された植物の生育状況や活力度等の観察・調査と、生育基盤及び周辺部の踏査による概況把握である。表2-27に示す調査項目より必要と考えられるものを選定し、調査を行うものとする。

　具体的な土壌要因（問題要因）と植物に現れる部位と症状、及びその対応策は、表2-28に示す通りである。植物の観察調査に際しては、これら知見も踏まえて観察項目を選択する。

表2-27　生育不良時における植物の生育状況や活力度等の観察・調査

項目	内容
樹形・樹勢	生育状態の悪化・樹形等（自然樹形や剪定された樹形等）の崩壊程度
幹・枝	枝の伸長・梢端部の枯損・幹色や枝条色・枝葉の密度
葉	葉色（含クロロシス）・葉形（変形や萎縮）・葉の大きさ・ネクロシス・虫害痕等
開葉・開花	不時の落葉、萌芽・開花の遅れや異常、紅（黄）葉の異常

表2-28 植栽基盤の問題要因と植物に現れる部位・症状・対応策

注意すべき土壌要因	植物に現れる部位と症状（その他のチェック）	対応策
有害物質	葉：短期〜中期に発現	原因によって改良材投与もしくは土壌入れ換え等を選択する
滞水（過湿）	枝・葉：初夏〜初秋（検土杖による還元チェック）	排水対策
固結	樹形と成長：1年以上の長期間で発現	膨軟化 周辺掘削、圧搾空気注入
乾燥	葉：極めて短期間	灌水、マルチング

湿害	固結害（圧密樹形）	アルカリ性障害
頂部から枝枯れがおきることが多い。	固結土壌では樹形が小さくまとまる傾向にある。左はクスノキ、右はマテバシイ。	アルカリ性ではマンガン・亜鉛・鉄欠乏が出やすく、葉脈間が黄白化する症状がでることがある（ツツジ等特定樹種に見られやすい）。
	長谷川秀三（1979）より引用	高橋英一ら（1980）より引用

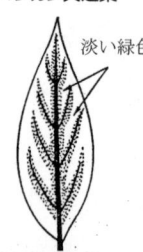

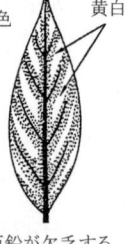

図2-39　土壌の問題で生ずる植物の症状例

②指触や試掘等を主体に行う基盤調査

植栽植物の根を傷めずに比較的簡易に行う基盤調査である。表2-29に示す調査項目より必要と考えられるものを選定し、調査を行うものとする。

表2-29　生育不良時における基盤調査の項目と内容

調査項目	調査内容
排水性 （透水性）	・晴天の続いた状態で、対象植物の根系域や周辺部の土壌の乾湿について、指触や観察を行う。 ・支持根等を極力損傷しないように、樹冠下部及び周辺部を下層付近の深さまで試掘し、滞水・湧水等の有無や、排水や透水性を確認する。
硬度	・基盤の試掘時に、根系の下部付近まで、異常な硬さが見られないかを確認する。試掘による根系の損傷の可能性が大きい場合や、試掘が困難な場合は、長谷川式土壌貫入計を用いて、土壌硬度を調べる。
酸度	・pH計により、試掘した際の掘削土や掘削断面で土壌の酸性、アルカリ性を調べる（礫を除く生土1：水5容積比の懸濁液による測定で良い。異常値の場合は、資料を採取し、専門調査に委ねる）。
有害物質	・pH測定液のECを測定する （異常値の場合は、資料を採取し、専門調査に委ねる）
養分	・試掘した際の土壌断面の色、植物の葉色の黄変や萎縮等（顕著な現象の見られる窒素分の不足状況）を調べる。
保水性	・保水性は、植栽後の改善が困難であり、また、通常は定期的な潅水により対処できることから、対象外とする。

2-5-3 判断・評価

> 判断・評価は、基盤の調査及び植物の生育状況等の観察結果により、植栽基盤として適性な状態にあるかを確認する。この際、障害等の直接的な要因を基盤土壌に限定することなく、他の要因と複合的に発現することも前提として対処する。

【解説】

調査から得られた数値・結果は、以下の基準により、判断・評価していくものとする。

(1) 植物の生育状況や活力度等による判断・評価

植栽植物の生育状況や活力等の観察等により、直接的に影響を及ぼしている土壌要因を特定することは、他の要因と比較して非常に困難である。したがって、植物の生育等に何らかの異常や異変が生じた際には、土壌にその要因が潜んでいる可能性を念頭におきながら、対処していくものとする。表2-30に、土壌不良要因がある場合に考えられる植物の不良箇所と状況等を示した。ただし、これら要因と生育不良の箇所や状況は、常に直接的に関係するものではない。

表2-30　土壌不良要因存在時に考えられる植物の不良箇所・状況

土壌要因	生育不良の箇所や状況
排水性・透水性	・樹形、樹勢 ・樹冠、樹幹、枝条、梢端、枝葉密度 ・葉形、葉色、葉の大きさ、ネクロシス ・萌芽、開葉、開花、紅(黄)葉、落葉
土壌の固結	
有害物質	
土壌酸度	
保水性・水分不足	

養分の欠乏及び過剰に関しては、表2-31のような判断・評価が可能である。

(2) 基盤調査による判断・評価

基盤調査に関して、点検管理における簡易な観察等で判断できる事項としては、表2-32の様なことがあげられる。

測定機器類等を主体に調査を行った場合は、計画・設計段階の『事前調査』(2-3-2)に準ずる。

表2-31 養分の過不足による症状や兆候

養分元素	過不足	症状
窒素(N)	過剰	栄養成長が盛んで枝葉や茎が徒長する。葉は、暗緑色で多汁柔軟となる。病虫害や寒害、風害等の抵抗性が減少する。
窒素(N)	欠乏	葉が淡黄色になり下葉から落葉し、栄養成長が衰え植物体が矮性となる。
リン酸(P)	過剰	栄養成長が止まり、成熟成長が促進される。マグネシウム、鉄、亜鉛、銅の欠乏を誘発する。
リン酸(P)	欠乏	葉色が濃くなり、根、茎、葉の数が減少し、生育が遅れて、開花結実不良となる。欠乏の兆候は、古葉から始まる。
カリ(K)	過剰	石灰、苦土の吸収を抑制し、成長が悪化する。
カリ(K)	欠乏	成長が衰え、先端の葉がやや萎縮し古葉の先端が黄色くなって葉縁が黄化～褐色化する。牧草等では葉（特に古葉）に白斑が出る。
石灰(Ca)	過剰	リン酸、カリ、苦土の吸収を抑制する。土壌がアルカリ化して鉄・マンガン等の欠乏を誘発する。
石灰(Ca)	欠乏	移動性が悪いCaは、若葉に症状が出て、黄色～黄白色となり巻き上がって枯死する。
苦土(Mg)	過剰	土壌がアルカリ化して鉄・硼素、マンガン等の欠乏を誘発する。
苦土(Mg)	欠乏	葉緑素の生成が妨げられ、葉縁や葉脈間が黄化する。

表2-32 基盤調査の調査項目別の判断・評価

調査項目	整備対象となる状況
排水性 透水性	・滞水や湧水がある ・根鉢付近を掘った土に腐敗臭がする
透水性 土壌硬度	・基盤が固結し、下層部まで人力で掘削できない
土壌pH	・pH計の数値：4.5＞、8.0＜

2-5-4 管理目標の設定

> 管理目標の設定は、計画・設計段階の整備目標を基に、植栽基盤として管理すべき目標を検討し、これを設定する。

【解説】

主体事業の整備の目的や設計段階で設定された植栽基盤整備目標等に照らしながら、管理すべき目標の確認、または、見直し・再検討を行い、これを設定するものである。

判断・評価により、現況の改善、整備の必要性があるとの結論に至った場合は、可能な限り対処していくものとする。

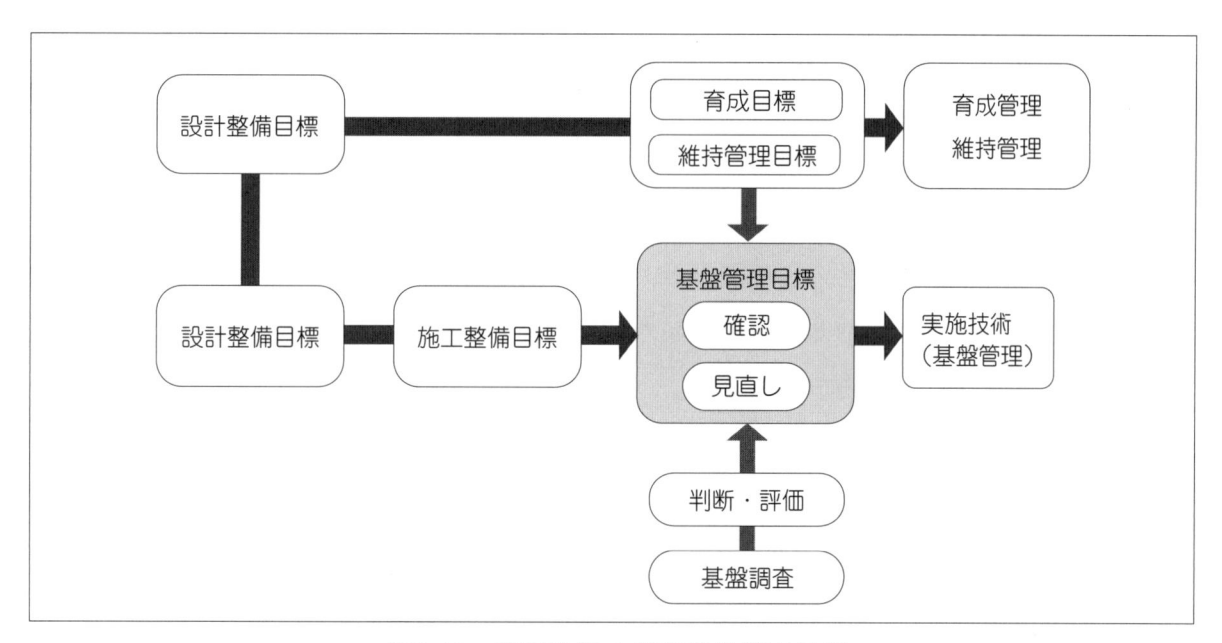

図2-40 管理段階の植栽基盤管理目標

2-5-5 基盤管理手法

> 基盤管理は、植栽基盤の管理目標を踏まえて、植栽基盤の状態や植栽植物の生育状況を確認しながら、管理作業を行うものである。
> また、改善すべき課題等が出現した場合は、通常の管理作業を含めて基盤管理の検討・調整を行うものとする。

【解説】

(1) 基盤管理工法の選定

基盤管理段階は、植栽後であるため、課題となる条件のうち、整備可能なものが限定される。特に基盤の物理性の根本的な改善・整備は、困難となる場合が多い。

また、植栽植物への負荷や損傷のないよう、限定された工種を、制約のある手順等で行うこととなる。

養分については、施肥等の直接的な改善を主体とせず、永続的な観点から、有機物等の補完により、常に健全な土壌環境の形成に努めるものとする。

生育不良の発生や課題条件の出現箇所が、単木や限定された小面積の場合は、部分的な対処による整備とし、多数の植栽植物や広域の面積にわたる場合は、基盤の全面的な改善を基本に整備していくものとする。

以下に、主な管理工法を示す。

表2-33 主な基盤管理と内容（小面積の場合）

基盤管理項目	内容
排水性 透水性	エアレーションや根系域下部に部分的な排水層を設けることにより、基盤の排水性を改善する。
土壌硬度	エアレーションや改良材等の混入により、土壌の膨軟化を図り、固結土壌を改善する。
酸度	改良材（中和剤）の混入により、土壌酸度の調整を行う。
養分	堆肥・下水汚泥コンポスト等有機物等の混入を主体に、永続的な視点で、健全な土壌環境の形成に努める。

（2）変更協議

　植栽基盤や緑地の状態により、管理設計仕様等に基づく対応だけでは、対応が困難な状況が生じた場合は、調整・変更等の協議手続きを行うものとする。

　対象地の調査等により、適切な整備の方策について検討し、設計変更の手続きをとることとする。

　変更協議は、植栽基盤整備のみの変更だけでなく、場合によっては、植栽植物の密度管理や代替え植物による樹種変更等も併せて検討していくものとする。

2-5-6 継承事項

> 継承事項は、管理目標に沿って行われた作業内容や、追跡調査等により整理された基礎的データの蓄積を行っていくものとする。

【解説】

(1) 前段階の継承

設計段階における基盤整備計画や、施工段階の基盤整備の状況や内容等について、整理しておく。

(2) 申し送り・継承

整備された植栽基盤を、自然の状態で永続的に維持していくことは、困難であることから、植栽植物の生育状態や利用に伴う環境圧等を常に監視しながら、人為的に調整していくことが重要である。

また、管理段階における植物の生育状況や植栽基盤管理のデータを継続して蓄積していくことにより、植栽基盤整備に関する基礎的な資料とすると共に、以降の管理内容の再検討の資料や新たな植栽基盤整備計画に活用するものとする。

第3章　詳細技術編

3-1　調査（土壌・基盤調査）

3-2　植栽基盤改良・整備工法

3-3　土壌改良資材と機器

3-4　資料および参考文献

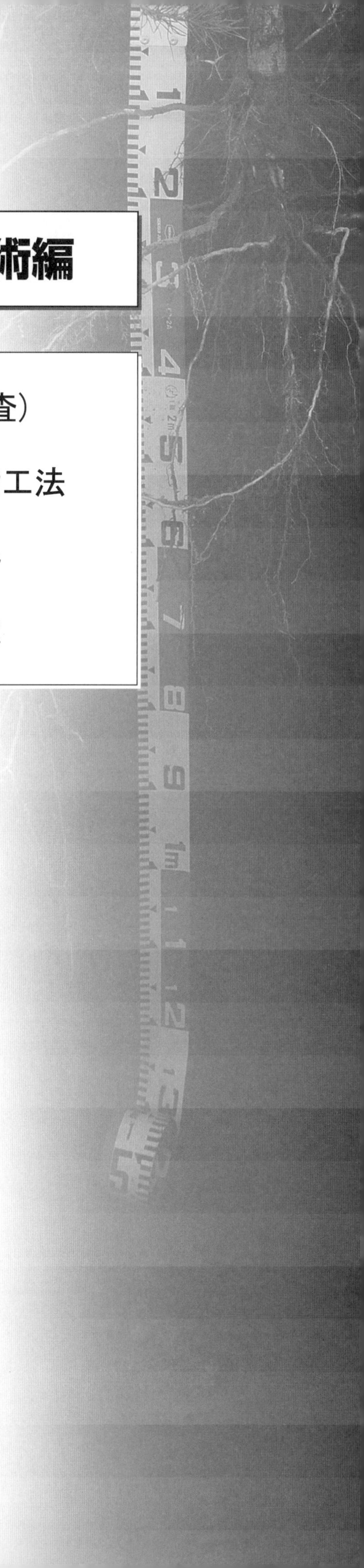

第3章 詳細技術編

3-1 調査（土壌・基盤調査）

3-1-1 調査方法の概要

（1）基本的な考え方

　緑化事業における基盤調査の目的は、植栽の対象となる基盤の持つ土壌条件を明らかにすることにより、植栽及びその後の生育に支障となったり、影響を及ぼしたりするような条件の有無や程度を把握し、条件の改善や整備を検討するための判断材料とすることにある。

　調査項目や調査内容及びその方法等は、調査の目的、段階等により異なり、さらに現場で行う簡易なものから室内等で行う高度で専門的なものまで、多岐にわたっている。しかしながら、一般に緑化における植栽基盤の設計・工事においては、土壌状態についての精度の高い細やかな分析は特に必要とせず、大まかな数値等により、土壌の性質の把握と対策の検討が可能であることから、簡易な測定機器を主体とする調査方法で十分に対応が可能であると考えられる。

　このため、本書では現場において比較的短時間に行うことが可能で、基盤の条件を的確に把握できる簡便な方法を主体とすると共に、最低限必要な項目の調査が確実に行われることを前提に構成した。

（2）各種調査方法

　簡便な手法を主にしても調査方法には各種のものがある。表3-1に本書において基本となるこれら簡便な調査の項目と方法、数値基準等について概説した。また、参考までに、機器類の測定や数値基準等によらない観察や指触等による簡便な方法についても併せて整理した。

（3）判断基準値について

　以下では、各種測定に関して判断基準値が示してある。これらは、利用者の判断を助けるために示したものであるが、もとより生物（植物）や土壌は自然のものであり、多くの特性は、単純な一つの数値で決定されるものではない。したがって、これら数値は、あくまでも一つの参考値であると考えることが適当である。また、示された数値それ自体は、基本的にデジタル的な厳密さは少なく、極めて境界が不明瞭なアナログ値であると理解すべきである。このため、これら判断基準値に工業製品規格のような厳密性はないことを認識し、個々の数値に固執することなく、常に多角的な視点から評価がなされることが望ましい。

　ただし、植栽基盤に関わる各要因（土壌、植栽植物、気候等）は、地域による差異が大きく、これら判断基準値が適応できない場合も考えられる。したがって、本書に示す判断基準

値を参考に、必要に応じて、立地の独自性や植栽基盤整備の目的に合わせた独自の判断基準値が設定されることも望まれる。また、その場合には最終利用者の判断の迷いを避ける意味からも、それら数値の意義や誤差要因を十分に説明の上、適宜明確な数値を設定することが必要である。

表3-1　土壌調査方法一覧

分類	調査項目	一般的な調査方法（数値基準による方法）	簡易な調査方法（数値基準によらない方法）
物理性	透水性（排水性）	簡易現場透水試験器、飽和透水係数測定	植穴透水試験、観察、指標生物（試掘）
物理性	土壌硬度	長谷川式土壌貫入計、山中式硬度計	試掘、指痕判定
物理性	保水性	pF水分特性（専門分析）	指触、握り
物理性	土性	粒度分析結果で判定（専門分析）、異物や礫含有量の判定	土色、指頭法（指触法）、検土杖調査、試坑断面（土壌断面）調査
化学性	酸度(pH)	pH（H₂O）測定、pH（KCl）測定、pH（H₂O₂）測定	植生観察、土色
化学性	阻害物質	EC測定、植害試験	植生観察、土色
化学性	養分	腐植（有機炭素）（専門分析）、各種化学分析（専門分析）、EC測定	植生観察、土色

注）本書においては、□□□部の調査方法を概説している。

3-1-2 物理性の調査

（1）透水性（排水性）

1）透水性（排水性）測定の意義

　土壌に起因する樹木の生育不良原因で、最も多いのは透水性（排水性）不良である。したがって、透水性の良さは植物を植栽する基盤として最低限満たされなければならない最も重要な条件であるため、透水性（排水性）測定は極めて重要である。特に粘質土の多い地域ではより重要である。

　透水性が悪く土中に滲み込んだ水が植物根の発育する層で停滞すると、多量の雨が降った時に植穴に水が溜まって根腐れという症状がおこり、植栽植物が枯死してしまう現象がおこる。特に微生物活動が盛んな温暖で雨の多い時期等に、より顕著にあらわれやすい。

2）簡易現場透水試験器による測定

　透水性の測定は、専門的には専用容器（コア）で採取した土壌を室内で計測する**透水係数**（SI単位ではm/sで表記する）が使われているが、測定がやや専門的になるため、実用的には、「穴の底に、1時間に何cmの水が浸み込むかという減水速度（最終減水能）」により測定する。

　造園緑化分野では、使用が簡便な長谷川式簡易現場透水試験器による測定が多く用いられている。当該機器も長谷川式土壌貫入計と同様に、各公的機関（もしくはそれに準じる機関）の標準調査手法に採用されている。測定方法と判断基準値は図3-1のとおりである。

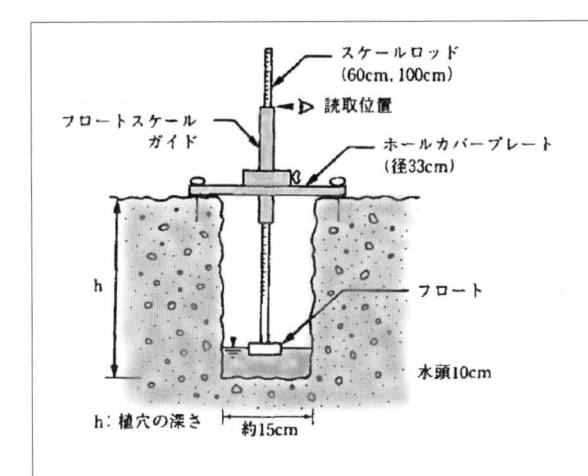

　調査地点に、複式ショベル等で植穴程度の深さの穴（φ15cm程度）を掘り、器具を設置して下から10cmの高さまで水を入れる（予備注水）。

　約1時間あるいは少なくとも30分経過後に、減った分だけ下から10cmの高さまで水を足し、以後、20分、40分後に、水位を読み取る。

　20分後と40分後の水位の値の差を安定した減水速度と見なし、1時間あたりの減水量に換算して、減水速度（最終減水能：mm/時）を求める。

本書での評価	不良	可	良
減水速度（最終減水能）（mm/時）	30以下	30〜100	100以上

判断基準値

＊本判断基準値は日本造園学会（2000）を参考に決定

図3-1　長谷川式簡易現場透水試験器による測定と判断基準値

なお、本試験によって透水性を判断する場合、植穴深があらかじめ確定している場合は問題ないが、単に代表地点の測定で現場の透水性を判断する場合には、測定深より浅い層に不透水層がないか確認しておくことが必要である。仮に表層から30cmの深さに薄い粘土層があるような場合、50cmの深さの透水性が良好でも、低木の植穴では過湿になる可能性がある。したがって、単純に数値を判断するだけでなく植栽地（試験地）の土層状況をよく把握した上で結果を判断することが必要である。

3）透水試験のための穴を土層観察に利用する方法

長谷川式簡易現場透水試験器で透水試験を行う場合、ダブルスコップ（複式ショベル）で直径15cm程度の穴を掘削する。あまり深い穴を掘ることは困難であるが50cm程度までの場合、何とか土壌層位の観察ができることを知っておくと便利である。

4）植穴への湛水による透水性の測定（植穴透水試験）

植穴内に水を深さ20cm程度入れ、その水位の低下を1時間後、24時間後、48時間後に測定し、透水性を調査する手法は「植穴透水試験」と呼ばれている。一般に、24時間後に底部に水が認められない場合は排水性が良好で、24時間経過後に水が滞水している場合は排水性について検討対象とするような目安がある（図3-2）。

本方法は、簡易に現場の透水性を測定できる方法であり、根本の原理は長谷川式簡易現場透水試験器による測定と大差はない（長谷川式には「予備注水」がある点が異なる）。

ただし、植栽基盤整備後の確認調査で規定値が長谷川式簡易現場透水試験器による値で決められている場合は、当該調査方法を採用することは望ましくない。

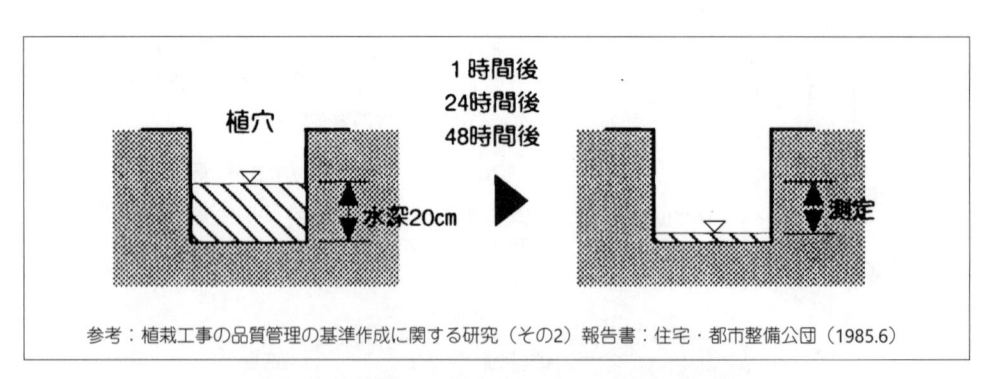

参考：植栽工事の品質管理の基準作成に関する研究（その2）報告書：住宅・都市整備公団（1985.6）

図3-2　植穴への湛水による透水性試験

5）室内における透水性測定

室内における透水性測定は「定水位透水試験」と「変水位透水試験」の2種に大別される。透水性が良好な場合の試料では「定水位透水試験」が精度良く測定できるが、透水性が不良な場合は「変水位透水試験」でないと満足な測定結果が得られない。結果にはどちらの方法で測定したか明記されている必要がある。

結果は「飽和透水係数」という値である。判断基準値は、表3-2の値が一般的である。なお、かつては「cm/S」という単位が使用されていたため既存知見の大部分は「cm/S」で示されているので、比較には注意が必要である。因みに「10^{-4}m/S」は「10^{-2}cm/S」に相当する。

表3-2　透水係数の判断基準値

調査項目	単位	評価 1（良）	評価 2（可）	評価 3（不良）
飽和透水係数	m/S	$10^{-4}<$	$10^{-4}\sim10^{-5}$	$10^{-5}>$

＊本判断の基準値等は、日本造園学会（2000）の結果を基礎としている。

6）観察による排水性の判定基準（参考）

その他、参考的な手法として、降雨翌日の地表面の水たまり状態で基盤の排水性を判断する方法がある。おおまかではあるが、観察記録として利用できる。

表3-3　観察による排水性の判定（参考）

判定	基盤の状態
良好	水たまりが残らず、ぬかるまない
やや不良	所々に水たまりが残るが、ひどいぬかるみにはならない
不良	水がたまり、ぬかるみとなって踏み込めない

7）その他（指標生物による方法等）

その他、指標生物の生育状況等で判断する方法も知られている。例えばイシクラゲ（ネンジュモ属に属する陸性藍藻の一種）は地表面が湿ることが多い緑地でしばしば見られ、排水不良地の一つの指標となる。雨が降った後には藍緑色で寒天状の膨潤したものになり、乾燥状態では地面にへばりついた黒い紙のように見え、手で揉めばパラパラと壊れる。

(2) 土壌硬度

1）土壌硬度の測定法概要

　土壌硬度の測定は、土壌表面から深さ（垂直）方向に連続して測定が可能な「貫入試験」と、特定の深さ(地表面で測定する場合は「地表面」)だけの測定をする「硬度計による測定」に大別される。

　造園緑化分野で広く利用されているのは貫入試験であり、大部分の場合、「長谷川式土壌貫入計」による測定が行われているが、農業分野では「山中式土壌硬度計」の利用が多いため、硬さ（ち密度）の多くの判断基準値が山中式の値で示されている。

　貫入試験とは、貫入試験機によって土壌の硬さ等を深さ（垂直）方向に連続して測定する試験である。具体的には、土壌に棒状の用具等を挿入する際に要する力の量が土壌の硬さ（締まり具合）に比例するという原理を応用して土壌の硬さ等を測定する。

　挿入に要する力のかけ方によって、連続した静加重（重り等を載せたり、人間が押しつけたりする）を利用するものが「静貫入試験」、瞬間的な落錘等の力を利用するものが「動貫入試験」に区分される。

　農業用には人間が押さえつけて挿入した力が連続して記録される貫入試験器（「デジタル土壌硬度計」）等が利用されることがあるが、緑化地等の造成地では、土壌が硬いことが多い等の理由で利用例は少ない。

　他分野で圧倒的に利用度が高いのは、土木分野におけるボーリング調査時にサンプラーが10cm貫入するのに必要な打撃数（N_{10}）を利用した「標準貫入試験」であり、砂防分野では「簡易貫入試験（簡易動的コーン貫入試験）」やSH型貫入試験等が広く利用されている。

2）長谷川式土壌貫入計による測定・調査

　緑化分野では、動貫入試験機である「長谷川式土壌貫入計」による測定が広く利用され、旧日本道路公団、旧日本住宅公団、旧建設省（建築・営繕）等の造園・緑化分野における公的なマニュアル（標準仕様書）で標準調査法として採用され、今日に至っている。このため、その利用例や、山中式土壌硬度計による測定結果との対比等の資料も極めて多い。

① 測定の原理と方法

　　この貫入計は図3-3に示すような構造で、貫入ロッド部分のガイドリングの穴をガイドポールに入れるようになっている。2kgの落錘（中央に穴があいて自由に上下できる）をガイドリングで止まる高さ（50cm）まで持ち上げて離すと、落錘はノッキングヘッドで急激に止まる。その打撃力で貫入ロッド（先端に円錐型のコーンが付いている）が地中に貫入する。打撃毎にガイドリングの上部で貫入深さを読み取って記録する。

構造

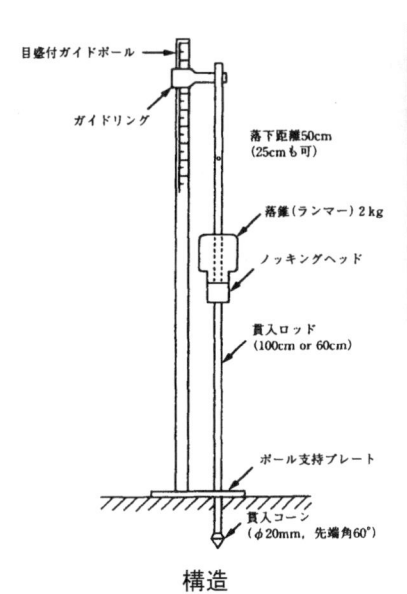

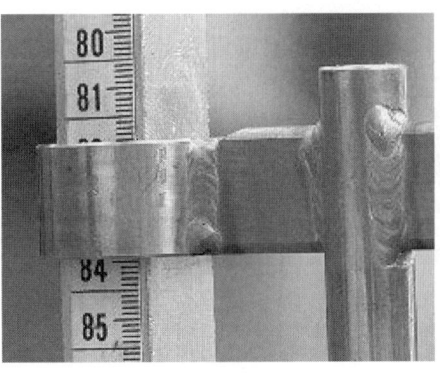

読取
ガイドリングの上部で読み取る。この例では約81.5cmと読める。読取結果は録音記録すると後の処理が便利である。
なお、機種によってガイドリングの色や材質が異なる場合がある。

データロガー
1打撃ごとの貫入量を自動で読み取り、保存、グラフ化できる貫入計専用カウンター（データロガー）を使えるタイプもある。

図3-3　長谷川式土壌貫入計

② 結果の表記法

測定結果は、各打撃後の貫入深の記録をもとに、センチメートル単位で算定した一打撃毎の貫入深をS値（えすち：単位＝cm/drop）と見なし、深さ毎のS値グラフを作成することによって判定利用する（図3-4）。

S値が大きいほど土が軟らかいことを意味する。これらのグラフはパソコン上で簡易に作成できるよう工夫されている。S値の単位「cm/drop」は省略されて表記されることもある。

③ 判断基準

長谷川式土壌貫入計による測定の判断基準値は、表3-4が一般的である。ただしS値が1.0cm/drop以下の場合であってもすべてを固結による不良地盤と見なすのではなく、0.7cm/drop以下の固結層が5cm以上、あるいは1.0cm/drop以下の固結層が10cm以上連続した場合を、固結による不良基盤と見なす。また、0.2cm/drop以下が10回以上連続した場合には、測定を終了し、それ以下を固結層と判断する。ただし、これが礫の影響と想定された場合には、別の調査点において測定する。

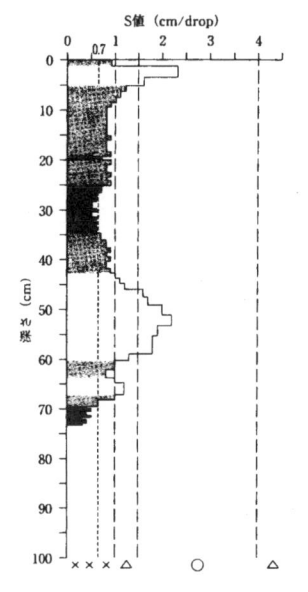

長谷川式土壌貫入計結果表例
（S値グラフ）

図3-4　結果表記例

表3-4 長谷川式土壌貫入計測定結果の判断基準

評価	長谷川式土壌貫入計 S値 (cm/drop)	固さの表現	根の侵入の可否
不良	S値≦0.7 0.7＜S値≦1.0	固結 硬い	多くの根が侵入困難 根系発達に阻害あり
可	1.0＜S値≦1.5	締まった	根系発達阻害樹種あり
良	1.5＜S値≦4.0	軟らかい	根系発達に阻害なし
―	4.0＜S値	膨軟すぎ	〃（低支持力、乾燥）

＊本判断基準値は日本造園学会（2000）を参考に決定

④ 長谷川式土壌貫入計と山中式土壌硬度計測定結果の相互比較

　長谷川式土壌貫入計（長谷川式）と後述の山中式土壌硬度計（山中式）の測定結果の相互比較は可能である。長谷川らは関東ローム（赤土）と海岸の砂で両者の関係を比較している（図3-5）。また、増田らは粗粒のマサ土で両者の関係を調べている（増田ら1983）。

　ここで注意を要するのは砂における値で、同じ長谷川式の軟らか度（S値）でも、砂の場合は山中式の値がかなり低く出ることである。長谷川式と山中式の同様の傾向は粗粒マサ土（砂土）でも増田らによって認められている（増田ら 1983）。この理由としては、凝集力に乏しい粗粒の砂では山中式のコーンを押した場合に周辺に土壌が簡単に押しのけられてしまうため、実際の硬さよりはるかに低い値のように計測されることが考えられる。このような同じ貫入抵抗で砂土の山中式測定結果が低く（軟らかく）なるのは、静貫入試験（DIK-5520）と山中式の関係でも認められている（松井ら1987）ので、粗粒砂土の山中式測定結果に関しては、過剰に軟らかく表示される可能性があることに留意する必要がある。

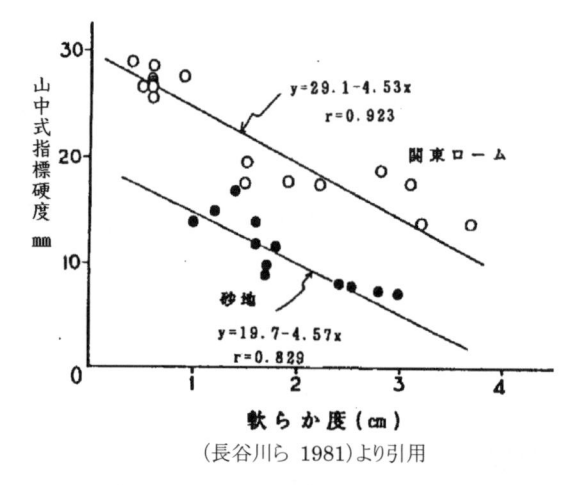

図3-5 長谷川式と山中式の関係
（長谷川ら 1981）より引用

⑤ 長谷川式土壌貫入計の測定値と根系

　長谷川式土壌貫入計の測定値(S値)と根系(量)の関係は、主にケヤキについて研究され、関東ロームでは図3-6、マサ土では図3-7のように報告されている。根が集中する範囲はおおむねS値1.0（cm/drop）以上、安全をみるとほぼ1.5以上であることがわかる。

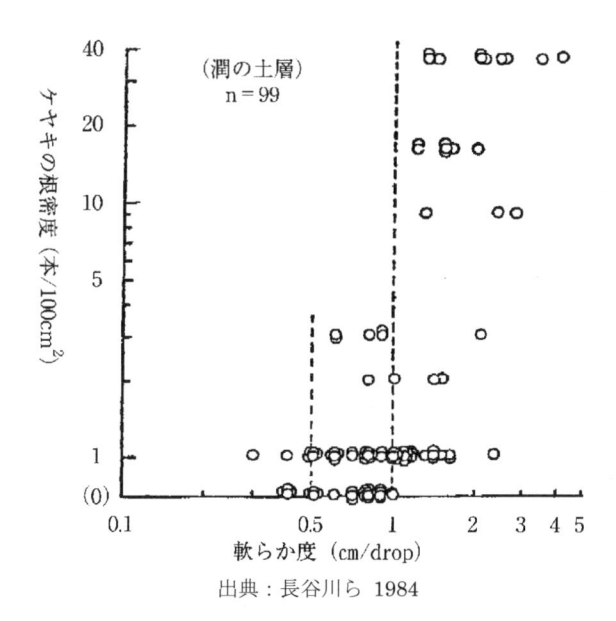

図3-6　ケヤキの根量（根密度）と軟らか度（S値）の関係（関東ローム）

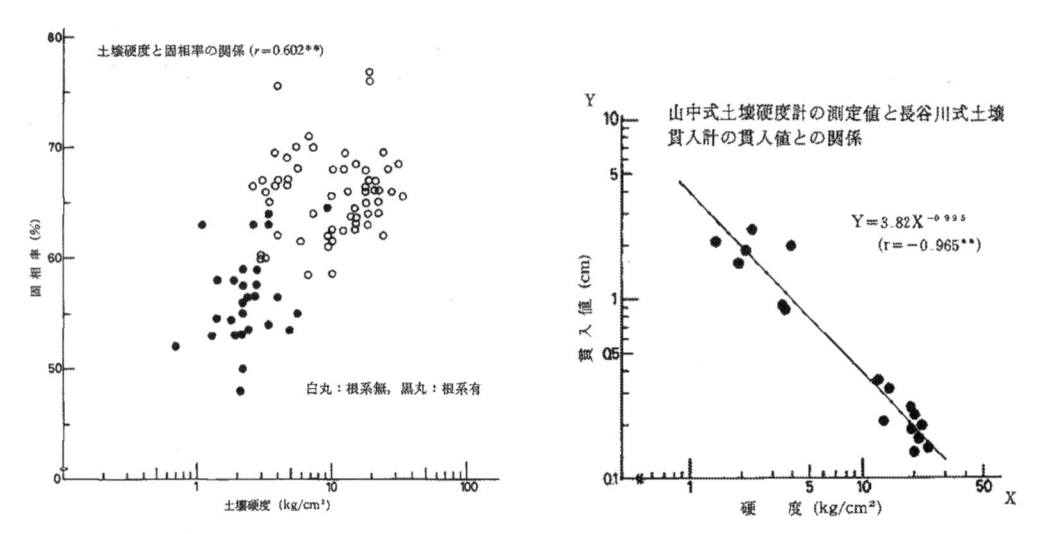

出典：長谷川ら 1984

左図より、根系があるもの（●）は（山中式の）土壌硬度で4km/cm³程度以下であることがわかる。
右図の関係から、それはおよそ長谷川式土壌貫入計の貫入量（S値）1.5cm程度であることがわかる。

出典：増田ら 1983

図3-7　ケヤキの根の有無と軟らか度（S値）の関係（香川県マサ土）

3）山中式土壌硬度計による測定

① その概要

　松尾と山中によって開発された山中式土壌硬度計（「山中式」と略）は、農耕地土壌における硬さ測定の標準的な器具である（図3-8）。

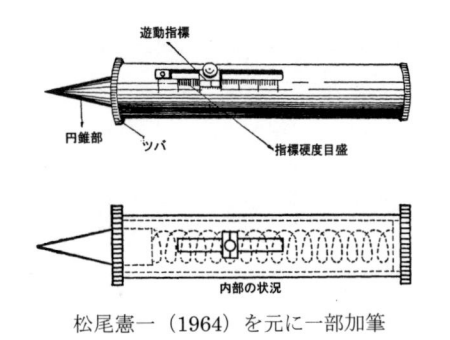

・土壌表面に向かって円錐を突き刺す。

・土が硬ければ円錐は入りにくいので、より多くバネが押される。

・測定範囲は0〜40mm。土が硬いほど値が高くなる。

松尾憲一（1964）を元に一部加筆

図3-8　山中式土壌硬度計

　土壌表面の硬さを測定するための機器であるため、想定される植穴各深さでの硬さを計るためには、測定用の穴（土壌断面）を掘る必要があり、通常の使用にはやや不適である。また、山中式硬度計は、前述のように粗粒な砂土を測定すると砂が移動しやすいため、測定値が実際の値よりも低くなる傾向にあり、さらに礫土の場合は測定が困難となる。

　土壌に挿入される円錐部の長さは、最大（土壌が無限に軟らかい場合）は40mmで、最小（土壌が無限に硬く、全く挿入不可能な場合）は0（ゼロ）mmである。したがって無限の軟らかさから無限の硬さまでの間を40mmの物差しで測るのと同じであるため、精度として1mm単位の精度が求められる。このため、土に突き刺した場合にストッパーとなる「ツバ」が当たる土壌面が凸凹していると、それだけ誤差が生じる。このため、少なくとも円形ツバの当たる直径約4cmの範囲の滑らかさは1mm程度以内になっている必要がある。この精度を保つのは緑化現場に多い「硬くて礫が多いような造成土壌」では、かなり困難な場合が多い。

② 測定方法と判断基準

　測定は平滑にした土壌断面の各層位毎に、3〜5回の測定を行い、各測定値と平均値（カッコ内に示す）を記載する（できれば5回の測定を行い、最大値と最小値を除く3点の平均を求めることが望ましい）。

　樹木根系の伸張との測定結果との関係は、図3-9の例のように23mm前後に限界値があり、ミカンだけでなくケヤキなど緑化樹木でもほぼ同様の結果が確認されている。

　したがって判断基準値は23mm前後を良否の境として決められている。

　表3-5に長谷川式土壌貫入計の値と併記して示した。

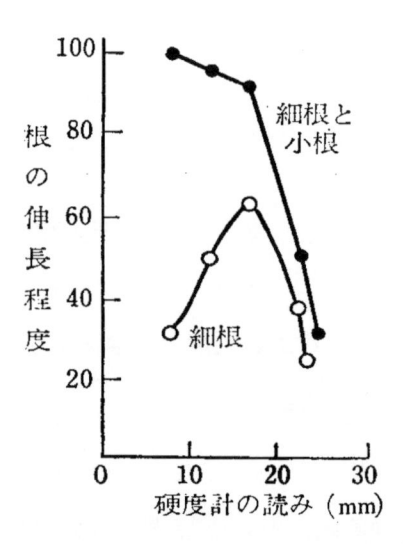

(山中式)硬度計の読みとミカンの根の伸張の関係
古賀(*)による

図3-9　土壌硬度と根の伸張（例）

この表は山中式測定結果と樹木根系伸張に関する既存知見（古賀1972、福富1978など）と長谷川式と山中式の関係（図3-5、図3-7）等を勘案して作成されたものである。

表3-5　山中式土壌硬度計による土壌硬度の判断基準値

本書での評価	固さの表現	根の侵入の可否	山中式土壌硬度計 目盛（mm）	（参考）長谷川式土壌貫入計 S値（cm/drop）
不良	硬い	根系発達に阻害有り	24以上	1.0以下
可	締まった	根系発達阻害樹種有り	24～20	1.0～1.5
良	軟らか	根系発達に阻害なし	20～11	1.5～4.0
―	膨軟すぎ	〃（低支持力、乾燥）	11以下	4.0以上

4）指痕のつき方（指頭法）による土壌硬度測定法（参考）

土壌断面を指で強く押したときの指痕のつき方でも、おおよその土壌の硬度が判定できる（表3-6）。この判断は森林土壌の調査で利用されている。ただし樹木の生育の限界値とされる硬さの山中式土壌硬度計による値は前述のように約23mmであり、この表の「すこぶる堅」と「堅」の差異を的確に判定しなくては意味がない。しかし、それは相当に困難である。しかも土性等の判断と違って、土の硬さの標準試料がないため練習することもできない。このため、硬度測定用の機器がない場合に記入しておくことは有益であるが、機器による測定結果に比べて信頼度が劣るため（山中式等の機器があれば）厳密に習熟する必要性は高くない。

表3-6　土壌の堅密度区分（指痕のつき方）による土壌硬度の判断基準例

堅密度区分	指痕のつき方	山中式土壌硬度計 目盛（mm）
固結	土壌がきわめて密でやっと土壌コテを入れうるもの。	26～30
すこぶる堅	指で強く押しても、指痕が残らないもの。	22～25
堅	指で強く押しても、指痕がわずかしか残らないもの。	18～21
軟	指で強く押すとはっきり指痕が残る	14～17
しょう	指が容易に土層内に入る	9～13
すこぶるしょう	ほとんど結合力がないもの	0～8

＊真下育久（1973）による

(3) 保水性

1) 保水性測定の意義

　植栽地の土壌は、植物が根から有効に吸収できる水分を保持していることが必要である。降雨等によって土壌中の孔隙が水で満たされた後、重力によって下方に余剰水が排出された後に残った水分のうち、土壌粒子と固く結合し植物が吸収できない水を除いたものが、有効に利用できる水分である。これを「有効水分」といい、その量（土壌の単位体積当たりの量）は、保水性の目安となる。灌水等の維持管理が通常になされれば、生育に大きな影響を与える要因ではないが、公共の緑化地は、定期的な灌水を行うことが少ないため、植栽基盤には、ある程度の保水性が必要となる。

2) 保水性測定（有効水分保持量測定）

　土壌の保水性は、植物が利用できる土壌中の水分量を示す「有効水分保持量」によって判定する。

　土壌に吸着する水の吸着度合（水を引き離すために必要な力）は、実用的にはpF[*]という概念で表す。具体的には、この力を水柱の圧力（単位=cm）の常用対数で示した値がpFである。pFは、0（土が完全に水で飽和された状態）～7（絶乾状態）の範囲となり、通常、pF1.8（圃場容水量[**]）とpF4.2（永久萎凋点[***]）の水分量の差を「全有効水分」、pF1.8とpF3.0（成長阻害水分点）の水分量の差を「易効性有効水分」（「**成長有効水**」とも呼ばれる）という。

　通常、易効性有効水分量の値を、単に「有効水分」と呼び、L/m³単位で表し、土壌の保水力を評価する（表3-7）。一般に客土用としては、火山灰土壌で80L/m³程度以上、マサ土等鉱質土壌で60L/m³程度以上が望ましい数値とされている。

　分析は、吸引法及び遠心法、または加圧板法等により測定するが、ある範囲内では連続的に測定可能な加圧板法が広く用いられている。

[*] 「pF」という用語は、関係者には広く普及しているが、学術用語としては現在は使用されておらず、SI単位使用に伴い、公式には「（土壌）水分ポテンシャル」と呼び、圧力の単位であるパスカルを使用する。

[**] 鉢植え土を例にすると、たっぷり水をやった後に下から水が落ちるだけ落ちて、一晩放置した程度の状態。指で触ると湿っていることはわかるが濡れるという感じではない。

[***] 再び水を与えても生き返らない程度の乾燥状態。

表3-7　有効水分保持量の判断基準値

調査項目	単位	評価 1（良）	評価 2（可）	評価 3（不良）
有効水分保持量	L/m³	120<	120～80	80>

＊本判断の基準値等は、日本造園学会（2000）の結果を基礎としている。

3-1-3 土層観察調査

土層の観察は極めて重要である。

(1) 簡易に土層状況を確認するための調査（検土杖調査等）

特別な穴を掘らずに、簡易に地表面からの土層状況を確認するためには、検土杖（けんどじょう）を利用した調査が行われる。

重機等による大きな穴の掘削が不要であるため、現地の改変を最小限に抑えて地中の状況を確認することができ、コスト面からも効果が高い。

1) 検土杖調査（農研式検土杖による調査）

軟らかい自然土壌や林野土壌における調査では図3-10に示す検土杖が利用される。一般に「検土杖」という場合はこの器具を意味し、「農研式検土杖」とも呼ばれる。

比較的軽く便利であるが、硬い土壌には入らないことや、礫含量や単粒状の砂含量の多いところでは使用しにくい等の欠点があり、造成地等の硬い土壌には後述する「長谷川式大型検土杖」を利用することが多い。

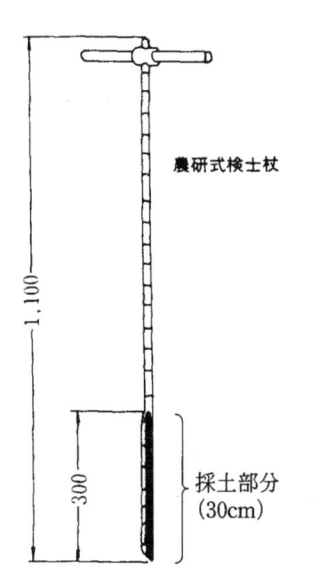

一般に長さ1mの鋼鉄製の丸棒で、先端30cmに幅1cmの土壌採取用の溝があり、上部にはハンドルがついている。

使用方法は、まず、土壌面に垂直に先端30cmを突き刺してハンドルを回して土壌を採取する。次は、60cmまで突き刺し同様に土壌を採取する。この操作を繰り返せば、1mまでの土壌を観察することができる。

図3-10　検土杖（農研式検土杖）

2) 大型検土杖（長谷川式大型検土杖）による測定・調査

造成地等の硬い土壌には、図3-11に示すランマー（落錘）の落下による衝撃で硬い土壌にも挿入しやすい大型の検土杖である「長谷川式大型検土杖」が利用されることが多い。また採土部分の幅もやや大きいので、pHやEC等簡易な化学性測定に必要な量の試料が採取できる点も利点である。

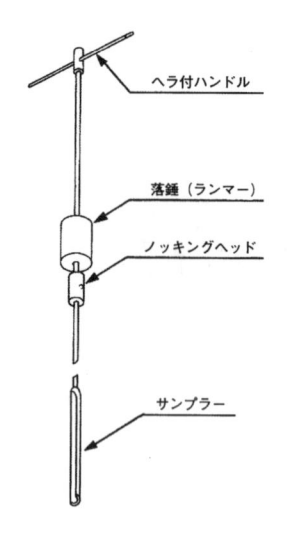

図3-11　大型検土杖（長谷川式大型検土杖）

3）検土杖調査結果の表記

検土杖調査結果の表記に特定の決まりはないが、図3-12にその一例を示す。

土層（層位）は、原則として土色と土性を基に区分する。層位は上層からⅠ、Ⅱ、Ⅲのようにローマ数字で区分する。大部分が造成地である植栽地では攪乱土壌が主であるため、自然土壌で用いる「A、B、C層」の表現は用いない。層位境界が不明確な場合は「Ⅰ、Ⅰ'」のような表記とする。

結果の様式には、貫入計調査による土壌硬度測定結果等を併記するとわかりやすく便利である。また、土色も実際に近い色を示しておくと利用者には判断しやすい（標準土色帖で判定したマンセル表記の色番号を入力すると対応する色を示すフリーソフト等が利用できる）。さらに、pHやEC等の測定結果も必要に応じて併記する。

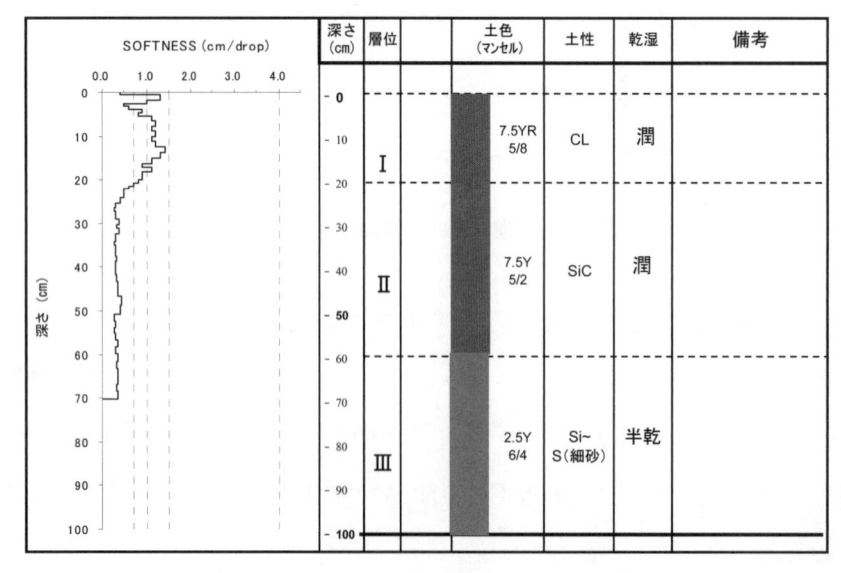

図3-12　検土杖調査結果表記の例（貫入計調査結果と併記した例）

(2) 試坑断面（土壌断面）調査

1) 概要

「試坑断面調査」は「土壌断面調査」とも呼ばれる。平坦地では穴を掘って、山地等の斜面では土壌面を垂直に露出させて、土壌断面と呼ばれる観察面を作成して土層の状況を観察・記録し、必要に応じて試料を採取する。掘った穴をピットと呼び、土壌断面観察用の穴を「試坑」と呼ぶ。

① 深さ

断面の深さは必要に応じて変わるが通常は1m程度。幅は少なくとも1m弱は欲しい。人間が自由に立ったり座ったりして作業ができる幅以上が基準となる。あまり狭いと低い位置で硬度計を当てる等の作業で身体を傾けることができない。

② 奥行き

奥行きも人間が入って座りながら作業ができる大きさが基本となり、深さが50cm以上ある場合は、立入の便宜のために、断面と反対側に階段を設定することも多い。

③ 方位

観察用断面の向きは北側（日が当たる南向き）にすることがよいが、晴天時では影が入ると判断や写真撮影に困難が生じる。このため曇天時には北側で晴天時には南側にするほうがよいが、様々な事情で都合の良い場合ばかりとは限らない。最も望ましいのは、南向きに設定し、写真撮影時に影が入る場合は、影をなくす程度の遮光率をもつシートで覆ってもらう等の工夫を行うことが必要である。

図3-13　平坦地に作成した土壌断面の例

2) 試坑断面調査の観察・調査項目

断面調査（結果の記帳）の様式は「農業土壌分野」における様式や「林野土壌分野」における様式、「ペドロジー(*)分野」における様式等様々だが、植栽基盤整備の観点からは、あまり複雑な項目の調査は要求されず、植物（特に樹木）生育に関わりが深い項目のみで足りることが多いと思われるため、表3-8に示す項目が適当と判断される。

(*) 土壌地理・土壌分類・土壌生成等、農業等の応用分野と離れて専門的に土壌を研究する学問体系（の総称）。

表3-8 断面調査に必要な調査記載項目と判定法の概要

項目	概要
(1) 層位（土層）	原則として土色と土性を基に土層を区分する。層位は上層からⅠ、Ⅱ、Ⅲのようにローマ数字で区分し、A,B,C層の表現は用いない。層位境界が不明確な場合は「Ⅰ、Ⅰ'」のような表記とする。
(2) 土色	マンセル表色系に準じた標準土色帖を用いて判定する。多くの土壌は水分（乾燥）状態によって色が変化するため、原則として実際の水分条件で判定し、乾燥時は適宜湿らせた状態の土色も併記する。
(3) 土性（指触土性）	指触法で判定する。標準法はないので、利用した判断根拠（基準）を必ず明示する。
(4) 水分状況	水分状況の判定法は数種が知られているが、ペドロジー学会による方法が広く利用され、これを用いて「乾・半乾・半湿・湿・多湿・過湿」に区分する。
(5) 石礫	断面における面積割合をもとに「なし・あり・含む・富む・すこぶる富む・礫土」に区分する。面積割合の判定は土色帖に付随する標準チャートを用いる。礫の大きさと形状（「角礫・円礫」等）も記入する。
(6) 腐植	土性と土色（湿色）等を基に、「乏し・含む・富む・すこぶる富む」の4段階に区分する。
(7) 硬度（堅密度）	指頭法は測定機器がない場合の参考程度と考え、山中式土壌硬度計（または同等品）を土壌断面にあてて測定する。
(8) 構造	造成地では、表層付近で「団粒状・細粒状」が見られたりする以外、一般には「かべ状」構造を除いて構造は少ない。しかし、土壌によっては土壌構造が極端に発達して乾燥害を誘発するような場合もあるため、透水性に影響を与えるような構造や空隙等は、既存名称にこだわらず、簡易でも何等かの記入が望まれる。
(9) その他	以上の他、特記すべき事項があれば備考欄に記入すればよいが、「母材」や「溶脱集積」等は判定が困難なだけでなく、必要性も考えにくい。 根は断面図に記載すればよく、数量区分をしても困難な割に利用価値は多くない。 その他pH等測定結果は必要に応じて断面調査票に併記する。

以下、これらのうち、主なる項目について概説する。

3）土色

土色は原則として標準土色帖[*]で判定する（図3-14）。もし現地で土色帖の用意ができない場合は、わずかな土壌でよいから持ち帰って標準土色帖で判定する。

土の色は原則として湿った時の色（湿色）と乾燥した時の色で異なるため、土壌水分状態を明記して現地状態で判定し、乾燥が強い場合は必要に応じて湿らせた色[**]を併記する。

[*] 通常必要とされる土色だけに限定した簡易版の土色帖が頒布されている。

[**] 野外における調査にはペットボトルに水を入れて持ち歩くと便利である。

土色帖の頁（色片）の例
7.5YR

調べたい土に最も近い土色帖の頁を開く。仮に7.5YRの頁が適当と判断したら、該当する色の明度・彩度の順に「7.5YR 4/3」のように記録する。

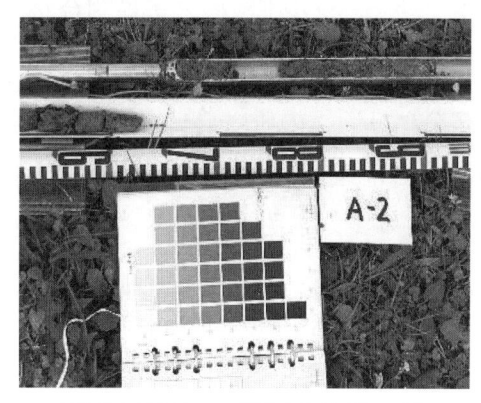

大型検土杖調査での標準土色帖利用の例
（土壌と同時に写真撮影をしておくとよい）

図3-14　土色の判定法

　土色（土の色）は、主に土壌中の鉱物の種類や酸化・還元状態及び有機物の含有量によって変化する。土壌の色のうち、赤や黄色は主に鉄分の酸化状態による変化によってもたらされている。一部の特殊土では暗褐色を呈する原因が含まれるマンガンによることもある。

　自然土壌（自然の腐植を含む土壌）では、標準土色帖を用いて（適潤条件で）土色が判定されていれば、その土色を拠り所にして、自然土壌の有機炭素量を簡易に推定することも可能である（表3-9）。

表3-9　自然（森林）土壌における有機炭素（腐植）区分と土色の例

区分	乏し	含む	富む	すこぶる富む
有機炭素量 g/100g乾土（％）	0～3	3～6	6～12	12以上
土色（7.5YR、10YR）	5-8/8, 4-6/6, 4-6/4 明褐～褐	3-4/4, 3-4/3 暗褐	2-3/3, 2-3/2 黒褐	2/2, 1-2/1 黒

＊真下育久（1973）による。

4）土性

① 粒度分析結果による土性判定

　土性は、土壌を粒径組成（土壌粒子の大きさ別重量割合）に基づき、一定の区分で分類したものである。

　まず、細土（2mm以下の土壌粒子）に含まれる粒子を大きさ別に3種（粘土、シルト、砂）（図3-15）に区分したそれぞれの重量割合（粒径組成）を求める。なお、土木分野ではこれと異なる区分が用いられるので注意が必要である。例えば土木（土質工学）分野では、粘土は0.005mm以下、シルトは0.074～0.005mmとなる。

次いで、粘土、シルト、砂の重量割合から、通常は国際土壌学会の区分（「国際法」とも呼ばれるが世界共通ではない）によって、土性（と称される区分）を決める（図3-16）。

土性区分には、この他に（日本）農学会法と呼ばれる方法があるが、造園緑化分野での使用は稀であり、混乱を防ぐために使用を控えるか、用いた場合は必ずその旨記載する。

土壌（細土）				レキ（礫）
粘土	シルト	砂		
^	^	微砂	細砂	
粒子径（mm）　0.002	0.02	0.2	2.0mm	

図3-15　土粒子の大きさと名称の定義（国際法による区分）

土性	略号	粘土%	シルト%	砂%
重埴土	HC	45〜100	0〜55	0〜55
砂質埴土	SC	25〜45	0〜25	55〜75
軽埴土	LiC	25〜45	0〜45	10〜55
シルト質埴土	SiC	25〜45	45〜75	0〜30
砂質埴壌土	SCL	15〜25	0〜20	50〜85
埴壌土	CL	15〜25	20〜45	30〜65
シルト質埴壌土	SiCL	15〜25	45〜85	0〜40
壌質砂土	LS	0〜15	0〜15	85〜95
砂壌土	SL	0〜15	0〜35	65〜85
壌土	L	0〜15	20〜45	40〜65
シルト質壌土	SiL	0〜15	45〜100	0〜55
砂土	S	0〜5	0〜15	85〜100

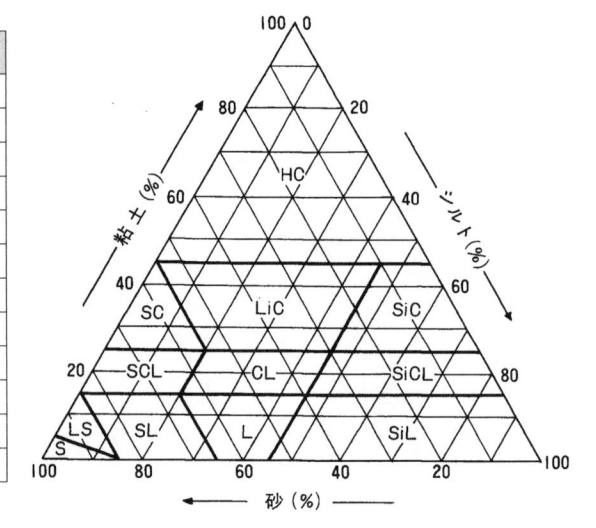

図3-16　国際法による土性区分

これら土性の判定（粒子の大きさ別の重量割合（粒径組成）測定）は、一般的には実験室で、「比重計法」または「ピペット法」で求める「標準法」とされる方法で行う。しかし、これは費用等がかかることや通常は精度をあまり要求されないため、訓練を積んだ人達には土壌を指で触って判断する簡易な方法（「指触判定法」）が広く利用されている。

② 指触による土性判定

土性の把握は重要だが必ずしも厳密性を要求されない。このため、土壌を指でさわってヌルヌル・ザラザラ等の感覚から簡易に土性を判断する手法（「指触法」）が広く用いられている。

この土性判定法には数種が知られているが、土壌を練って「こより」状態で判断する手法はシルトを判断しない農学会法による区分が多いので、現在では表3-10のような判定法が使われることが多い。これは一見複雑のように感じるが、練習すれば習熟は比較的容易である。

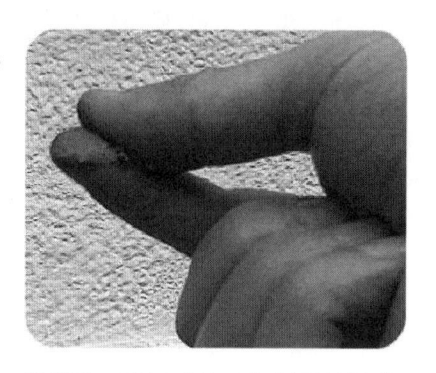

指触法：適度に湿らせた土壌試料を指にはさみ、ヌルヌル・ザラザラする感覚で土性を判定する。

表3-10　簡易土性判定法（指触法）

土性	判定法
砂土（S）	ほとんど砂ばかりで、ねばり気を全く感じない。
砂壌土（SL）	砂の感じが強く（ほぼ1/3～2/3が砂）、ねばり気はわずかしかない。
壌土（L）	ある程度砂を感じ（砂は1/3以下）、ねばり気もある。 砂と粘土が同じくらいに感じられる。
シルト質壌土（SiL）	砂はあまり感じないが、サラサラした小麦粉のような感触がある。
埴壌土（CL）	わずかに砂を感じるが、かなりねばる。
軽埴土（LiC）	ほとんど砂を感じないで、よくねばる。
シルト質埴土（SiC）	よくねばるが、わずかにサラサラした小麦粉のような感触が残る。
重埴土（HC）	粘り気のある粘土が大部分で、非常によくねばる。

＊日本ペドロジー学会編（2007）p.41に「SiC」項目を追加。

5）異物や礫含有量の判定

異物や礫含有量の判定に厳格な決まりはないが、図3-17に示したペドロジー学会による判定例等を参考に、簡単に記述しておけば通常は問題ない。造成地では自然の礫よりも人工的な異物（コンクリートガラ、その他廃棄物等）が多い場合がしばしばあるので、そちらの観察状況のほうが重要であることが多い。いずれにしてもスケールのわかるもの（ペン等でもよい）を同時に写し入れた写真撮影は必ず行って、概略の面積率がわかるようにしておく。

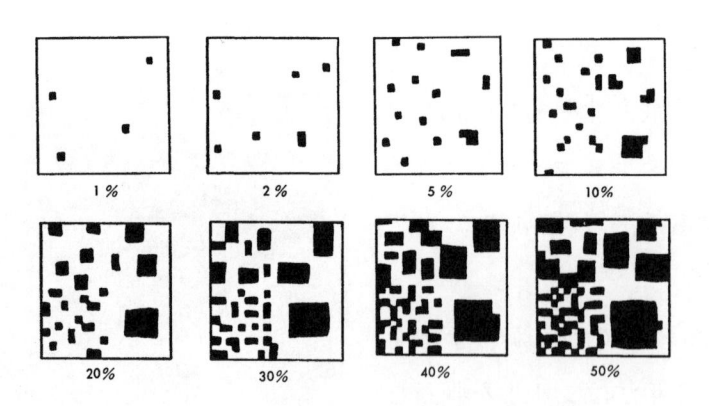

標準土色帖に添付されている面積割合判断チャート(部分例)

このようなチャートを利用して面積割合を判断する。各ブロックの1/4ずつの黒部分の面積は同じになるように工夫されている。

図3-17 石礫等の面積割合判断チャート例

ペドロジー学会による石礫判定の例

形 状 石礫の形状(shape)は、円磨度によって次の4種類に区分する。

区 分	記号	基 準
角 礫 Angular	A	稜が鋭くとがっているもの。
亜角礫 Subangular	SA	稜が磨滅して丸みをおびるもの。
亜円礫 Subrounded	SR	稜がほとんどなくなっているもの。
円 礫 Rounded	R	球形に近いもの。

含 量 石礫の含量(abundance)は、面積割合によって、次のように区分。

区 分		記号	基 準
なし	None	N	0%
あり	Few	F	0～5%
含む	Common	C	5～10%
富む	Many	M	10～20%
すこぶる富む	Abundant	A	20～50%
礫 土	Dominant	D	≧50%

面積割合の判定には、標準土色帖についている面積割合推定用のチャートを利用すると便利である。

文章記載例 石礫は、「花崗岩質風化中亜角礫富む」、または「はんれい岩質腐朽大円礫及び風化中円礫すこぶる富む」のように記載する。

出典：日本ペドロジー学会 編 (1997)：土壌調査ハンドブック 改訂版、博友社

図3-18 石礫含有量の判定例

3-1-4 化学性の調査（測定）

(1) 酸度（pH）測定

1) 酸度（pH）測定法の種類

土壌のpHの測定には、以下の3種の方法が知られている。

- pH（H_2O）　「ピーエッチえっちつーおー」または「みずピーエッチ」
- pH（KCl）　「ピーエッチけーしーえる」または「けーしーえるピーエッチ」
- pH（H_2O_2）　「ピーエッチえっちつーおーつー」または「かさんかすいそピーエッチ」

一般に利用されるのは「pH（H_2O）」で、「pH（KCl）」は肥料を多く使う農業分野で利用され、「pH（H_2O_2）」は、酸性硫酸塩土壌の兆候がある場合に測定する。造園緑化分野では、pH（H_2O）以外は利用頻度が極めて低い。

2) pH（H_2O）

「pH（H_2O）」は、土壌に水（蒸留水等）を加えた懸濁液で測定する手法で、特に断らない限り、通常のpH測定はこの方法をいう。

測定は、風乾細土(*)に2.5倍量の水（蒸留水）を加えて撹拌した懸濁液で測定する。pH測定は必ずpH標準液で測定器を校正した後に行うが、詳細は機器によって異なるので、ここでは省略する。

(*) 風乾細土
室温状態で乾燥（風乾）させた後、2mm目のふるいでふるった土（細土）をいう。

なお、より実際の状態に近いという理由で生土で測定を行うこともあるが、既存の大部分の知見は原則として風乾細土による測定結果なので、生土での測定結果の評価は困難である。したがって通常は生土の測定は行わない。なお、結果が出るまでの時間の都合等で生土による測定を行った場合は、結果に、必ずその旨を記入する（アルカリ性であるアンモニア肥料成分を含む土壌では、乾燥に伴って同成分が揮発するため、pHが低下することが多い）。

pH測定における土と水の比率は通常は1：2.5とされているが、EC測定と同じ測定液を使用するために1：5の比率としても、比率を明示の上で表記すれば実用上の差異はあまりない。したがって、簡易な自己チェックには十分に利用できる。なお、逆に1：2.5の液でECを測定することは定法の1：5の場合と比べて大幅な誤差となるので好ましくない。

結果の判断の参考値としては、表3-11や表3-12のような値が考えられる。

ただし、土のpHはわずかな測定法の違いで0.1～0.2程度の変化が生じることが珍しくない。したがって、通常の造園緑化

表3-11　pH(H_2O)の評価例

評価	pH(H_2O)
不良	8.3以上
注意	8.0～8.3
可	6.9～8.0
良	5.6～6.8
可	4.5～5.5
注意	4.0～4.5
不良	4.0以下

植物の場合、明らかに不良な値以外は、細部の値にこだわる必要は少ない。

また、不良とされる値でも、例えば砂質土のように緩衝能の小さい（単位重量あたりの粒子表面積が少ない）土壌では、酸性であってもわずかな石灰（炭酸カルシウム）を播くとpHが大きく変動し、8.1を（わずかに）越えるような値になることも稀ではない（図3-19参照）。

しかし、石灰の量が少なければ、多くの場合、問題は生じにくい。また、わが国の森林では、pHが4.5以下の土壌でも、樹種によっては健全な生育を示している例は少なくない。したがってpHが不良と判定されても、それがどのような理由によるか、土性は砂か、壌土か、石灰等の施用履歴、酸性物質存在（後述の酸性硫酸塩土壌等）の可能性等、種々の観点から考察して対応を考えるべきである。特に、化学薬品によるpH変更は時に副作用が大きいことも想定されるため、使用にあたっては安全性に対する十分な裏付けと配慮が望ましい。

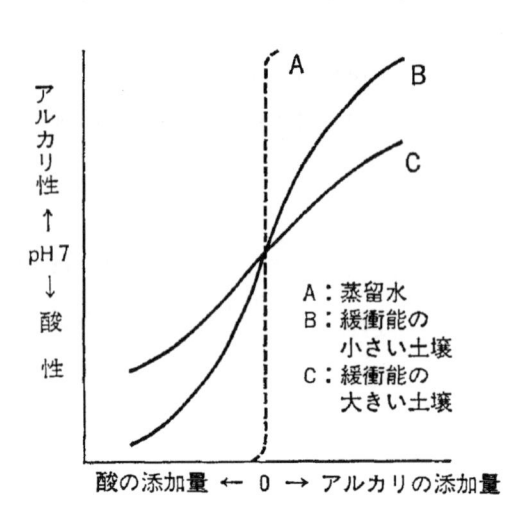

図3-19　緩衝能とpH変化の模式図

表3-12　土壌pHに対する造園緑化植物の反応（適応性）の概要

pH(H₂O)	植物の生育状況
3.0 程度以下	ほぼ生育不能。数日～数か月で枯損する。
3.0～4.0 程度	ほとんどの植物が（数週間～数年で）枯損に至るか、大きな障害をうける。
4.0～5.0 程度	酸性を好む植物（チャ、サザンカ、サツキ等）以外は、場合によっては生育の不調等が現れる可能性がある。
5.0～7.5 程度	通常の植物の生育適正範囲。
7.5～8.3 程度	酸性を好む植物には生育の不調等が現れる可能性がある。
8.3程度以上	8.3以上の値は、日本の通常の土壌ではきわめて稀である。ただし、以下のような場合には出現することがあるが、植物の生育状況は個々の要因によって異なるため、pH値だけで生育影響を断定することは難しい。 ・海成砂等で炭酸Na塩を含む場合：時に9を越える値になるが（多くの事例のように）ECが0.1dS/m以下であれば、わずかな堆肥等で簡単に中性に戻るので、問題が生じる可能性は低い（pH測定液にピートモス粉末等を加えてpH低下を確認することが好ましい）。 ・再生砕石（コンクリート破砕物）を多く含む土壌：再生砕石のpHは10.5前後であるが、多くの場合、多量に含む土壌でも短期的（数か月）には、障害は出にくい（ただし、酸性を好む植物を除く）。 ・人為的要因による薬品類等の添加：セメント、生石灰、消石灰、苛性ソーダ等のアルカリ物質の添加はpH10以上になることが多く、時に枯損を招くほどの障害になる場合もある。ただしpH値のみで判断せず中和に必要な酸の量等から害作用を類推する。 ただし、このように高pHでも常に問題が生じるとは断定できないが、ストレス要因はできるだけ取り除くことが望ましい。当面の生育に問題がないと判断されても、できるだけ土壌の緩衝能を高め、アルカリ性により不足が問題となる鉄等の微量要素を多く含む完熟堆肥の施用実施などが望ましい。

3) pH（KCl）

「pH（KCl）」は、主に肥料を多用する農業分野で用いられる方法である。農業分野のように多くの肥料を用いる場合、例えばカリ肥料を多く与えると、肥料由来のカリウムイオンが粘土粒子に吸着されていた水素イオン（正確にはアルミニウムイオンに由来する水素イオン）を追い出すために、結果として土壌は酸性になる。本方法は、これと同様の条件を、比較的濃い塩化カリウム溶液（1NのKCl液）を土に加えることで再現してpH測定を行う方法である。

一般に「pH（H_2O）」で測定する値より1程度低い値となる。またその差異の大きさで肥料の多寡を推定したりするが、造園緑化分野では測定意義が薄いため、使用例は稀であることから、具体的な測定手法等は省略する。

4) pH（H_2O_2）

「pH（H_2O_2）」は「強制酸化pH」とも呼ばれる。出現頻度は低いが、時に植栽植物（農作物でも同様）を全滅させるような酸性硫酸塩土壌のチェックに用いられる。

酸性硫酸塩土壌は、土壌中に含まれるパイライト（FeS_2）が空気によって酸化し、硫酸を生じる土壌である。第三紀の丘陵地や第四紀の沖積土壌（沿岸埋立地等）、石炭産地、クリークの浚渫土等に多い。したがって、そのような土壌の出現が予想される箇所では、あらかじめ本方法による測定を実施することが望まれる。また、pH（H_2O）が4.0程度以下である場合も酸性硫酸塩土壌の可能性があるため、測定を行うことが望ましい。

なお、特異な事例ではあるが、津波冠水地では、塩害被害とならんで、河口域の底泥由来の酸性硫酸塩土壌の出現が極めて多数報告されている。このため、該当する地域の土壌については、農業分野の事例等を参考にして、適宜分析等を行う必要も生ずる。

測定には数種の方法があるが、使用する薬品の危険性などのため、専門的になるのでここでは省略する。

---

pHの呼称

土壌酸度（pH）はあまり細かい数値に固執する必要はないが、土壌の特性を知る上で最も基本的な項目であるため、土壌分析では真っ先に測定される項目であり、この記載のない土壌分析結果はないと言っても過言ではない。

その記号は「pH」と書く。「p」はポテンシャル、「H」は水素を意味する。日本語では「水素イオン濃度」と呼ばれる。基本的に「p」は小文字、「H」は（元素記号であるため）大文字で書く。

「pH」はJISや計量法で、以前（JISでは昭和30年代）より「ピーエッチ（ピーエイチ）」と呼ぶように決まっている。このため、公式な場合ではこれ以外の呼び方はできない。因みに、わが国では「ペーハー」と呼ぶ人が多い。通常の使用に問題はないが、50年近く前から非公式呼称となっているので、できるだけ用いないことが望まれる。少なくとも「pH（ペーハー）」とただし書きをすることは避けたい。

(2) EC（電気伝導度）測定

1) ECと生育阻害物質

　植栽基盤における「阻害物質」とは、土壌中に含まれて植栽植物の生育を阻害する物質[*]の総称である。したがって、その対象となる物質は極めて多い。工場跡地等で問題になる特殊な有害物質もこれに含まれるが、そのような特殊な物質が出現することは比較的稀であり、分析法も特殊であることが多い、土地の履歴等から事前のチェックがなされることが多い、等々から、一般には出現頻度が比較的高い阻害物質を対象としてのチェックが行われる。

[*] 人間の健康等に影響を及ぼす物質（有害物質）も時に植物の生育を阻害する物質となるが、ここでは植栽基盤の観点に立った阻害物質に限定する。

　植栽地で問題となりやすい阻害物質による障害として代表的なものは、以下のようなものがあげられる。

a) 沿岸埋立地等に多いNaClを主とする塩類による塩類濃度障害
b) グランド等締固め用安定材（$CaCl_2$または$MgCl_2$等）の過剰施用による塩類濃度障害
c) 肥料の過剰投与による一種の塩類（アンモニウムイオン、硝酸イオン等）濃度障害
d) 土壌中のイオウ成分（パイライト＝FeS_2）が空気酸化されて硫酸が生じる障害

　これらの障害ではいずれも無機態のイオンが生成され、植物の根の細胞に障害を与えるが、それらイオンの濃度は水溶液の電気伝導度（EC「いーしー」Electric Conductivity）と比較的よく比例する。EC測定は多くの土壌分析測定の中でも比較的容易であるため、何等かの阻害物質の存在が疑われる時、あるいは一般的な阻害物質の有無のチェックにEC測定が広く行われている。

　ただし、ECではイオンの種類までは特定できない。このためECで問題となる値が出た場合で原因物質が推定できない場合は、原因物質の特定のための分析が必要となる場合がある。

2) EC測定の概要

　電気伝導度（EC）は、物質の電気の通りやすさを表す指標で、ECメーターはそれを測定する機器であり、大部分のECメーターは液体のECを測定するために作られている。

　土壌のEC測定は、風乾細土に5倍量の水（蒸留水）を加えて撹拌した液の上澄み[*]で測定する。ただし、米国では全く異なる手法で測定する例[**]もあり、アメリカの植物に対する許容範囲等の値を不用意に引用しないように注意する必要がある。したがって、測定結果には必ず「（土：水＝1：5）」のような併記が必要である。

[*] 通常の測定では、完全な上澄みは必要なく、懸濁後1分程度放置した後の上澄みでよい。

[**] 「飽和侵出液法」と呼ばれる。日本でも1950年代頃までは米国と同様に使われたので注意する必要がある。

　測定値が1dS/m程度以上の場合は、植物の生育阻害要因となる物質を含んでいる可能性が高く、砂のように緩衝能[***]が低い土壌では0.5dS/m程度以上になると

問題が生じる可能性がある。このため、これらの値を超すような場合は、詳細な分析を行った上で原因を特定し、適切な対処が必要となる（表3-13）。

(***) 化学的条件の大きな変化を緩和するような作用。例えば多量の塩類が土に加えられた場合、土壌中の粘土粒子がその塩類のイオンを吸着し、結果として土壌水中のイオン濃度があまり上がらないような作用。

表3-13　電気伝導度による評価基準

評価	電気伝導度（dS/m）	備考
不良	1.0以上 0.5以上（砂土）	原因を究明し、脱塩等の適切な対策を行う。
可	0.2～1.0 0.1～0.5（砂土）	0.5（砂土の場合は0.3）程度を越える値は通常の緑化地では稀である。障害は出にくいが、原因（肥料等を多用した畑土を搬入した等）を調べておくことが望まれる。
良	0.2以下	
（養分不足）	0.1以下	0.1以下でも基本的に問題は少ない。ただし養分不足（貧栄養）が考えられるので、排水不良等がないことを確認の上、堆肥・コンポスト等の長期養分補給機能がある素材の併用を考慮することが望ましい。

単位の「dS/m」は旧来の単位「mS/cm」とそのまま置き換え可能
単位間換算：1dS/m＝1mS/cm＝1000μS/m＝100mS/m

3）EC測定で知る肥料成分の多寡

ECは、阻害物質のチェックだけでなく、肥料成分の多少の目安を知る場合にも用いられる。すなわち、多くの（可給態）肥料成分は土壌中の水に溶けてイオンになっている。このイオン濃度はECメーターによって間接的ながら推定できるため、EC値から土壌中の可給態肥料成分の多少を間接的に推測して、施肥管理に利用する技術が農業方面で普及している。

一つの目安としては、測定値が0.1dS/m程度未満の場合は、土壌中の肥料分が不足していると考えられることがある。ただし、緑化植物は農産物ではないため、（物理性・化学性の）生育阻害要因がなく、植栽初期の施肥設計を適切に行えば、土壌の肥料成分の多寡を問題にする必要は極めて少ない。また、阻害物質による阻害がない大部分の造成緑化地の土壌のECは極めて低い（0.1dS/mより低い）のが通例である。

(3) 植害試験（生育試験）

1) 土壌の阻害性を知るための生育試験

　土壌の阻害性が疑われる場合に、実際に土壌に植物を生育させ、その結果で判断する方法である。ただし、一般に生育試験はコマツナやハツカダイコン等が利用され、生育期間も1か月以内の状態から判断するため、阻害の有無を確認する上では有効であるが、その原因が特定できるものではない。また、結果が出るまでに時間がかかるので、採用にあたっては生育期間と施工工期との調整を十分に検証した上で試験を行う。

　方法は、試験用土壌に植物（通常はコマツナやハツカダイコンが利用される）の種子を播種し、1か月程度生育させて、発芽の状況（発芽率）と生育状況を観察する。最も重要なことは、供試土壌以外は、全く同条件で問題がないことがわかっている土壌を利用した対照区を設定しておくことである。できれば対照区は「無肥料区」と「標準的な化学肥料（複合肥料の液肥等を用いるとよい）施用区」の2種を設けるとより好ましい。試験する土壌での生育が、対照区の「無肥料区」より劣る状況であれば阻害性ありと判断する。

　なお、当試験方法は、維持管理段階における過剰施肥による生育阻害要因の有無を確認する上でも有効である。

2) 堆肥等有機質肥料の使用量限界を知る生育試験

　よく知られた植物性の堆肥（バーク堆肥等）を除き、堆肥（コンポストも同じ）類、特に畜糞や下水汚泥を原料とした堆肥は過剰に施用すると過剰害を生じることが多い。特に緑化の場合は植栽用土に混ぜて客土としてすぐに利用することが大部分であるから、農業用の元肥用として示された使用量を施すと過剰になる(*)ことが多い。したがって畜糞や下水汚泥を原料とする堆肥類は、混入土壌が根にふれても問題がない使用量の範囲で利用する必要があるが、これらが明確でない場合は、以下のように目的とする有機質資材（特に畜糞系または下水汚泥系の堆肥）の使用限界量を自分で確かめることが望ましい。その方法に標準的な方法はないが、おおむね以下のような手順で実施する。

(*) 元肥用は、施用してからしばらく雨等にあたって過剰塩類等が流れたり、下層土壌に吸収されたりした後に利用することを大前提にしているから、多少過剰に施用しても問題になりにくいが、緑化用は直接根が触れるようなところに直ちに利用するので問題が生じやすい。

a) 土壌を風乾して細土化する（雨にあたらない条件で乾かし、2mm目もしくはそれに近いメッシュの網でふるう）。

b) 肥料も同様に風乾し、土壌と同じような目の篩でふるう。木片等粗大有機物は取り除く。

c) 標準量を想定する。

　　例えば1袋20kgの肥料でカタログに100〜200袋／300坪とある場合は、150袋（3000kg）／1000m² と想定し、1m² あたり3kgとして、深さ20cm耕耘と仮定する（通常は耕耘機の耕耘深さを想定して15〜20cm深を仮定することが一般的である）。したがって、土200Lあたり3kg混合を標準と設定することができる。もしカタログに標準施用量等が明記されていない場合は、製造者に尋ね、なおも不明な場合は、その肥料の使用はリスクが高いため、利用にあたっては再考を行うこと。

d) 標準量を中心に、その1/2、2倍とした量の混合率で土壌を混合撹拌し、ポット等に充填する。その上に1cm程度、未混入の土壌を乗せ、そこにハツカダイコン等供試植物を播種する。対照区の土壌でも同様な作業を行い、生育を観察する。

このような方法で何等かの障害が認められる場合、その量の利用はリスクがあるため行わない。逆にこの手法で得られた限界値であれば、樹木植栽では十分な安全が確保されることが多い。樹木を利用した同様な試験の手法については文献（例えば長谷川、川九1983等）に例がある。

3-1-5 室内試験のための試料採取や分析前の処理

(1) 物理性測定用試料

1) 非攪乱土壌試料の採取

物理性測定の値は、原則として土壌の構造（土壌粒子の結びつきや並び方によってできる団粒等が創り出す固相部分と空隙部分の構造）に強く依存する。例えば空隙の多い土壌は透水性が良いが、同じ土壌を締め固めれば透水性は悪くなる。したがって、現地の状況を知るには現地の土壌構造をそのまま持ち帰る必要がある。そのため、農業分野では容積が100mLのコア容器を利用して、現地で試料を採取することが一般的である（図3-20）。このように現地の状況をそのまま（攪乱せずに）採取した試料を「非攪乱土壌試料」と呼ぶ。

高さ5cm、面積20cm²の金属筒状の容器が100mLコアサンプラーである。両端用の蓋が用意されている。	一方の端がエッジになっているので土に貫入しやすい構造になっている。	このような補助具を用いて、ハンマー等で叩きながら地面に挿入させる。

図3-20　100mLコアサンプラーによる試料採取

2) 攪乱試料による測定の場合

以上のように、適切な容器を用いて現地で土壌を採取しなければ、透水性や保水性（pF測定）測定のための適正な試料は得られない。しかし、何等かの理由で攪乱土壌（ポリ袋に入れ運んだ土）でこれら測定を行う場合もある。例えば、攪乱土壌で入手した土壌の保水性（pF）を測る場合や、最終造成未整備時における将来の締固め時の透水性予測などの場合である。

そのような場合は、あくまでもその事実を明記した上で、「JISA1210の突固め試験装置」により、自然含水状態の検体を1層7.5cm、2.5kgランマーの落下高さ10cm、突固め回数10回の条件で突固め、その中心部から100mLまたは400mLコアサンプラーに採取した試料を用いて測定する。

これは造園学会（2000）に示された手法である。ただし多くの土壌は同じ突き固め条件でも土壌水分によって締まり方が大きく異なることが通例である。したがって本来は土壌毎に締固めの最適含水状態を知った上で締固め試験を行うべきであるが、緑化分野ではその点の

規定が明確になっていない。しかし、少なくとも現地の水分条件と異なる条件で締固めを行っても、実際の現地土壌と同じ締まり具合とはなり得ないことは理解しておく必要がある。

(2) 化学性測定試料
1) 現地における試料の採取と移動

化学分析に必要な試料の量は、分析項目によっては1gに満たない場合もある。したがって不用意に試料を採取すると大きな誤差の原因になることがある。このため、現地では目的とする土壌（土層）を代表する値が得られるように、できるだけ多くの場所から採取して混合する等、平均化する必要がある。

> 【参考】仮に1m³の土があるとする、一見したところすべて同じ土の場合でも、よく見るとわずかに土の色や土粒子が違うような部分が表面上4割程度あると仮定する。その場合は、例えば6割の部分から3か所、4割の部分から2か所というように、全体が平均化するように採取することが必要になる。

そのように採取した試料は、チャック付きのポリ袋等に番号その他（場所・周辺の状況）を記入して持ち帰る。雨の日等ポリ袋が濡れていると油性フェルトペンで書いた文字も消えやすいので、白い紙に鉛筆で濃く書いたラベルを同封しておくと便利である。

採取量は分析項目によって異なるが、検土杖調査では土層別にそれぞれ全量を持ち帰ることもある。土壌断面調査や表層から採取する場合は、pHとEC程度の場合なら礫（2mm以上の土壌粒子）を除いて100gもあればよいので一握り程度が目安となる。多数の化学性分析や土性分析を行う場合は礫を除いた量で0.5～1.0kg程度を目安とする。

2) 試料の前処理（「風乾細土」の用意）

土壌化学性の測定は、いわゆる「土壌分析」である。土壌分析は原則として「風乾細土」を試料とする。「風乾」とは、土をバット（深い四角形の皿）やきれいな新聞紙等の上に広げ、室内で乾燥させることであり、「細土」とは、乾いた土の固まりをきれいな木槌等でほぐした上で、2mm目のふるいでふるって、下に落ちた土（粒径2mm以下の土）である。ただし、実用的に通常の化学性の測定に限っては、2mmに近い目の園芸用ふるいでふるったものでも大きな差異は出にくいことも事実である。特にpHの測定に関しては問題がない。

したがって、採取した土壌は、通常の分析に関しては風乾させておくほうが問題が少ない。外部に分析を依頼する場合も、化学性の分析に限っては風乾土が望ましい。ただし、環境汚染物質が疑われるような場合（悪臭・刺激臭等揮発成分を含むような場合）は、原則として乾燥は行わない。

（3）その他（測定前の必要事項等）

　実際の測定の前に試料の観察や調整が必要な場合がある。これは、試験・測定を自分で行うか、外部に依頼するかに係わらず必要なことが多い。

1）試料の観察

　土壌試験を自分で行うか、外部に依頼するかに係わらず、（風乾を兼ねて）分析用試料を拡げて観察することは<u>必須である</u>。観察事項は、礫や異物の混入状況を主とする。塩類含有土壌などでは、乾燥して結晶等が見える場合もあり、記録しておくとよい。その他、気付いたことも含めてメモまたは写真撮影を行う。クローズアップして撮影しておくと、土性の状況もある程度判断できる。

2）礫含有の状況

　野外観察では、礫（直径または長い方の径が2mm以上の鉱物）含有量は見かけの面積率で決定するが、分析測定では乾燥重量比率で測定する。

　この測定のためには乾燥機や正確な2mm目のふるいが必要であるため、測定が必要な場合は原則として外部に依頼することが多いと考えられるが、事前に礫の状況だけは確認しておくことが望ましい。

3-1-6 やや高度な分析等に関する判断・評価基準

やや高度（専門的）な分析等に関する調査判断・評価基準は、表3-14のようにまとめられる。ただし、より細部に係わる判断においては、標準調査よりもさらに（「重要度」を前提において）総合的見地からの検討が必要であり、必要に応じて専門家の判断も仰ぐべきである。

表3-14　専門的な調査項目の判断・評価基準（表2-19を再掲）

重要度	区分	調査項目	実施条件等	単位	評価 1（良）	評価 2（可）	評価 3（不良）
1	物理性	粒径組成	対象地の主なる土壌で把握	三角座標における範囲（国際法による土性）火山灰土	砂：40～70 粘土：0～20 シルト：15～60 %で囲まれる範囲	砂：30～80 粘土：0～25 シルト：0～70 %で囲まれる範囲	左記以外の範囲
1	物理性	粒径組成	対象地の主なる土壌で把握	三角座標における範囲（国際法による土性）鉱質土壌	砂：80～85 粘土：0～20 シルト：0～20 %で囲まれる範囲	砂：30～90 粘土：0～25 シルト：0～45 %で囲まれる範囲	左記以外の範囲
1	養分	全窒素		g/kg	1.2＜	1.2～0.6	0.6＞
(1)	物理性	礫含有量	土壌調査で礫量が「富む～すこぶる富む」と評価された場合	g/kg	200＞	200～400	400＜
(1)	阻害物質	pH（H₂O₂）	pH（H₂O）＜4	—	4前後	3.5～4程度	3.5＞
(1)	阻害物質	pH（H₂O₂）	pH（H₂O）＜4	—	この値は、酸性硫酸塩土壌である場合の判断基準値であり、pHが4であれば特別な樹種を除き、酸性硫酸塩土壌の有無にかかわらず中和対策は必要である。		
(1)	阻害物質	硫酸イオン	pH（H₂O₂）＜3.5		ほとんど認められない	わずかに認められる	著しい
(1)	阻害物質	硫酸イオン	pH（H₂O₂）＜3.5		pH（H₂O₂）が3.5以下程度で、酸性硫酸塩土壌が疑われる場合、硫酸イオンの存在を塩化バリウム法等でチェックする（硫酸イオンがあれば酸性硫酸塩土壌と見なす）。		
(1)	阻害物質	塩素イオン	EC＞0.5dS/m	g/kg	0.5＞	0.5～2	2＜
(1)	阻害物質	塩素イオン	EC＞0.5dS/m	g/kg	沿岸埋立地等海水起源の塩類汚染が考えられ、ECの値が高い時に、原因追及のためにチェックする。なお、塩素イオンの判断基準については、樹木生育との関係が明確ではないため、この値は参考値である。		
2	物理性	飽和透水係数	対象地の主なる土壌で把握	m/s	10^{-4}＜	10^{-4}～10^{-5}	10^{-5}＞
2	物理性	有効水分保持量	対象地の主なる土壌で把握	L/m³	120＜	120～80	80＞
2	保肥力	塩基性置換容量	対象地の主なる土壌で把握	cmol(+)/kg	20＜	20～6	6＞
2	養分	腐植（全炭素×1.72）	対象地の主なる土壌で把握	g/kg	50＜	10～50	10＞
2	養分	腐植（全炭素×1.72）	対象地の主なる土壌で把握	g/kg	ただし、天然腐植を含む火山灰土客土での条件である。		
3	物理性	固相率	火山灰土	g/kg	200＞	200～300	300＜
3	物理性	固相率	鉱質土壌	g/kg	400＞	400～500	500＜
3	養分	有効態リン酸		mg/kg	200＜	200～100	100＞
3	養分	置換性カルシウム		cmol(+)/kg	5.0＜	5.0～2.5	2.5＞

本判断の基準値等は、日本造園学会（2000）の結果を基礎としている。
注）重要度　1：植栽基盤成立条件の中で重要度が高く、必ず実施すべき項目
　　　　　（1）：出現する確率は比較的低いが、阻害性に関係するため、条件によっては「1」と同等もしくはそれ以上に重要な項目
　　　　　2：把握しておくことが望まれる項目
　　　　　3：必要に応じて、実施することもある項目（ただし、判断基準値は今後の検討を要するとされており、厳密性がある値ではない）

3-2 植栽基盤改良・整備工法（整備工法の具体的技術例）

　ここでは、構造設計から配慮事項の参考として、設計者が植栽基盤設計を行う場合の植栽基盤の具体的改善方策を、各段階での調査・分析結果を踏まえて示した。また、施工段階においては、施工者が現場において配慮すべき事項の確認及び、現場での技術的応用や緊急時の対処方法の参考となるように、技術参考例を整理した。

3-2-1 整備の要点と全体概要
（1）整備の要点
　ここで示す工法の要点はおおむね以下のようになる。

通気透水性の重要さ	：造成地では通気・通水性（透水性）が不良な箇所が極めて多く、整備の最大の要点は、空隙性の高い基盤を整備することであり、それによって排水性、通気・透水性が改善され、初期の根系の伸長、生育に大きな影響を与える。
土壌固結防止の重要さ	：舗装等の土工段階では路床・路盤部分が例外なく締固められるが、大部分の場合、植物の根が伸びられない硬さになる。そのようなところに植穴を掘っても根が広がれないため、春から夏に水分不足で梢端ガレをする例がきわめて多い。しかし、これは設計段階で十分に予知が可能であり、植栽基盤整備の重要課題である。
初期成長の重要さ	：植栽植物は、極めて厳しい条件下で生育していくことが余儀なくされるため、初期の成長の良否が将来的な緑化樹木の生育に大きな影響を及ぼす。
施工時の時間制限	：計画・設計・施工等事業段階毎の役割は限定され、特に施工段階での設計変更の時間的余裕がないため、それら制限を十分に考慮して実際する。

　植栽基盤整備の手順は、計画・設計の段階から「植栽植物が計画空間の中でどのように成長し、どのように構成されるのか」を考え、地上部の成長に必要な植栽基盤（地下部）に配慮し、設計書（植栽基盤設計、特記仕様）として盛り込むことである。さらに、施工段階では現地の状況を踏まえ、設計内容に対する検証・確認を行った上で整備することが望まれる。
　ただし、以下の技術例はあくまでも限られた条件の中で設定を行ったものであり、現場の様々な条件（自然環境、造成等地形条件、土壌特性）に対応すべき事項については、技術者の創意工夫による機能向上とコスト縮減に対する検討を行うことも必要である。

(2) 整備工法

1) 新土木工事積算体系における植栽基盤整備工

　以下では、基盤整備、特に植栽基盤工の計画・設計及び現場施工技術者の設計方針の設定、施工技術者の具体的事例に基づく参考となるように、種別毎の工種を明らかにし、目標となる工種の索引を行いやすいように整理を行った。

　工種は、国土交通省の「新土木工事積算体系」で「植栽基盤工」に該当する工種を踏まえて選定した。この「新土木工事積算体系」は、国土交通省における新しい積算の枠組み作成を目的に工事工種の体系を整理したもので、全体をレベル1～6の階層構造（ツリー構造）で表している。

基本ツリー	レベル1	レベル2	レベル3	レベル4	レベル5	レベル6
	工事区分	工種	種別	細別	規格	積算要素

　このうち、実際の工法に該当する基本単位区分である「レベル4：細別」であり、公園緑地の植栽基盤整備に関しては、表3-15に示す工事工種があげられる。ただし、人工地盤工と造形工に関しては省略した。

　なお、これら工種は、積算業務の透明性・客観性・妥当性等の確保、向上と、積算業務の効率化・合理化等を目的として新たな積算の枠組み作りをめざして構築されたもの[*]であり、施工の技術的な区分とは必ずしも完全に適合するものではない。例えば、表土盛土工については購入盛土と採取盛土では盛土材の費用が大きく異なるので積算の点からは別々の工種と見なされるが、表土盛土技術の点からはほぼ同一と見なせる。したがって、技術面に立脚した工種はこの積算体系とは多少異なるものとなる。

[*]：国土技術政策総合研究所：新土木工事積算大系と積算の実際　－発注者・受注者間の共通認識の形成に向けて－
http://www.nilim.go.jp/lab/pbg/theme/theme2/sekisan/images/kaisetu.pdf

2) 本書で取り扱う植栽基盤改良・整備工法一覧

　これら新土木工事積算体系における植栽基盤整備工の工種を踏まえて、実用的な技術の観点から整理した植栽基盤改良・整備工法を表3-16に示した。以下、本書では、この工法について述べる。

表3-15 新土木工事積算体系における「植栽基盤工」の工種と概要

レベル1 工事区分	レベル2 工種	レベル3 種別	レベル4 細別	レベル5 規格	定義（概要）
基盤整備 公園緑地整備にあたり、地形の改変や地形の納まりに係わる作業の総称	植栽基盤工 植物の生育を促す基盤づくりに係わる作業の総称	透水層工 植栽基盤中の停滞水を排水する透水層に係わる一連作業	開渠排水		植栽基盤の表面水排除のために行う開渠の設置作業
			暗渠排水		植栽基盤の浅層地下水排除のために行う暗渠管等の設置作業
			縦穴排水		不透水層を有する植栽基盤の浅層の地下水排除のために行う縦穴排水の設置作業
		土層改良工 植栽基盤の耕起を行い土中の空気量を高めるとともに、土壌の過湿等を緩和する土量改良に係わる一連作業	普通耕		浅根性の植物が成長するのに必要な土層厚を確保するために、耕耘機等を用い堅固な地盤を土層改良する一連作業
			深耕		深根性の植物が成長するのに必要な土層厚を確保するために、バックホウ等を用い堅固な地盤を土層改良する一連作業
			混層耕		深耕と普通耕を組み合わせて堅固な地盤を土層改良する一連作業
			心土破砕		コンクリートブレーカーやエアコンプレッサを用い、堅固な地盤を土層改良する一連作業
		土性改良工 植栽基盤土壌の物理・化学性を改良する土壌改良に係わる一連作業	土性改良	改良材の種類	植物の生育に不適な土壌を、改良材を用いて土性改良する一連作業
			中和剤施用	中和剤の種類・規格	植物の生育に不適な土壌pHを、中和剤を用いて土壌改良する一連作業
			除塩	除塩剤の種類・規格	塩類濃度の高い土壌を、散水や中和剤等を用い土壌改良する一連作業
			施肥	肥料の種類・規格	養分が不足している土壌を、肥料を用いて土壌改良する一連作業
		表土盛土工 植栽基盤を造成する表土盛土に係わる一連作業	盛土（流用表土）		自工区内で流用する植栽基盤表土による盛土作業
			盛土（発生表土）		工区外で発生した表土の運搬から盛土までの一連作業
			盛土（採取表土）		土取場での掘削、積込から表土の盛土までの一連作業
			盛土（購入表土）		購入土による表土の盛土作業
		人工地盤工	省略		
		造形工	省略		

注：レベル1の「基盤整備」の下にはレベル2として植栽基盤工の他に、施設撤去工・敷地造成工・法面工・公園カルバート工・擁壁工があるが、ここでは省略した。

出典：定義（概要）は、国土交通省都市局公園緑地・景観課：平成24年度（4月改訂版）公園緑地工事用語定義集に従った。
レベル3～5の名称等については国土交通省公園緑地・景観課：公園緑地工事工種体系ツリー図（平成24年10月）による。

3-2-2 植栽基盤の改良・整備工法各論

以下では表3-16に示す各工法について、その要点を示す。なお、以下に示す整備工法については、あくまでも要点を示す手引きあるいは参考であり、常にこの手法を厳守すべきものではない。

また、図中の寸法、使用材料は参考であり、現場の状況に応じて適宜調整を行うこと。材料については、機能を満たす素材に置き換えることは問題ない。

表3-16　植栽基盤改良・整備工法一覧

種別	細別	内容
透水層工（排水工）	開渠排水	植栽基盤の周辺に溝を設置し、地表水の排水を図ると共に、外部からの地表水の流入を防ぐ方法。
	暗渠排水	植栽基盤下部に透水管等を設置し、これにより地中水を排水する方法。
	縦穴排水	植栽基盤下部に不透水層がある植栽樹木の周辺部もしくは植穴下部に縦穴を掘り、その中に透水管や穿孔部に砕石等を挿入・充填し、透水性及び通気性の改善を図る方法。
	心土破砕（硬盤破砕）	有効土層下部の基盤が、岩盤等のように固く固結して、排水性が極端に悪い場合に、下層の硬い層を破砕し排水性を改善する方法。
土層改良工	普通耕（浅層耕耘）	植栽基盤の表層部分をトラクタ等で通常200〜300mm程度を耕起することで、土壌を団塊化して、通気性、透水性を改良するとともに、土壌硬度を改善し、有効土層を拡大する方法。
	深耕（深層耕耘）	植栽基盤の深い有効土層（通常400〜600mm以上）を必要とする場合に行う深層耕起の方法。
土壌改良工	土性改良（土壌改良）	土壌改良材等の混合により土壌の物理性・化学性の改良を行う方法。
	除塩（脱塩）	塩類濃度が高い土壌を、雨水・散水等で塩類濃度を下げる方法。
	施肥	養分不足で貧栄養な基盤に施肥を行い肥沃な土壌に改良する方法。 （施肥は、一般には土壌改良に含まれないが、造園緑化分野では土壌改良として考えることが多い）
表土盛土工（盛土工）	採取表土盛土 表土保全（表層土保全）	良質な採取表（表層土）を使用時期まで保全して利用する方法。
	高植盛土	排水不良対策として小盛土（築山工）を行った場所に植栽する方法。
客土置換工	客土置換	植栽桝や植栽帯等の狭小な場所の基盤、または他の改良工法による整備が困難な場合に、良質土との入替えにより、改善する方法。
通気工	空気管設置	植穴下層から表層へ空気管（通気管）を設置し、根腐れ等を防止する方法。

(1) 透水層工（排水工）

1) 開渠排水（かいきょ）

整備の目的	植栽地や園地内の降水を効率よく排水することで、地表面滞水の発生を低減し、園地利用者の快適性と植栽地の過湿に伴う植栽基盤の機能低下を抑制する。
工法説明	蓋掛けがない水路（「明渠」ともいう）で、主に植栽地の表面排水を行う。 利用者の安全とデザイン（緑地の自由な利用等）に配慮して、幅1,000mm以内、深さ200～300mm程度の溝（水路）を掘ったもの。 開渠排水には、素掘りの他に、張芝、シート張、石張等で排水路が洗掘されないように保護したものや、コンクリートU型側溝、砂溝等がある。 側溝も広義の開渠排水である。
適用範囲	造成工事等における植栽基盤造成範囲の排水処理や、路側等の表面排水処理として流量の少ない仮設排水路に利用する他、植栽地・園地の排水を確保するための恒久的な施設として利用する。
作業手順例・図面等	水路設計 → 安全、デザイン、排水流末位置、高低差等を考慮して、排水路設計を行う。（配置位置の明示、規模（幅、深さ）、排水流末位置、仕様の整理） ↓ 床堀 → 人力・機械の併用等で、掘削後、所定の寸法になるよう掘削する。 ↓ 残土処理 → 人力・機械等による残土の積込み・運搬・敷き均し作業。 ↓ 整形 → 所定の寸法に仕上げ。 ↓ 土羽打ち → 必要に応じて土羽打ちを行う。 ↓ 排水路保護 → 保護材による保護等。 ＊グレーの枠内は必要に応じて生じる工種 ■作業手順は標準的なもので、現場条件等によって設計段階・施工段階において適宜調整を行うこと。
施工上の留意点	流末は、設備設計と調整を行い雨水排水構造物に接続し、効率的な排水を行う。 流末に排水施設がない場合は、浸透桝（貯水層）の設置により歩行面や芝生広場に滞水が発生しないように措置を講じること。
その他工法	●砂溝法 （開渠を透水性のよい砂等で埋めた構造であるため、開渠の一種として考える。砂の他に、砕石や粗朶を使用する場合もある） 植栽地基盤が不透水性である場合に、溝を掘って基盤全体を砂で埋戻し、土壌の透水性及び通気性の改善を図る方法である。砂溝の底は、緩傾斜をつけ排水を図ったり、管渠等の埋設を行えば、より効果的である。溝自体を植栽帯に使用してもよい。 砂溝法の例 留意点：透水性確保の観点からは有効であるが、乾燥害を助長する可能性が高いため、有機質の混合、発生土壌との混合または一部の層に限定する等を検討すること

開渠排水（その２）

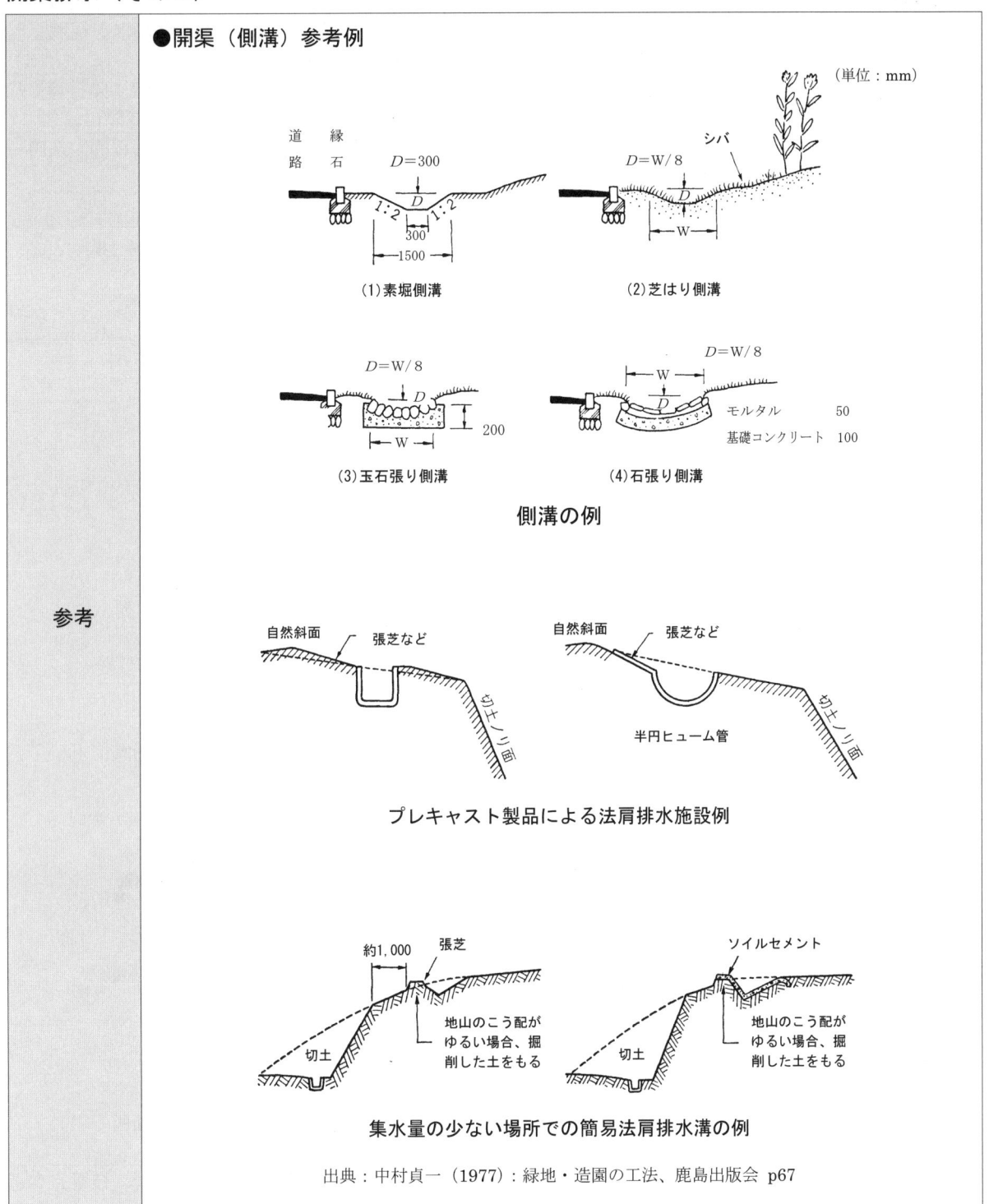

参考	●開渠（側溝）参考例 (単位：mm)

(1) 素堀側溝　　道路縁石　$D=300$　1:2　300　1500

(2) 芝はり側溝　シバ　$D=W/8$　W

(3) 玉石張り側溝　$D=W/8$　W　200

(4) 石張り側溝　$D=W/8$　W　モルタル 50　基礎コンクリート 100

側溝の例

自然斜面　張芝など　切土ノリ面

自然斜面　張芝など　半円ヒューム管　切土ノリ面

プレキャスト製品による法肩排水施設例

約1,000　張芝　地山のこう配がゆるい場合、掘削した土をもる　切土

ソイルセメント　地山のこう配がゆるい場合、掘削した土をもる　切土

集水量の少ない場所での簡易法肩排水溝の例

出典：中村貞一（1977）：緑地・造園の工法、鹿島出版会　p67 |

2) 暗渠排水

目的	植栽基盤下部の不透水層形成に伴う植栽基盤内の地下水、降雨等の余剰水を植栽基盤外部へ効率的に排水を行い、基盤内の滞水を抑制する。
工法説明	植栽基盤の浅層地下水及び表面水排除のため、透水材（フィルター：砂、砕石等）及び透水管（有孔管）等を用い、表面及び基盤内の余剰水を集め、排水処理を行う。
適用範囲	芝生広場等の広い面積の地下水及び表面排水処理、まとまった植栽地（平面、スロープ地）、列植植栽地において効率よく排水を行う場合に適用する。
作業手順例・図面等	**暗渠設計**：排水流末位置、高低差等を考慮して、暗渠排水設計を行う。（配置位置明示、規模（幅、埋設深）、素材（フィルター材、暗渠管）等仕様。 **床堀**：人力・機械の併用等で、掘削後、所定の寸法になるよう掘り下げ。 **残土処理**：人力・機械等による残土の積込み・運搬・敷き均し作業。 **整形・土羽打ち**：所定の寸法に仕上げ。必要に応じて土羽打を行う。 **透水材敷き均し**：透水材：フィルター材（単粒度砕石φ13〜20mm程度）を敷き均す。 **透水管敷設**：人力・機械等による透水管（有孔管）敷設。 **透水材敷き均し**：透水管の上部に透水材（単粒度砕石φ13〜20mm程度）を敷き均す。 **透水シート敷設**：主に人力によるシート敷設（土砂の混入抑制：フィルター機能劣化抑制）。 **表層土敷き均し**：表層土・現地改良土（土壌改良工参照）等を埋め戻し、軽転圧後、敷き均す。 ＊グレーの枠内は必要に応じて生じる工種 ■作業手順及び図面は、標準的で、現場条件等によって設計段階・施工段階において適宜規模・構造等調整を行うこと。 ＊透水管は、経年劣化が少なく、細土の流入が最小限に抑えられる「全面透水型波付管」の利用が望ましい。 ●一般的な暗渠の例 暗渠排水断面図（元基盤／表層土・現地改良土／透水管／透水材(砕石)／透水不良層）　暗渠排水平面図（集水管（本管）／吸水管（枝管）） 特に砂を利用する場合は、特に透水管の構造に留意すること。
施工上の留意点	掘削は、排水方向を確認し下流から上流へ、集水管（本管）から吸水管（枝管）へと進める。 管の設置は、管内への土壌内余剰水の流入を容易にし、かつ土砂の流入を防除するように配慮する。また施工時期は乾燥期が望ましい。 埋戻し土は、土壌の状態を確認し、状況に応じて物理性の改良：透水性確保（(3)土壌改良工参照）により改良した土壌を利用することが望ましい。 法面の下部は、一般的に湧水が多いことから、植栽に際して特に留意すること。 大径木等の植栽において、何らかの事情で根鉢の厚さに相当する暗渠の深さが確保できない場合は、高植えを行う（別記「高植盛土工」参照）。 埋戻し土の転圧は、不陸を整正し、雨水が浸透する程度（S値1.5cm）の適度な硬さに転圧すること。 土壌硬度確認は、透水管等の破損の恐れがない範囲で確認すること。

暗渠排水（その2）

その他工法

●簡易な暗渠排水
部分的な排水や、基盤整備に時間や費用の面で制約がある場合等に適用する方法で、粗朶や砕石等の簡易な素材を用いて行う。

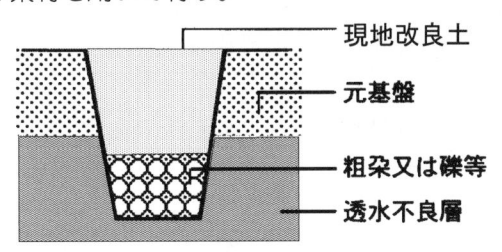

- 現地改良土
- 元基盤
- 粗朶又は礫等
- 透水不良層

簡易な暗渠排水断面図

●植穴暗渠排水
高中木植栽等で面的な改良整備が困難な場合に行う方法で、植穴毎に暗渠管を縦断方向に接続し排水を行う。
流末は、可能な限り雨水排水設備と接続し、効率的な排水を行うこと。

植穴暗渠排水平面図

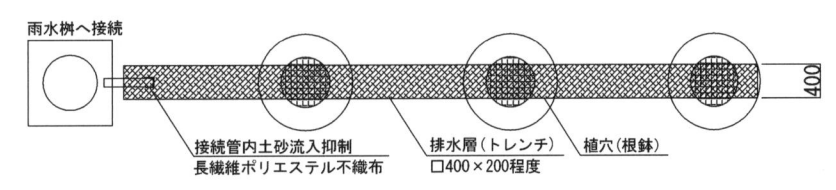

- 雨水桝へ接続
- 接続管内土砂流入抑制 長繊維ポリエステル不織布
- 排水層（トレンチ）□400×200程度
- 植穴（根鉢）
- 400

植穴暗渠排水縦断図

- 雨水桝へ接続
- 接続管vpφ100程度
- 排水層 砕石（φ13〜20mm）
- 600
- 200

標準断面（砕石層のみ）　　標準断面（砕石層＋暗渠排水）

暗渠管（φ100）全面透水型波付き管

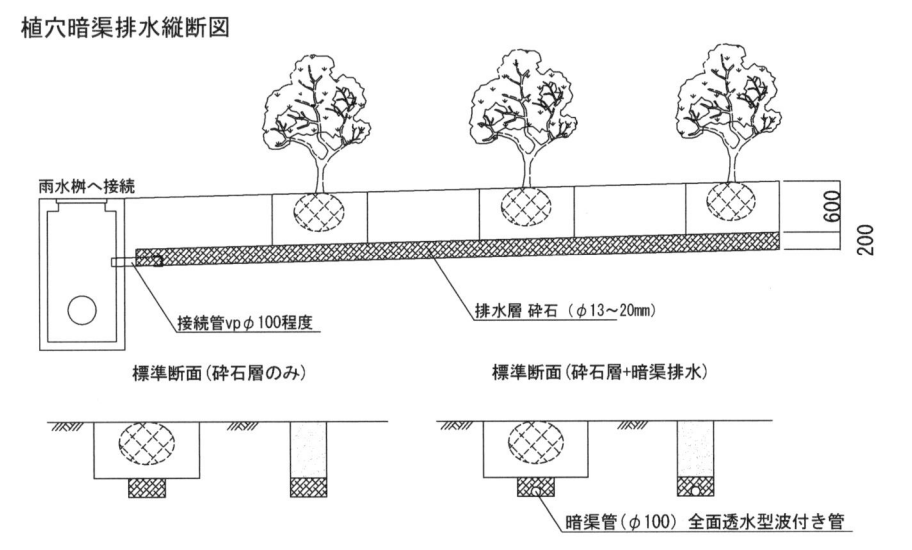

植穴暗渠排水断面図

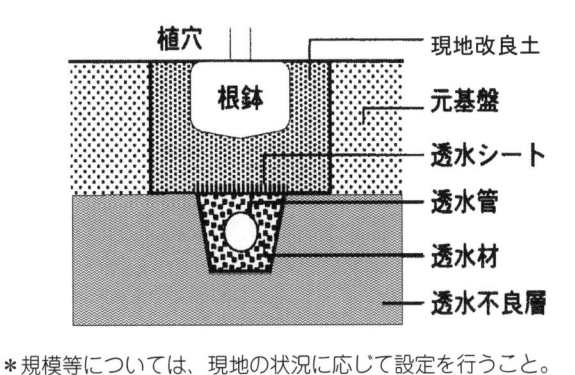

- 植穴
- 根鉢
- 現地改良土
- 元基盤
- 透水シート
- 透水管
- 透水材
- 透水不良層

植穴暗渠排水平面図

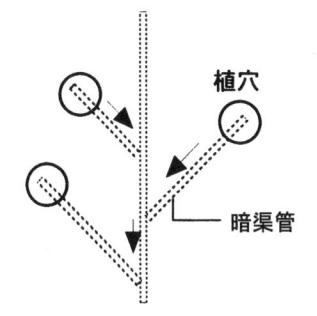

- 植穴
- 暗渠管

＊規模等については、現地の状況に応じて設定を行うこと。

暗渠排水（その3）

その他工法

◇流末に排水構造がない場合

流末部に排水構造がなく、余剰水処理が効率よくできない場合の対応として、流末部に浸透桝（貯留槽）の設置を行う。

底盤部に不透水層が存在する場合は、現地の地盤状況を確認し、浸透桝（貯留槽）下部に不透水層穿孔（縦穴排水参照）または、心土破砕（心土破砕参照）による排水に配慮した設計と施工を行うこと。

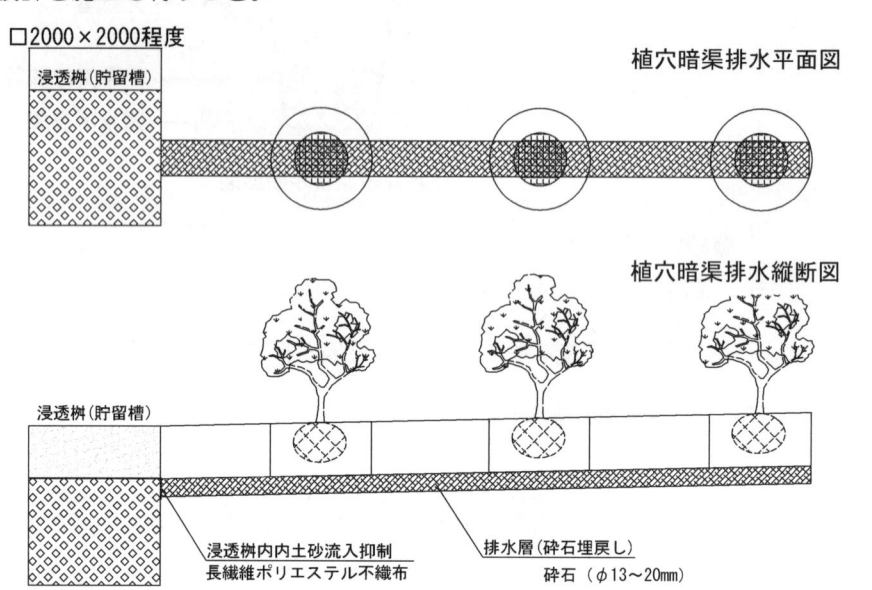

□2000×2000程度

植穴暗渠排水平面図

植穴暗渠排水縦断図

浸透桝（貯留槽）
浸透桝内土砂流入抑制 長繊維ポリエステル不織布
排水層（砕石埋戻し） 砕石（φ13～20mm）

●筋堀排水溝

高中木植栽等で面的な改良整備が困難な場合に行う方法で、筋堀全体を植栽基盤としてとらえ、基盤底部の不陸を整正したうえで勾配を確保し、物理性改良を行った基盤土壌を埋め戻し、動水勾配により排水する方法と透水管による排水方法を選択する。流末は、雨水排水設備と接続し、効率的な排水を行う。

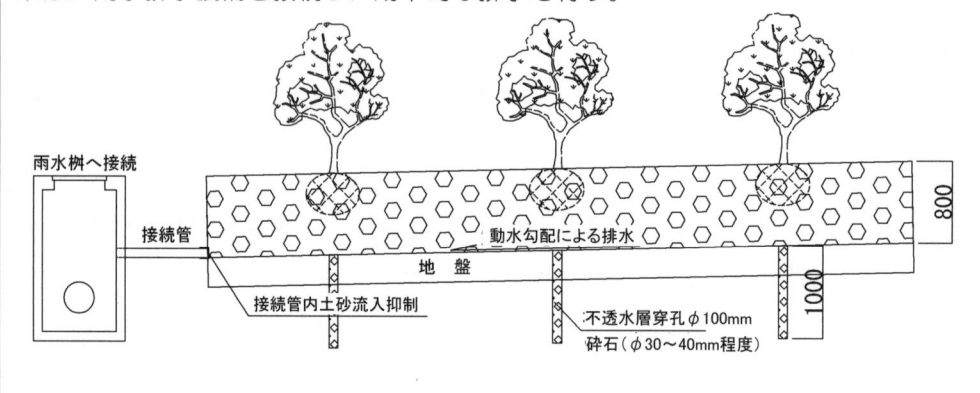

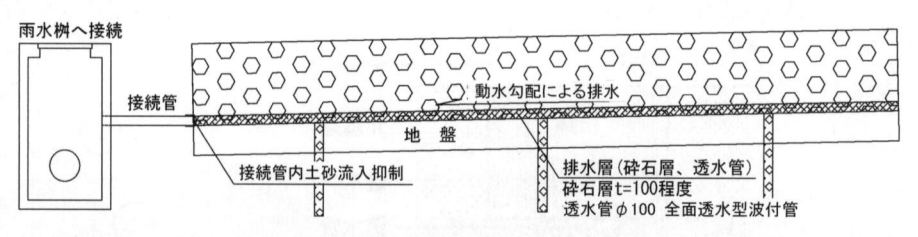

雨水桝へ接続
接続管
接続管内土砂流入抑制
動水勾配による排水
地盤
不透水層穿孔φ100mm
砕石（φ30～40mm程度）
800
1000

雨水桝へ接続
接続管
接続管内土砂流入抑制
動水勾配による排水
地盤
排水層（砕石層、透水管）
砕石層t=100程度
透水管φ100 全面透水型波付管

土壌改良は、現地の土壌分析に基づき、適切な土壌改良方法で改良された土壌を利用する。土壌改良については、(3) 土壌改良を参照すること。

現地の状況に応じて、排水効率の向上を目的とした排水層 t=100mmを設置する場合は、筋堀底部に単粒度砕石（φ13～20mm）を敷設すること。

不透水層が顕著な場合は、不透水層穿孔（縦穴排水参照）による排水を検討すること。

暗渠排水（その４）

その他工法

●法面部暗渠排水
　盛土法面（法面勾配1：2.0～1：3.0程度）において、法面の安定上、全面改良を行うことができない場合で、転圧により締固められた基盤における効果的排水を行う。
植栽の配植方法により、単独による排水とするか、植穴を連結させ効率的に排水を行うか、植栽計画に基づき排水構造を決定する。

(1)単独排水の場合

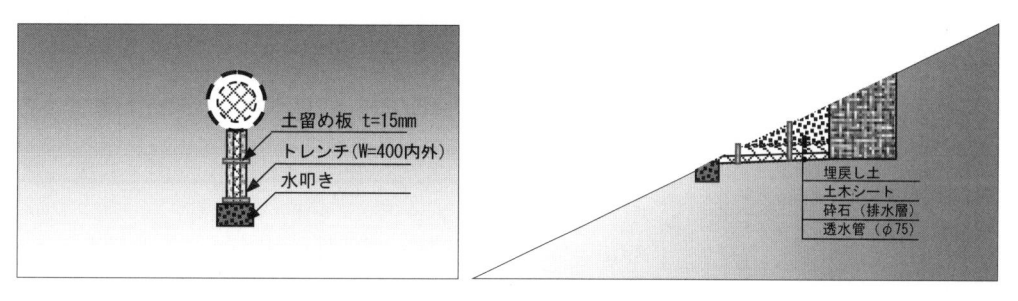

法面部単独排水・暗渠排水平面・断面図

＊埋戻し土は、現地土壌の状態を確認した上で掘削土を適切な改良方法（保水性も考慮すること）により改良された土壌を利用すること。
＊埋戻し土の崩落抑制のための土留め（板材等の設置）の検討を行うこと。
＊排水層は、単粒度砕石（φ13～20mm程度）とする。
＊排水流末部は必ず水叩きを設置し、洗掘抑制に配慮すること。

(2)連結排水の場合

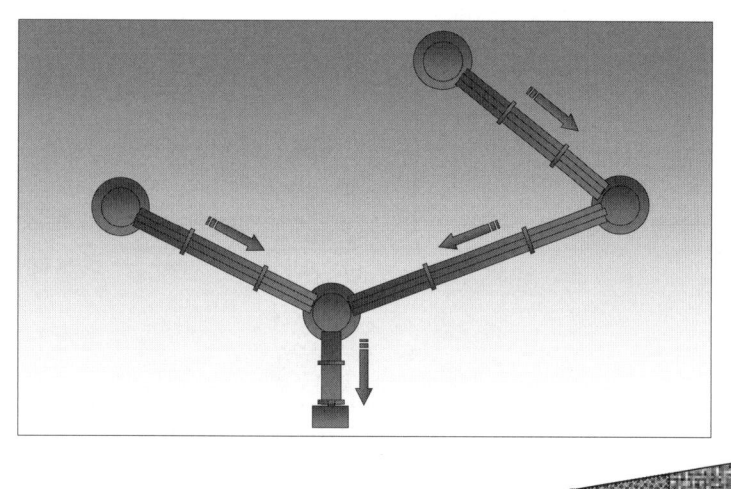

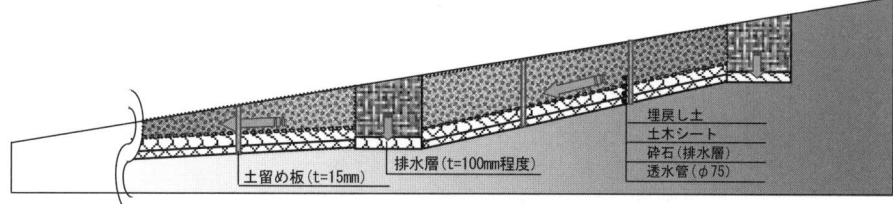

法面部連結排水・暗渠排水平面・断面図

＊流末部は、排水構造物への接続が望ましいが、構造物への接続が不可能な場合は、単独排水と同様に、流出部に水叩きを配置すること。
＊各工法ともに、埋戻しの転圧にあたっては、法面の安定を前提に転圧を行うこと。転圧は、法面表層を整正し、雨水が浸透する程度（S値1.5cm）の適度な硬さに転圧することを原則とし、降雨による洗掘、崩落が発生しない程度に締固めを行うこと。

3）縦穴排水

目的	不透水層が存在する地盤で、不透水層を貫通する縦穴を掘削し、植穴内の地下水、降水を速やかに排水し、植穴内の過湿、根腐れを抑制する。
工法説明	不透水層を有する地盤に対して透水孔（φ100mm程度）を設け、孔に透水材（単粒度砕石φ30～40mm程度）を充填し、植穴下部に停滞する水を透水層に浸透させ、透過排水処理を行う。
適用範囲	不透水層（事前調査により不透水層の位置、範囲、不透水層厚の確認を行う）を有する単木植栽等の狭い面積の透過排水処理に適用する。 植栽対象地が比較的堅く透水不良な地盤の植栽基盤形成に有効である。
作業手順例・図面等	**オーガー掘削**：小型オーガー等を用いて、透水層に達するか、少なくとも根鉢下部の滞水を避けるだけの孔（φ100mm程度）を穿孔する（掘削深は現場の不透水層厚による）。 ↓ **残土処理**：人力・機械等による残土の積込み・運搬・敷き均し作業。 ↓ **透水材充填**：所定の寸法まで透水材（単粒度砕石（φ30～40mm程度）を充填する。 ＊ グレーの枠内 は必要に応じて生じる工種 ■作業手順及び図面は標準的なもので、現場条件等によって設計段階・施工段階において適宜規模・構造等調整を行うこと。 ●一般的な縦穴排水の例 植穴の縦穴排水断面図 （植穴／元基盤／根鉢／透水シート＋アンカー止／透水材（砕石）／透水不良層／透水層）
施工上の留意点	縦穴排水は、植穴下部にある不透水層を透水層まで小型アースオーガー等で穿孔し、排水することを原則とし、排水の可能性について、事前に不透水層の厚さを確認することが重要である。 確認調査の結果を受け、掘削深ならびに穿孔本数を決定する。 現場確認調査の結果、設計数量（掘削深、本数）と大幅に異なる場合は、監督者と協議のうえで変更を行うこと。 透水材には、単粒度砕石（φ30～40mm程度）を利用し、沈下が発生しない程度に軽く転圧する程度とし、間詰めを行わないこと。 縦穴上部は土砂の流入を抑制する透水シートを最小限の範囲（＊）で敷設し、植穴底部の不陸を整正したうえでアンカーピン等で透水シートを固定すること。 （＊）透水シートは、砕石層への土砂の流入抑制機能を持つが、一方では根の侵入阻害要因となるため植穴底部において最小限の範囲にとどめることが望ましい。

4）心土破砕（硬盤破砕）

目的	不透水層のうち、極度に固結した地盤や岩盤等、小型アースオーガーでは対応できない箇所で、不透水層の改善を図り植穴内、植栽帯内の地下水、降水を速やかに排水し、植穴内の過湿、根腐れを抑制する。
工法説明	心土破砕は、硬い不透水層を有する下層地盤に対して、コンクリートブレーカー等（規模や状況によっては、リッパー、サブロイラー等）により、固結した地盤を破砕し、排水処理を行うものである。農業用機械の走行等で生じる硬い地盤（硬盤）を破砕して農地を改良する場合に「硬盤破砕」と呼ばれることもある。
適用範囲	岩盤等の固結した不透水層を有する場合の、透過排水処理としての排水層作業で、下層地盤にのみ適用する。 植栽対象地が締固めにより固結した下層地盤等で不透水が顕著な空隙の少ない岩盤層の範囲で有効である。
作業手順・図面等	床堀 → 人力または機械の併用により、破砕する下層の範囲まで掘り下げる。 心土破砕 → ブレーカー等を使用して心土（岩盤層）の破砕を行う。 整地 → 人力または機械の併用により、破砕面の不陸を整正する。 埋戻し → 人力または機械の併用により、所定の寸法になるように掘削土を埋戻して敷き均す。 ■作業手順は標準的なもので、現場条件等によって設計段階・施工段階において適宜規模・構造等調整を行うこと。 ■事前調査の実施：事前調査において、造成段階でのヒアリング、現場状況確認（掘削断面）を通して、不透水層の存在と状態を確認し、設計に反映する。 ■設計段階での配慮：不透水層厚については、想定される層厚を明記し、数量として整理を行い、施工段階における大きな誤差がないように配慮する。 具体的設計では、面的植栽基盤改良、単独植穴改良方法の検討結果を踏まえ、必要な規模（箇所数または施工面積、破砕厚）を設定する。 破砕後の不透水層の処理方法（撤去、砕石埋戻し等）を明確にする。
施工上の留意点	設計図書に基づき、不透水層の確認と試掘による不透水層厚を確認する。層厚等が設計と大幅に異なる場合は、監督者と協議のうえ変更を行うこと。 破砕後の不透水層材については、現場の状況を確認し、撤去処分とするか、砕いた状態で現場再利用を行うか判断する。 岩盤以外の土壌固結の場合は、破砕により解した一部を掘削し、単粒度砕石（φ40mm程度）で透水層面から300mm程度を置き換え、上部に解したこぶし大の土壌を埋戻しフィルターとして利用すること。 砕石の埋戻しにあたっては、強転圧を行わず、沈下が発生しない程度に空隙を十分に確保し軽転圧を行うこと。 砕石層の排水機能低下が予測される場合は、別途縦穴排水（埋戻し後に一部掘削し、単粒度砕石φ30～40mm程度を充填）を組み合わせ植穴下部との連続性を確保すること。

(2) 土層改良工

1) 普通耕（浅層耕耘）

目的	植栽初期の根系発達促進を目的とし、表層300mmの粗耕起により土壌硬度、通気・通水機能の改善を図ることを目的とし、低コストによる植栽基盤の改善をはかる。
工法説明	浅層耕耘は、トラクタ（「耕耘機」を含む。耕耘部の方式は種々のものがある）等を使用して堅固な地盤を耕耘し、整地・整形により植生基盤を改良する。
適用範囲	植栽基盤が比較的透水機能を有している場合に効果がある。 地被・草花類及び張芝植栽において、植栽地盤が堅固なため根系の生育を阻害する場合の浅層耕運作業に適用する。 初期の高木・中木植栽の根系伸長を阻害する表層部の通気・通水性、土壌硬度の改善に適用する。
作業手順例・図面等	［土壌改良材／肥料撒きだし］ 土壌改良材等を規定量撒きだしする（(3)土壌改良工参照）。 ［耕耘］ トラクタ等耕耘機械を使用して耕耘する。 ［軽転圧］ 機械等で表面を軽く転圧する（あくまでも軽度、改良効果の保全）。 ［表面仕上げ］ 人力または機械との併用により、植栽基盤面の不陸を整正する。必要に応じて礫、雑草根等を除去する。 ＊グレーの枠内は必要に応じて生じる工種 ■作業手順及び図面は標準的なもので、現場条件等によって設計段階・施工段階において適宜規模・構造等調整を行うこと。 植栽地全面浅層耕耘 植鉢の約半分の耕耘 完全な遮水層の改善には至らない。 初期の根系発達を目的 ※植鉢は、標準的な緑化植栽樹木の規格に基づく植穴高を想定 バックホウ・耕耘機による耕耘 耕耘深：概ね植鉢の1/2
施工上の留意点	耕耘にあたっては、土壌がある程度乾燥した状態で施工する。 浅層耕耘の深さは、耕耘機械の性能と土壌の質によって異なるが、200～300mm（最大）程度とし、ガラ、礫混じり土では、トラクタによる耕耘が不可能な場合があり、この場合は、小型バックホウを利用し、過度な表層土の転圧を避けること。 生育に支障を来たす、雑芥、ガラ等は排除すること。 現場土壌の状況を確認し、改良に必要な工法・改良資材を選択すること。 改良部は、不陸を整正し、雨水が浸透する程度（S値1.5cm）の適度な硬さに転圧すること。 施工後の確認調査は、特記仕様書等に基づき実施すること。

2）深耕（深層耕耘）

項目	内容
目的	将来的な緑化植物の良好な生育の維持・植栽基盤環境の維持を目的とし、植栽基盤全層を粗耕起することで、造成等により締固められた基盤の物理的改善を行い、通気・透水性の改善を図り、緑化植物の健全な生育を促進する。
工法説明	深層耕運は、主に中型バックホウを使用して浅層耕運では困難な深度の堅固で、透水機能が低下した地盤を耕耘し、整地・整形することにより植生基盤を改良する。
適用範囲	比較的まとまった植栽地で、平坦からスロープ造成（1：5（11%）以上）の敷地を対象。緑化樹植栽地において、植栽基盤が堅固で、土壌物理性が低下し、根系の生育を阻害する可能性が高い場合に深層耕運作業を適用する。
作業手順例・図面等	［土壌改良材／肥料撒きだし］→土壌改良材等を規定量撒きだしする（(3) 土壌改良工参照）。 ［耕耘］→小型〜中型バックホウ等を使用して耕耘する。 ［軽転圧］→小型ブルドーザ等で耕耘面を軽く転圧する（あくまでも軽度、改良結果を保全しブル転圧は行わず、埋戻しとバケットによる抑え程度とする場合もある）。 ［表面仕上げ］→人力または機械との併用により、植栽基盤面の不陸を整正する。必要に応じて礫、雑草根等を除去する。 ＊ グレーの枠内 は必要に応じて生じる工種 ■作業手順、後述の図面は、標準的なもので、現場条件等によって設計段階・施工段階において適宜規模・構造等調整を行うこと。
施工上の留意点	一般的に深層耕耘には、バックホウが用いられる。バックホウによって耕耘される土塊の大きさは、土壌の性質によって異なるが、土壌空隙を確保するように配慮する。 耕耘時に、透水性、保水性改良を目的として土壌改良材を混入する場合、必要以上に均一に混ぜることを避け、土塊と土塊の間に改良材をすき込む施工方法に配慮する。 深層耕耘にあたっては、重機による過転圧を避け、原則として後退方向の施工とし、耕耘表面を均しながら仕上げること。転圧の程度は、雨水が浸透する程度（S値1.5cm）の適度な硬さに転圧すること。 施工後の確認調査は、特記仕様書等に基づき実施すること。
その他工法	●浅層耕運＋層耕運 全層土壌物理性改良構造に対して、深層部は粗起こしによる硬度改善のみとし、浅層部分について、改良に必要な改良材を混合し、土壌物理性の改善と機能低下を抑制する。

深耕（深層耕耘）（その2）

その他工法	●深層耕耘＋排水層 　深層耕耘による土壌物理性の改良（改良目標に適応した改良材の混合）とともに、排水層（縦樋と水平排水層）を確保し効率的に植栽基盤内の滞水を排除し、緑化植物の根系発達阻害要因を抑制することで、良好な植栽基盤環境の形成を行う。 　標準構造に比べ、コスト・施工面での課題が残されるため、導入にあたっては、高度植栽基盤の形成段階においてのみ構造の検討を行うこと。 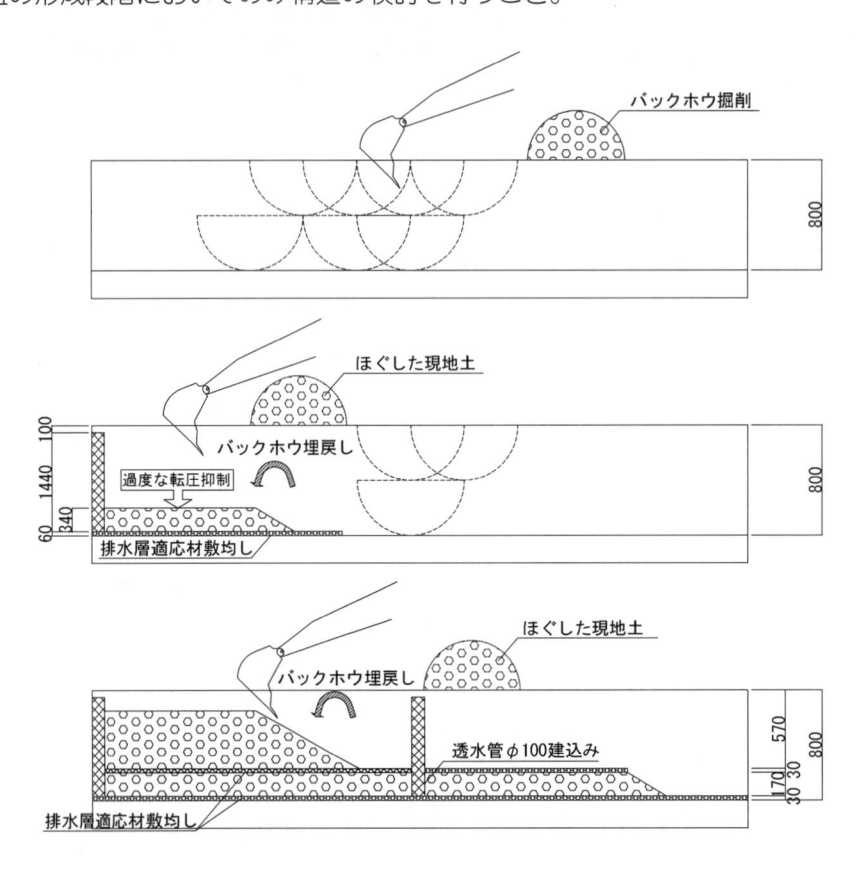 （図：バックホウ掘削、ほぐした現地土、バックホウ埋戻し、過度な転圧抑制、排水層適応材敷均し、透水管φ100建込み） 【設計・施工の留意点】 ■各工法ともに、地勢条件を把握し、表面排水の処理方法を検討すること。 　流末排水については、雨水排水施設との接続を検討すること。 ■縦樋については、全面透水型波付管φ100mmを採用し、内部に単粒度砕石（φ20〜30mm）を充填する。配置距離は、5.0ｍに1か所程度とし、水平排水層と接続するように配慮する。 ■水平排水層は、層厚を30〜50mm程度確保し、一般的な緑化植物植穴深の600mm程度の位置と植栽基盤底部の2層を確保する。排水層は、単粒度砕石（φ13〜20mm程度）を敷均す程度とし、過度な転圧をかけないこと。 ■転圧は、不陸を整正し、雨水が浸透する程度（S値1.5cm）の適度な硬さに転圧すること。 ■施工後の確認調査は、特記仕様書等に基づき実施すること。

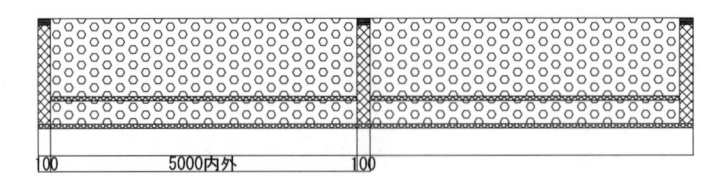

(3) 土壌改良工

1) 土性改良（土壌改良）

目的	植栽基盤土壌の物理・化学性の劣化により、将来的に緑化植物の生育阻害を起こす可能性のある土壌を経年劣化のない改良材により、良好な植栽基盤構造に改善する。
工法説明 （設計内容）	現場発生土と土壌改良材（改良目的に適合した改良資材）を混合・耕耘・撹拌し、整地・整形することにより植栽基盤を改良する。 【改良材別検討】 (1) 通気・通水性（透水性）：改良材は土壌硬度の改善と気相率の向上を目的とした改良材を選択する。 　地域的に入手容易な改良資材が入手できる場合は、既存知見にこだわらず費用対効果について十分に検証して、導入検討を行うこと。 　施用量は、容積比10〜20％（最大施用量）を目安として設定する。 (2) 保水性：改良材は保水機能を持つ多孔質素材と共に有機質を混合することが望まれる。 　保水性の改良には、真珠岩パーライト、バーミキュライト等が最も有効的である。 　施用量は容積比10〜20％（最大施用量）を目安として設定する。 (3) 化学性改良：有機質資材の投入による土壌科学性の改善 　◇下水道汚泥コンポスト：最大施用量　容積比5％ 　◇木質系堆肥（完熟に限る）：施用量　容積比10〜20％ 　◇動物性堆肥（牛糞、豚糞、鶏糞）等複合堆肥：堆肥種類・製造過程により成分比が異なるため、目的に応じた堆肥を選択し、製品の適正施用量を超えない範囲とする。
適用範囲	土壌分析・測定結果を踏まえ、現場発生土が良好な植栽基盤土壌として適合しない場合、物理・化学性の改良により改良効果が認められる場合に行う。 　過度な転圧や泥濘化した土壌では、通気・通水性の不良が顕著となりこれらの物理的改善が重要な要件となる。 　土壌種によっては、他の土壌に比べ透水機能は高く、保水性の改良が必要な土壌もあるため、土壌の状態を観察または分析を行い、土壌の状態に応じた適切な改良方法（状況に応じて透水性改良も含む）を選択することが重要である。 　化学性の面からは、土壌全般的に養分の不足による生育への影響が懸念され、初期の生育課題の低減、将来的な植栽基盤の維持管理費の低減を目的とした植栽基盤形成には、基盤形成段階において配慮すべき事項となる。
作業手順・図面等	原則として、各種改良工法の作業手順に準じる。 植栽基盤土の掘削：バックホウにより固結した土壌を解し、土塊を適正な大きさに砕く ↓ 混合・撹拌：土塊に改良材が埋没することを避け、土塊の空隙部に改良材が充填されるように漉き込む。有機質改良材の施用にあたっては、基盤全体の混合を前提とする。 ↓ 軽転圧：接地圧の低いブルドーザー等で耕耘表面を軽く転圧する。 ↓ 表面仕上げ：人力または機械との併用により、植栽基盤面の不陸を整正する。必要に応じて礫、雑草等を除去することも含まれる。 ＊グレーの枠内は必要に応じて生じる工種
施工上の留意点	透水性の悪い土壌に有機質系改良材等を投入する場合、底部の排水性が悪いと、土壌の還元状態による植物の枯損原因となるため、排水性を十分に確保すること。 　土壌改良材の選定に際しては、種類により効果が異なるため、土壌条件（現地土壌の調査・分析結果）を十分に踏まえ、使用する種類や組み合わせ、施用量を決定する。 　改良材の効果を最大限に活かすためには、混合にあたって、土塊内に改良材が埋没するのを避け、土塊空隙部に漉き込むように施用する。 　地上部で混合を行う場合は、土塊を乾燥させこぶし大に解し均一に混合する。土塊内に改良材が埋没する状況が認められた場合は、改めて混合方法を検討すること。

2）除塩（脱塩）

目的	緑化植物の生育に支障を及ぼす高濃度の塩類を除去し、適正な電気伝導度（EC）に調整し、植栽基盤土として適応した状態に改善する。
工法説明	塩類濃度の高い土壌を、散水や中和剤等を用いて生育障害の要因となる塩類を溶脱させる作業。
適用範囲	土壌分析の結果、植栽基盤の塩類濃度（EC等で確認）が植物の生育に不適と判断された場合に適用する。 改良目標は、電気伝導度（EC）は、0.5dS/m以下であることを確認する。
作業手順・図面等	［粗耕起または仮置盛土］　現地盤下層からの排水が可能な場合で、土壌の透水性に問題がある場合は、粗耕起をする。下層からの排水が不可能な場合は、当該土壌を仮置盛土する。 ↓ ［雨水または散水による脱塩］　雨水または散水により、脱塩する。排水は仮設水路等を作り、定期的にECを測定して、脱塩効果を確認する。 ↓ ［軽転圧・表面仕上げまたは土壌運搬］　現地盤の除塩の場合は、軽転圧・仕上げ。仮置盛土の場合は、目的の場所へ運搬。 ■作業手順は標準的なもので、現場条件等によって設計段階・施工段階において適宜規模・構造等調整を行うこと。
施工上の留意点	除塩作業にあたっては、該当する土壌の排水性（透水性）確保が重要である。空隙の小さい状態では、内部浸透が少なく、効果が得られにくい。十分にほぐした状態もしくは、φ100～200mm程度の大きさに破砕し、極力流水断面を大きく確保することが必要となる。 効果が現れるまでに時間がかかるので、工期の余裕を見て工法の採用を決定する。 排水に高い濃度の塩分が含まれることがあるので、周辺基盤への流出、場外流出による影響を抑制するための排水対策に注意する。

3）施肥

目的	土壌改良による有機質改良材とは別に、植栽初期の生育管理を目的として実施するもので、維持管理段階における肥培管理もある。
作業内容	養分不足の土壌（現地土または植栽基盤改良土）と肥料を混合・耕耘・撹拌して、植栽基盤を改良する。 （「施肥」を土壌改良の分野としてとらえるのは、土木建設系固有の区分。通常、農業分野では「施肥」は土壌改良には含まない）
適用範囲	土色等からの判断、または土壌分析によって植栽基盤の養分が植物の生育に適さないと判断された場合に適用する。
作業手順・図面等	①スポット的な整備としての施肥（固形肥料） 　肥料施用　　固形肥料の場合は、植付時の植穴埋戻しと同時に施用する。 ②面的整備としての施肥（粒状肥料（液肥を含む）） 　肥料散布　　肥料が液状の場合は施用箇所に規定量をエンジンスプレー等を用い、粒状その他固形〜粉状の場合は人力・散布器・マニュアスプレッダー等にて均一に散布する。 　↓ 　混合・撹拌　現地土と肥料を混合する作業。混合が20cm程度までは耕耘機を使用し、それ以上はバックホウ等を使用する。 　↓ 　軽転圧　　　接地圧の低いブルドーザー等で耕耘表面を軽く転圧する。 　↓ 　表面仕上げ　人力または機械との併用により、植栽基盤面の不陸を整正する。必要に応じて礫、雑草等を除去することも含まれる。 ＊グレーの枠内は必要に応じて生じる工種 ■作業手順は標準的なもので、現場条件等によって大きく変化する。
施工上の留意点	有機質による土壌改良を行った場合、有機質の種類によっては、分解過程で窒素が欠乏することから、使用する有機質の特性を十分考慮して使用する肥料の種類と量を決定する。 　固形肥料は、下層基盤上部の肥料が直接根鉢に触れない根鉢周辺部に均等に施用する。粒状等肥料の混合層は、原則として上層に相当する土層を対象とする。 　排水不良の箇所では、施肥は還元状態を誘発する場合もあるため、排水（土壌の透水性と植穴底部の排水）に十分留意する。

施肥（その2）

その他工法

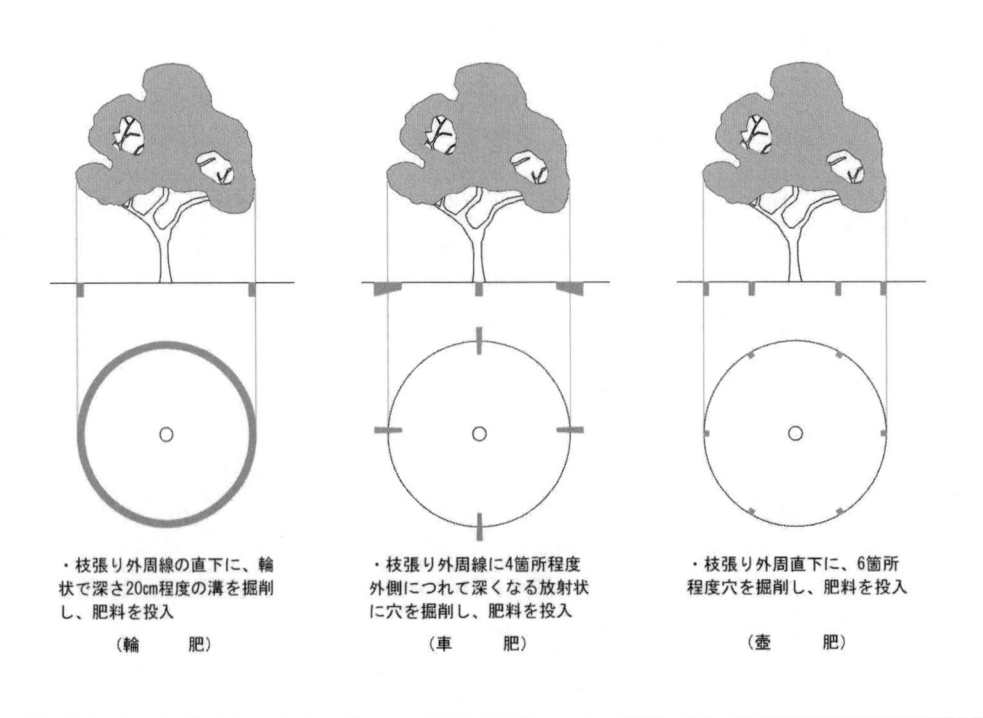

維持管理段階における施肥

施肥の位置：施肥の位置は高木種、中・低木種、生垣のすべてのタイプに該当し、細根の伸長に適合した深さ、下枝の張り方（枝張り投影位置）に応じた距離により決定すること。また、樹木の根は、肥料の濃度障害を受けやすいので、肥料の濃度、溶解速度等を勘案し、適正な施肥位置を設定すること。

高木施肥

概要	輪肥（わごえ）、車肥（くるまごえ）、壺肥（つぼごえ）がある。元肥は車肥、壺肥、追肥では、輪肥が一般的である。
輪肥	樹木主幹を中心に、葉張り外周線の地上投影部分に深さ200mm、幅100～200mm（樹木の根系状況、作業性）程度の溝を輪状に掘削し、溝底に所定の肥料を均等に敷込み覆土する。溝の掘削の際は、根を傷めないように注意し、細根の密生している場合は、その外側に溝を掘る。
車肥	樹木主幹から車輪の輻（や）のように放射状に溝を掘削する。溝は外側に向けて幅を広く、かつ深く掘削し、溝底に所定の肥料を均等に敷き込み覆土を行う。一般的に溝の深さは150～200mm程度、溝の長さは600mm程度で、葉張り外周線の下部に溝の中心がくるように設定する。
壺肥	樹木主幹を中心に、葉張り外周線の地上投影部分に放射状に縦穴を6か所程度掘削し、穴底に所定の肥料を投入し覆土を行う。縦穴の掘削深は200mm、一辺200mm程度とする。
その他	植栽後1年以内、剪定直後の樹木で、枝張り外周線が不明な場合は、溝、穴の中心位置が樹幹中心より根元直径の5倍の位置に設定する。

・枝張り外周線の直下に、輪状で深さ20cm程度の溝を掘削し、肥料を投入

（輪　肥）

・枝張り外周線に4箇所程度　外側につれて深くなる放射状に穴を掘削し、肥料を投入

（車　肥）

・枝張り外周直下に、6箇所程度穴を掘削し、肥料を投入

（壺　肥）

施肥（その３）

その他工法

生垣施肥

寒肥	生垣の両側に縦穴を1か所ずつけい2か所／1本を掘削し、穴底に所定の肥料を投入し覆土する。縦穴の深さ200mm、一辺200mm程度とする。
追肥	生垣の両側に平行に深さ200mm程度、幅100～200mm程度の溝を掘削し、底に所定の肥料を均等に敷込み覆土する。樹勢の状態により施肥量を増減する。

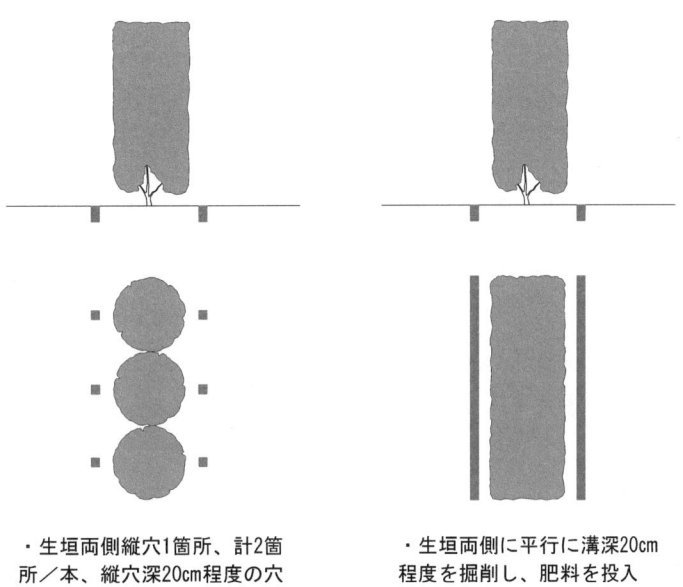

・生垣両側縦穴1箇所、計2箇所／本、縦穴深20cm程度の穴を掘削し、肥料を投入
（寒　肥）

・生垣両側に平行に溝深20cm程度を掘削し、肥料を投入
（追　肥）

中木・低木施肥

1本立ち及び小規模寄植	輪肥、壺肥とし、方法は高木施肥に準じる。縦穴、溝深は、200mm程度とする。
列植	生垣施肥に準じる。
群植、大規模な寄植	有機質肥料では3か所／1m^{2}の縦穴を掘削し、穴底に所定の肥料を投入し覆土を行う。化成肥料の場合は、植込内の表土部に均一に散布する。

(4) 表土盛土工（盛土工）

1) 採取表土盛土　表土保全（表層土保全）

目的	埋土種子をはじめ土壌微生物の保全を目的とした表層土の活用を行い、生態系の再構築システムとして積極的に取り組む。
作業内容	良質な表土（表層土）を指定した土取り場で掘削積み込みし、必要に応じて仮置き保存（表土保全）を行い、所定の位置へ運搬し、植栽基盤の（上層用として）表面に撒きだし盛土、敷均し、軽転圧、整形を行う。
適用範囲	公園・緑地造成地内で、事前の調査（分析）結果、化学性の課題、土壌汚染が認められない場合、植栽基盤への利用量を確保するに必要な、表土（表層土）採取範囲を設定し、物理性の劣化が発生しないような措置を講じたストックヤードを、計画区域内に確保すること。 現地に有用な表土（表層土）が確保できない場合（特に埋立造成地）の場合は、他の公共事業等で有用な表土（表層土）が確保可能な箇所より運搬距離を考慮したうえで植栽基盤用土に利用する。 他の公共工事との連携が可能な場合には、積極的に活用を図ることが望ましいが、成分、阻害性に対するチェックを十分に行うこと。
作業手順・図面等	**表土（表層土）採取 積込・運搬**：主にバックホウを用いて直径300mm以上の根株を抜根・除根した後、掘削採取しダンプ車に積み込み運搬する。表層剥土や段切り施工の場合にはショベル系掘削機か接地圧の低いブルドーザーを用いて集積後に運搬する。いずれの場合も採取予定場所を踏み荒らして土壌構造を壊さないよう注意する。 ↓ **仮置き盛土**：仮置き表土（表層土）は、バックホウで過度の転圧をかけないよう高さ1.5〜3.0m（最大）に積み上げる。表面は雨水の侵入や表面侵食を防止するため、土の構造が壊れない程度に軽く転圧する。2.5mより高く積み上げる場合には通気・排水対策を講じる。 仮置きが長期に亘る場合は、仮置き場の周囲に素掘り側溝を設置したり、仮置き地盤底部に排水勾配2〜4%の両側排水を確保したり、土木シート等で表面を覆う等、土壌物理性の劣化抑制対策を講じる。 ↓ **積込・運搬**：表土（表層土）を積込み、利用場所に運搬する。 ↓ **敷き均し・軽転圧**：表土（表層土）を敷き均し、軽い転圧をかける。 ↓ **表面仕上げ**：人力または機械との併用により、植栽基盤面の不陸を整正する。必要に応じて礫、雑草等を除去することも含まれる。 ＊グレーの枠内は必要に応じて生じる工種 ■作業手順は標準的なもので、現場条件等によって設計段階・施工段階において適宜規模・構造等調整を行うこと。
施工上の留意点	①採取表土（表層土）を盛土で使用する土壌は、植栽する植物の生育に適したもので、ゴミ、夾雑物、礫等を含まないものとし、搬入時に、品質の確認を行うものとする。 ②採取表土（表層土）において、還元状態の進行や物理性の劣化等、堆積期間中の性状の劣化が認められた場合は、ばっ気による酸化の進行、通気、透水性の改良等の処置を行うものとする。 ③採取表土を集積する場合、堆積地の崩壊防止、飛砂防止のため、盛土表面部分の締固め、安定処理等の表面保護に配慮するものとする。

採取表土盛土　表土保全（表層土保全）（その２）

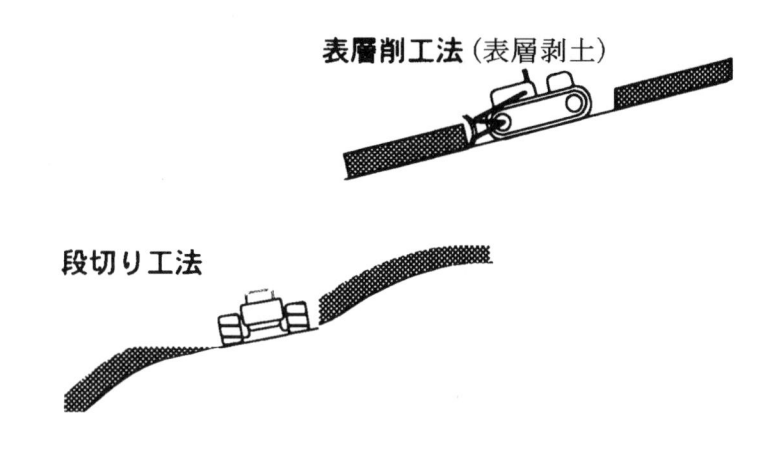

その他工法等	◆表土（表層土）採取工法 　表土（表層土）採取工法は、傾斜角20°前後以下の斜面を対象とし、採取場所の地形や状況等を考慮して、適切な工法、使用重機を選定する。工法としては、バックホウ等を利用した掘削工法、ブルドーザー等を利用した表層削工法や段切り工法等がある。 表層削工法（表層剥土） 段切り工法 ◆表土（表層土）堆積（仮置き） 　採取された表土（表層土）は、復元対象地へ直接搬入されることが望ましいが、工程上困難な場合は、一時仮置堆積の後、復元再置を行う。 　堆積の構造は、周辺部への環境影響の抑制、土壌構造の劣化抑制が求められ、堆積厚、表土保護、排水機能の確保等を適切に行うことが求められる。 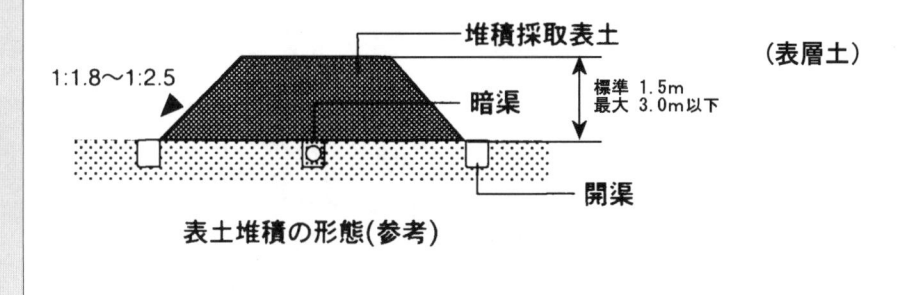 1:1.8〜1:2.5　堆積採取表土　（表層土）　暗渠　標準 1.5m　最大 3.0m以下　開渠 表土堆積の形態(参考)

2）高植盛土

目的	植栽基盤の物理性改良による効率的な排水機能が確保できない場合、根鉢下部が滞水しない程度まで嵩上げ盛土を行い、植栽基盤の排水条件を向上させ、根腐れによる緑化樹木の劣化を抑制する。
工法説明	（1）排水対策　　　：植栽基盤の排水対策が困難な場合、根鉢下部が滞水しない程度まで嵩上げ盛土を行い、植穴部を盛土（築山）状態にして植栽する方法。 （2）阻害物質対策：地盤が酸性硫酸塩土壌や塩類土壌等の問題がある土壌の場合等で、抜本的な改良対策が不可能な場合、遮断層を設ける等した上で、単木もしくは複数木単位の緑化樹木を高植盛土（嵩上げ盛土（築山））を実施し植栽する方法。
適用範囲	（1）地勢条件、埋設物等の諸条件により植穴下層部の排水対策が極めて困難で、過湿による植栽木枯損回避のための補助的手段を用いなければならない場合。 （2）地盤の土壌に阻害物質等の問題があり、抜本的な改良が困難な場合。
作業手順・図面等	**植穴掘削または遮断層設置**：遮断層の位置については、将来的な樹木の成長を踏まえ、根系の侵入に十分な有効土層厚（Ⅰ編 基礎編 3.2参照）を確保する。 ↓ **かさ上げ土投入**：排水性のよい土壌を、降雨後に根鉢下部が滞水しない高さまで投入する。現場発生土の利用にあたっては、物理性の改良を行った盛土材を利用する。 ↓ **植え込み客土盛土**：樹木を植え込み（立て込み）を行い、客土を根鉢周辺に盛土する。 ＊グレーの枠内は必要に応じて生じる工種 ■作業手順は標準的なもので、現場条件等によって設計段階・施工段階において適宜規模・構造等調整を行うこと。 **デザインに配慮した高植の例** 東京都江東区 IHビル近くのオープンスペース
施工上の留意点	本工法はあくまでも枯損回避手段であり、多用することは適当ではない。ただし、築山盛土形状等、デザインに配慮して行えばその限りでない。 　嵩上げ盛土材に、現場発生土を利用する場合は、現地土壌の分析結果に基づき、適正な改良（物理性・化学性改良）を行ったものを利用すること。 　排水機能を確保する一方で、乾燥対策に考慮し、植穴周辺部の有効土層厚について、デザイン性とあわせ検討（築山の規模（広がり・高さ（勾配）））を行うこと。 　盛土の転圧は、不陸を整正し、雨水が浸透する程度（S値1.5cm）の適度な硬さに転圧し、緑化樹木のストレス抑制と初期根系伸長促進に配慮すること。 　施工後の確認調査は、特記仕様書等に基づき実施すること。

(5) 客土置換工

1) 客土置換

目的	植栽基盤整備対象地の土壌の物理・化学性の劣化が著しく、改良による改善が認められない場合、計画区域内に保全された表層土もしくは自然地の有用土を入換え、植栽基盤土として適切な状態にする。
工法説明	植栽基盤となる現地土に問題がある場合、それを改良せず、緑化樹植栽に必要な植栽基盤範囲全層を掘削、処分を行い、良質土（採取表土、発生良質土、流用良質土、購入土）に埋戻す方法。
適用範囲	調査等により現地土の改良が困難と判断された場合、植栽桝や植樹帯等の狭小な植栽地等や、土層改良や土壌改良が困難な基盤に対して、良質土と判断された土壌の入換えを行い改善する場合に適用する。 造成地土壌においては、一般的に「良質土」に該当する土壌が少ないことが多いが、計画区域内で、植栽対象地と比して良質で、改良の余地がある土壌が確認できた場合は、積極的に利用を行う。
作業手順・図面等	［現地土掘削・仮置］　置き換える現地土を掘削・仮置き（土壌物理性の劣化に留意）する。 ↓ 　　基盤整備予定地の土壌掘削、下層土の状況に応じ排水層、縦穴排水を実施 ［客土工等］　植穴客土、全面客土等への利用 ↓ ［現地土処分・搬出］　置き換えた現地土は状況に応じて、現地良質土採取箇所の埋戻し土として活用を行う。やむを得ない場合は処分・搬出する。 ＊［グレーの枠内］は必要に応じて生じる工種 ■作業手順は標準的なもので、現場条件等によって設計段階・施工段階において適宜規模・構造等調整を行うこと。
施工上の留意点	置換する客土の品質は、土壌物理性・化学性の確認を必ず行うこと。 　特に、阻害物質の有無（想定される場合は対象外）、EC・pH（酸性硫酸塩土壌の可能性）、土壌の物理性（透水性、保水性）の調査を行い、必要に応じて適正な改良を加えて埋戻しを行うこと。 　改良にあたっては（3）土壌改良工 1）土壌改良（土性改良）を参照し、地域で入手容易な資材等の活用を推進する。 　排水層の設置、縦穴排水については、（1）排水工 3）の項を参照すること。 　客土の転圧にあたっては、不陸を整正し、雨水が浸透する程度（S値1.5cm）の適度な硬さに転圧すること。 　施工後の確認調査は、特記仕様書等に基づき実施すること。

(6) 通気工（参考）

1）空気管設置

目的	通気・通水性の低下による植栽基盤物理性劣化を抑制するため、土壌空隙を確保することで、土壌内への酸素の供給、透水機能の向上による根系の発達・促進を行う。
工法説明	植穴下層の土壌中から表層部の外気に接する位置まで、通気管（標準製品の利用、透水管に砕石を間詰した素材、真竹を半割し節取りしたものに砕石を間詰した素材）を設置し、客土の埋戻しに当たり空気管周辺部は強転圧を行わず、解した状態とする。
適用範囲	建築施設周辺や道路植栽桝、あるいは低地地盤や粘質で排水性不良の滞水しやすい地盤、埋立地等の固結しやすい地盤において、基盤下層への通気を行う際に適用する。
作業手順・図面等	①空気管設置 空気管設置断面図
施工上の留意点	空気管は、停滞水に対する抜本的な還元防止策とはなり得ないので、別途に底部排水処理を行うことを前提に、土中への空気（酸素）供給を補助する目的に適用する。 空気管は、底敷きの排水層材（黒曜石パーライトまたは単粒度砕石等）との重なりや空気管同士の接続、先端部の根鉢外への立ち上げ位置等が、適切なものとなるよう留意して敷設する。
その他工法	②法面部空気管設置（排水管併用） 法面植栽において、有効水の確保と余剰水の排水を目的に通気性と排水性を高めるための黒曜石パーライトまたは単粒度砕石等と空気管を設置する。 法面部空気管設置断面図 ③既存樹木周辺盛土・空気管設置 樹木の根元周辺部を盛土する場合の枯損防止対策として、元地盤の表層部に排水層と共に埋戻される幹の周囲に、空気管を設置し、通気性と排水性を確保する。 既存樹木周辺嵩上げ・空気管設置断面図

3-2-3 管理段階における植栽基盤の改修手法

植栽地の植物が日常管理において生育不良がみられ、その原因が植栽基盤にあることが判明した場合の対処方法を次に示す。

(1) 単木植栽の場合

目的	単木植栽で、周辺部の植栽樹木の変化はなく、特定樹木の生育不良原因が過湿による場合の植栽基盤改修を目的とし、大規模な改修を行わず、植穴周辺部のみの改修を行うことで、改修コストの低減化を図る。
工法説明	改修対象の植穴底から植穴外周部に設置した環状溝（トレンチ）と植穴より放射状に掘削したトレンチを接続し、植穴内の余剰水を効果的に排水する。 環状溝、トレンチの埋戻し土は、現地土を解したものを埋戻すか、土壌物理性の改良を行い、硬度、透水改良を行った土壌を埋戻す。
適用範囲	植栽地の一部において緑化樹木の生育低下が認められ、周辺部の緑化樹木の変化がないような、単独の植栽基盤改良を行う場合に適用する。
図面等	日常管理 ⇒ 劣化・衰退木の確認⇒原因の調査実施 原因調査の実施 ⇒ 土層状況の確認、排水性（保水性）に係わる確認、pHと電気伝導度（EC）確認 調査結果の判断 ⇒ 調査結果を踏まえ改良方法の検討を行う。 ＊グレーの枠内は必要に応じて生じる工種 ■排水機能（透水機能）及び土壌硬度の改善
施工上の留意点	環状溝（環状トレンチ）は、他の緑化樹木の根系を損傷しないように配慮すること。 環状トレンチは、植穴の排水機能を確保するため、十分な深度を確保すること。また、トレンチの埋戻し土は、現地土を解したのみでも効果は高いが、通気・通水機能ならびに土壌硬度の改善を目的とした物理性の改良を行うことも検討する。 埋戻し土の転圧は、根系の伸長、生育阻害がないように、不陸を整正し、雨水が浸透する程度（S値1.5cm）の適度な硬さに転圧すること。

単木植栽の場合（その２）

その他工法等

①環状トレンチ規模を縮小したタイプ

改修コストの軽減または、周辺植栽への影響（健全な根の切断等）等環状トレンチの配置ができない場合に、外周部に接続する排水層を桝として整備を行う。

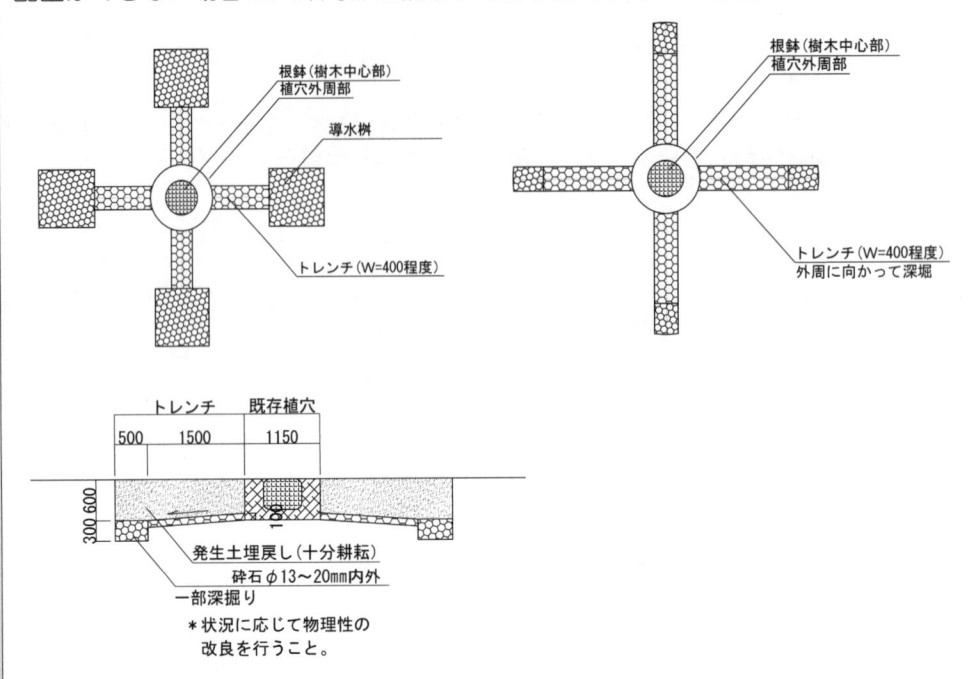

外周部に設置する排水桝は、トレンチの延長上で深堀を行う構造となるが、既存の植穴底部位置を十分に確認し、掘削深さを設定すること。

トレンチの埋戻し土については、解した現地土を利用することで根系の伸長阻害要因の軽減となるが、通気・通水機能ならびに土壌硬度の改善を目的とした物理性の改良を行うことも検討すること。

②高植盛土による方法

緑化植物の生育不良の原因が植栽基盤の排水不良による根腐れ、土壌還元によることが明らかで、湧水点が明らかでなく、排水機能が十分に確保できない等、他の工法（（1）排水工2）暗渠排水、3）縦穴排水、4）心土破砕、(5) 客土置換工）による対応が難しい場合の対応方法として選択すること。

過湿による劣化木の植栽基盤改修

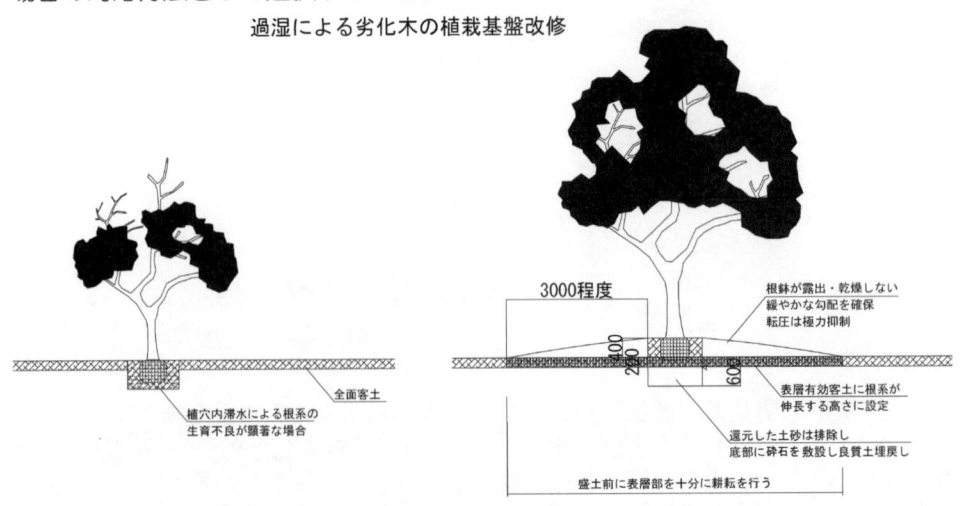

高植盛土の項を参照し、植穴下部を滞水層より高い位置に設定すること。

植穴周辺部に十分な客土層を確保し、乾燥による根系成長阻害がないように配慮する。

客土は、土壌物理性（透水性・保水性）を改良した土を利用すること。

（2）列植植栽の場合

目的	植栽帯もしくは列植により植栽された緑化樹木で、緑化樹木全体に劣化・衰退が顕著な場合、植栽帯・植栽地を帯状に改修を行う。
工法説明	単木植栽基盤改良と同様に、植穴下部に滞水する余剰水を外部に効率よく排水する方法で、植穴と植穴の間に排水桝機能を持つ導水桝を設置し上下流もしくは前後の植穴をトレンチにより接続する。 トレンチ及び導水桝の埋戻し土は、現地土を解したものを埋戻すか、土壌物理性の改良を行い、硬度、透水性改良を行う。
適用範囲	改良幅が狭い植栽帯もしくは、列植による植栽地で、排水機能の改善を必要とし、効率的に排水機能を確保したい場合に適用する。
図面等	■排水機能（透水機能）及び土壌硬度の改善
施工上の留意点	トレンチの掘削にあたっては、緑化樹木の根系切断に留意し掘削を行うこと。 縦断方向に勾配がある場合は、導水桝からの逆流が発生しないように、既存植穴底部との高さを考慮し、掘削深さを設定すること。 導水桝底部の排水が不良の場合は、縦穴排水工により余剰水を浸透させる等柔軟に対応を行うこと、不透水層の確認は、導水桝掘削部において透水試験を実施し確認すること。 排水効率を高める上で、透水管（全面透水型波付管）を設置する場合は、トレンチ排水層は200mmとすること。 埋戻し土は、現地土の解しによる土壌硬度の改善による効果は大きいが、植栽基盤土の劣化抑制を目的とした客土の改良にあたっては、土壌分析結果に基づく土壌物理性・化学性の改良を行うこと（改良方法については、（3）土壌改良工1）土壌改良（土性改良）を参照）。 改良材の利用にあたっては、地域で入手容易な資材や黒曜石パーライト等、改良目標に応じ改良材の特性を踏まえ、適正な改良材を選択すること。 排水層では単粒度砕石（φ13～20mm程度）を利用する。 乾燥害が出やすい土壌では、保水性改良として真珠岩パーライト・バーミキュライトの利用を行う。 有機質系土壌改良材の混入にあたっては、透水性の改良に効果があることを前提として利用を行うこと。

(3) 面的植栽の場合

目的	植栽対象地全体に緑化樹木の生育が不良で、明らかに植栽基盤の課題（土壌物理性：通気・通水性、土壌硬度）が顕著な場合で、単木、列植方式では対応ができない、比較的広範囲の植栽地全体での改修が必要な場合の改修である。
工法説明	多くの緑化樹の実態を観察すると、群落構造の植栽地の生育がきわめて良好であることが多い点に着目した。 改修工法として、改修対象の植穴下部からの排水機能と共に、根系発達に必要な土壌物理性の改善をはかる。 改修対象樹木周辺に群集的に壺穴掘削を行い、既存植穴底部と接続させ余剰水の排水機能と根系伸長に必要な土壌硬度の改善を図る。
適用範囲	比較的まとまった植栽地において、根系の伸長が認められ、根系の損傷を抑制する必要が高く、コスト面において全面改修が難しい場合に適用する。 平面もしくは勾配1：4以上のスロープ造成地の場合に適用する。
図面等	①改修対象地の勾配が1：4以上の場合 ■排水機能（透水機能）及び土壌硬度の改善
施工上の留意点	掘削にあたっては、健全な根系を損傷しないように留意し掘削位置を設定すること。 植穴一部が必ず掘削部にかかるように配置を行い、植穴下部から掘削部への排水ルートが確保できる位置、掘削深さを設定する。 排水層は、掘削底面部が厚くなるように設定し、既存植穴と接続させること。 埋戻しにあたっては、解した状態でも効果は認められるが、土壌物理性の改良効果を保全することを目的に、土壌改良の検討を行うこと。改良にあたっては、土壌分析結果に基づく土壌物理性・化学性の改良を行うこと（改良方法については、(3) 土壌改良工 1) 土壌改良（土性改良）を参照）。 埋戻し土の転圧は、不陸を整正し、雨水が浸透する程度（S値1.5cm）の適度な硬さに転圧すること。 仕上がり硬度の確認は、樹木周辺部を中心に確認を行うこと。 対象地の斜面勾配や傾斜方向を十分に検証し、改修部の土壌の洗掘が発生しないように配慮を行うこと。

面的植栽の場合（その２）

その他工法等	②改修対象地の勾配が1:4以下の場合 　改修対象植栽地が1：4以下の勾配の場合で、改修後の表層部ならびに埋戻し土の洗掘、崩落の可能性のある場合に適用する。 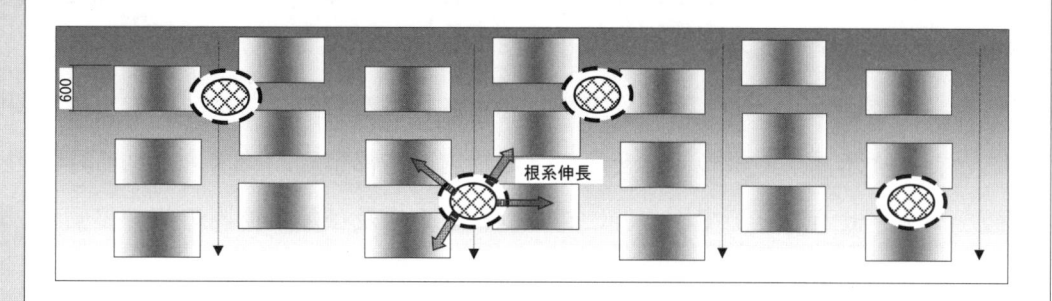 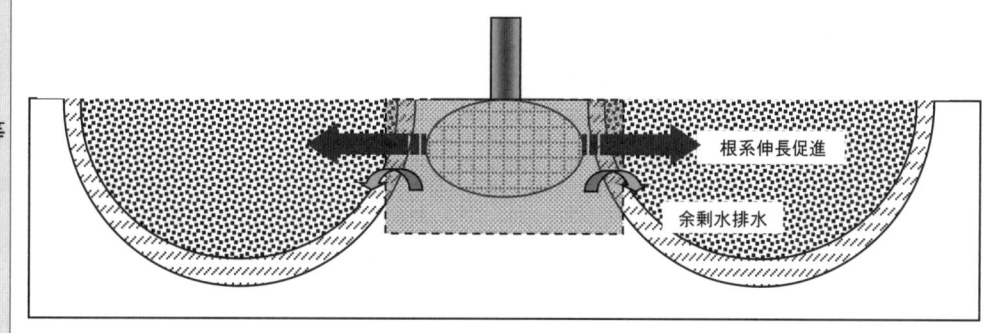 　斜面地の施工にあたっては、重機の転倒による危険性に配慮し、足場の設定、重機規模の設定を十分に行うこと。 　埋戻し時の過度な転圧、練り返しによる泥濘化に配慮し、改修効果を保全するように配慮すること。転圧の度合いについては、①と同様とする。 　掘削規模については、現場の状況に応じて掘削幅、長さを決定すること。 　施工にあたっては、法面勾配方向を確認し洗掘、崩落抑制を目的に斜面に対して水平に掘削方向を設定すること。 　掘削にあたっての留意点、排水機能確保のための掘削深の設定については、①と同様とする。 　埋戻し土の改良については、コスト面に配慮し方法を決定すること。

3-2-4 駐車場及び建築物周辺部植栽地の造成例

多くの緑化植栽地の課題として、駐車場及び建築物周辺部での緑化樹木の生育不良が顕著であることがあげられる。原因は様々な要因が考えられるが、①土木的に固く締固められた地盤、②締固めによる排水不良と根系発達阻害、③外部からの水分供給機能低下による乾燥害等の要因が想定される。

これらの要因は、計画・設計段階から想定され得るものであり、造成に伴う要因を軽減することで、樹木本来の根の伸長を促し、建物施設や都市空間に求められる緑化樹木の機能と景観を向上させることができる。ここでは、駐車場及び建築物周辺部の整備手法の参考例を提案する。

(1) 構造物による根系保全

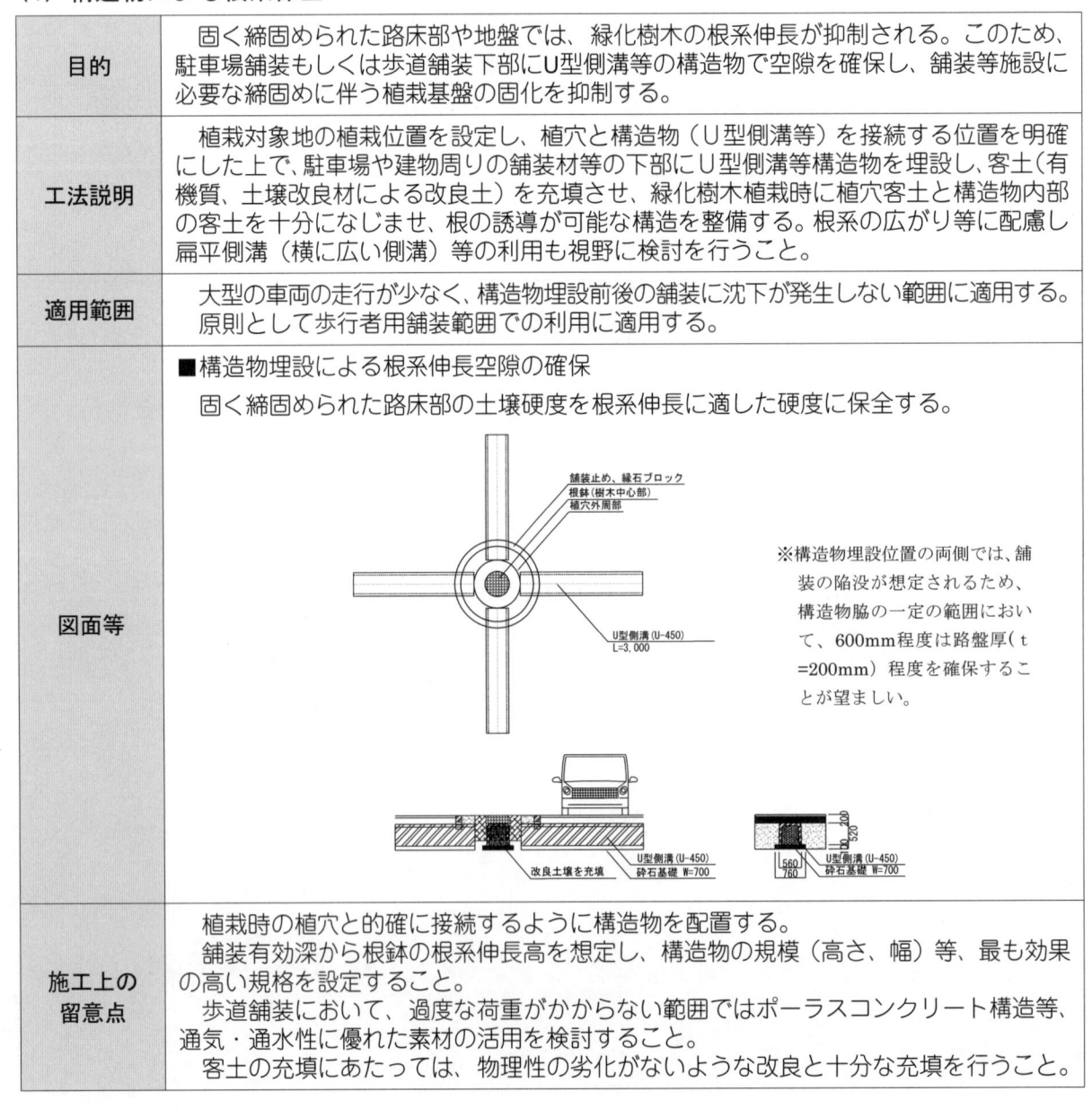

目的	固く締固められた路床部や地盤では、緑化樹木の根系伸長が抑制される。このため、駐車場舗装もしくは歩道舗装下部にU型側溝等の構造物で空隙を確保し、舗装等施設に必要な締固めに伴う植栽基盤の固化を抑制する。
工法説明	植栽対象地の植栽位置を設定し、植穴と構造物（U型側溝等）を接続する位置を明確にした上で、駐車場や建物周りの舗装材等の下部にU型側溝等構造物を埋設し、客土（有機質、土壌改良材による改良土）を充填させ、緑化樹木植栽時に植穴客土と構造物内部の客土を十分になじませ、根の誘導が可能な構造を整備する。根系の広がり等に配慮し扁平側溝（横に広い側溝）等の利用も視野に検討を行うこと。
適用範囲	大型の車両の走行が少なく、構造物埋設前後の舗装に沈下が発生しない範囲に適用する。原則として歩行者用舗装範囲での利用に適用する。
図面等	■構造物埋設による根系伸長空隙の確保 固く締固められた路床部の土壌硬度を根系伸長に適した硬度に保全する。 ※構造物埋設位置の両側では、舗装の陥没が想定されるため、構造物脇の一定の範囲において、600mm程度は路盤厚（t=200mm）程度を確保することが望ましい。
施工上の留意点	植栽時の植穴と的確に接続するように構造物を配置する。 舗装有効深から根鉢の根系伸長高を想定し、構造物の規模（高さ、幅）等、最も効果の高い規格を設定すること。 歩道舗装において、過度な荷重がかからない範囲ではポーラスコンクリート構造等、通気・通水性に優れた素材の活用を検討すること。 客土の充填にあたっては、物理性の劣化がないような改良と十分な充填を行うこと。

(2) 路盤全面改良方法

項目	内容
目的	駐車場路盤部に植栽基盤を拡張し、空隙性が高く耐圧性がある現場改良土等（根系誘導耐圧基盤を含む）利用し、舗装等の路盤強度の確保と緑化樹木の根系伸長促進を図るための土層空間を確保する。
工法説明	植栽桝範囲のみの改良にとどまらず、植栽基盤改良範囲を拡大し、土壌改良材の配合に工夫することで、路床の締固めによる土壌空隙低下を抑制する。 　土地利用計画とも整合させ、車両の荷重がかからない位置を設定し、改良幅を極力拡大する。
適用範囲	駐車場の単木植栽桝において、車両の荷重のかからない範囲において、植栽基盤改良範囲の拡大整備が可能な範囲で、設計上の配慮が行われているもしくは、駐車場桝の変更が現地で可能な箇所に適用する。
図面等	①植栽基盤の拡大と転圧による土壌物理性機能低下が低い基盤造成の形成 （平面図：3100×3100、舗装止め・縁石ブロック、根鉢（樹木中心部）、植穴外周部） （断面図：750、500、1100、3100、発生土埋戻し、舗装止め・縁石ブロック、駐車場舗装（AS）、改良土壌（根系誘導耐圧基盤等））
施工上の留意点	改良土壌（根系誘導耐圧基盤等(*)）の転圧時のCBR値と透水機能、土壌硬度（根系侵入が可能な値）との確認を行い、車両進入位置、上載荷重（可能な限り、荷重のかからない位置を設定し、土壌硬度を適正に確保する）に留意し、過度な転圧は行わないこと。 　植栽桝内の余剰水は近接する排水構造物への排水を原則とするが、接続が難しい場合は、底部の排水状況を勘案し、縦穴排水工等により透水層への排水を検討すること。 　改良土壌の設定にあたっては、特に締固めによる土壌気相率の低下を抑制する。空隙性のある砕石（火山礫、琉球石灰岩）と砕石にウッドチップや堆肥等を組み合わせる工夫も可能。土塊は極力こぶし大程度に破砕し、必ず地上部にて混合し埋め戻す。 　舗装部及び縁石下部の砕石厚は、沈下等の影響に配慮し、基礎厚を加減すること。 (*) 岸田弘之（2010）

路盤全面改良方法（その２）	

②改良範囲の拡大

　前項の改良範囲をさらに拡大し、生育範囲を確保する案。
　改良材による路床強度の確保は望めず、駐車場の土地利用上の制限箇所を対象とし、車両の荷重がかからないことを条件とした上で適用することが望まれる。

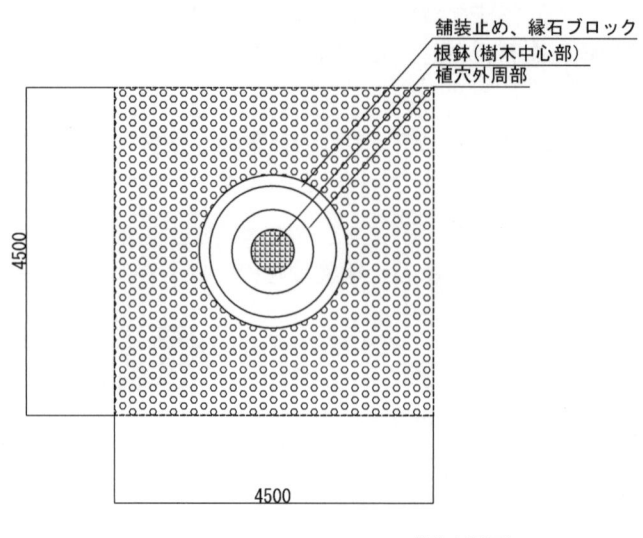

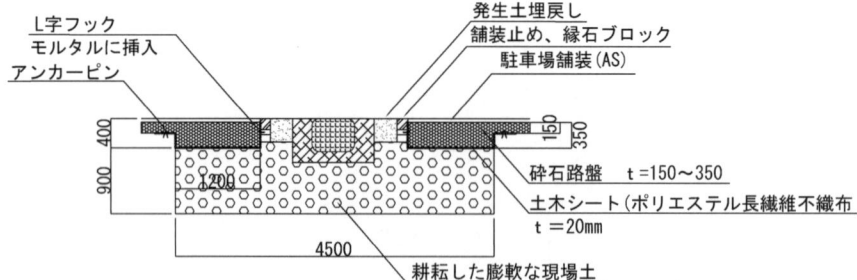

（図：平面図 4500×4500、舗装止め・縁石ブロック、根鉢（樹木中心部）、植穴外周部）

（図：断面図　L字フック モルタルに挿入、アンカーピン、発生土埋戻し、舗装止め・縁石ブロック、駐車場舗装（AS）、砕石路盤 t=150～350、土木シート（ポリエステル長繊維不織布 t=20mm）、耕耘した膨軟な現場土）

◇歩道機能として有効な1.2m程度の範囲を植栽桝端部より確保し、植栽基盤として改良を行う。このため、車両の荷重がかからない土地利用との調整が重要である。

◇路盤の厚さ（通常路盤厚t=150mmを350mm等に設定）により強度を持たせる考え方で、土木シート（t=20mm程度）の引っ張り強度により路床に必要な強度を確保する。このため、シートのたるみ等が発生しないよう植栽基盤土の不陸整正を行い、縁石構造と密着するように固定を行うこと。

◇植栽桝内の余剰水は近接する排水構造物への排水を原則とするが、接続が難しい場合は、底部の排水状況を勘案し、縦穴排水工等により透水層への排水を検討すること。

◇植栽基盤土については、解した状態での埋戻しも考えられるが、土壌物理性の劣化抑制のため、現地の土壌分析結果に基づく、物理性の改良方法により改良された土壌の埋戻しを行う。改良方法については（(3) 土壌改良工1) 土壌改良（土性改良）の項を参照）

◇土塊は極力こぶし大程度に破砕し、必ず地上部にて混合し埋め戻す。

◇埋戻しにあたっては、不陸を整正し、雨水が浸透する程度（S値1.5cm）の適度な硬さに転圧すること。
　施工後の確認調査は、特記仕様書等に基づき実施すること。

◇縁石下部の砕石厚は、沈下等の影響に配慮し、基礎厚を加減すること。

◇舗装路盤材の敷設にあたっては、土木シートの緊張を確認しつつ、路盤材の陥没が発生しないように注意し、陥没が発生した場合は、転圧を行い路盤材の嵩盛を行うこと。

路盤全面改良方法（その３）

その他工法等

③改良範囲の拡大とEPS素材の活用

　EPS工法は、本来上載荷重の軽量化を目的としたもので、本来の利用目的ではないが、ここでは路盤材と膨軟に解された土壌との仕切り材として利用する。
　仕切り材では、コンクリート床盤、鉄板（覆工板）、エキスパンドメタル等が考えられるが、一定の強度と施工性よりEPS材の妥当性が高いと判断した。
　EPS強度は、小型車両の接地圧をカバーする部材の利用を原則として部材厚を設定したが、舗装に求められるCBR値を得るには、一般的にコンクリート床盤（t=100mm）を必要とするため、改良上部の土地利用（原則として歩道）ならびに強度の設定について、事前に十分な検討を行うこと。

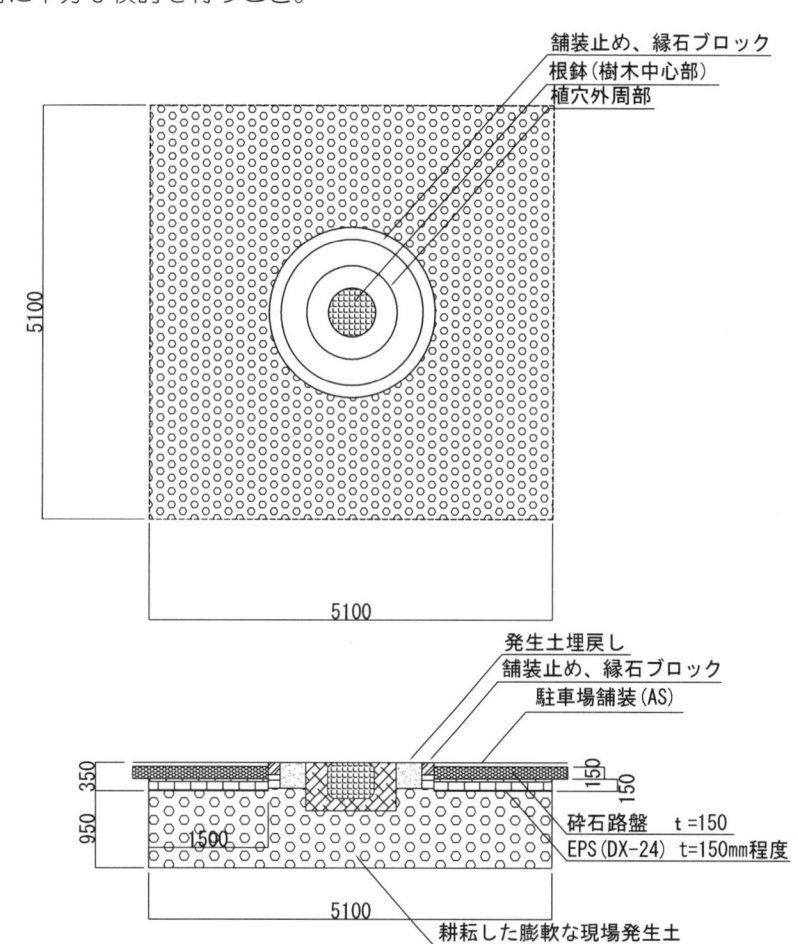

舗装止め、縁石ブロック
根鉢（樹木中心部）
植穴外周部

5100
5100

発生土埋戻し
舗装止め、縁石ブロック
駐車場舗装（AS）
砕石路盤　t=150
EPS（DX-24）t=150mm程度
耕耘した膨軟な現場発生土

　歩道機能として有効な1.5m以上の範囲を植栽桝端部より確保し、植栽基盤として改良を行う。このため、車両の荷重がかからない土地利用との調整が重要である。
　EPS材により膨軟な状態に維持された植栽基盤との仕切りを行い、舗装を行う場合、植栽基盤上部の不陸を十分に整正し敷設すること。
　EPSの利用は、あくまでも歩道舗装を原則とする。駐車場として利用する場合は、路床強度に必要なコンクリート床盤（t=100mm）を設置するものとし、舗装厚＋床盤＋EPSの総厚分に配慮した高さの設定を行うこと。
　植栽基盤土については、解した状態で埋戻してもよいが、土壌物理性の劣化抑制のため、現地の土壌分析結果に基づく、物理性の改良方法により改良された土壌の埋戻しを行う。改良方法については（（3）土壌改良工　1）土壌改良（土性改良）の項を参照）
　土塊は極力こぶし大程度に破砕し、必ず地上部にて混合し埋め戻す。
　埋戻しにあたっては、不陸を整正し、雨水が浸透する程度（S値1.5cm）の適度な硬さに転圧すること。
　施工後の確認調査は、特記仕様書等に基づき実施すること。

路盤全面改良方法（その４）

その他工法	④排水機能向上と土壌空隙確保 　地盤強度を確保するため、ある程度転圧を行うことを条件に、排水層を複層に確保し、排水層下部の土壌の膨軟な状態を維持し埋戻しにあたっては、過度な転圧を避け、改良の効果の保全を図ることとし、土壌硬度（S値1.5cm以上の適度な固さを維持）を確認すること。 （図：路盤断面図　琉球石灰岩砕石（φ13〜20mm）／余剰排水機能と根系誘導／耕耘した膨軟な現場発生土） 　植栽基盤上層部は、舗装に必要な地盤強度を確保することとするが、排水層下部の転圧が過度にかからないように配慮する（基本的には、土壌硬度（S値1.5cm以上の適度な固さを維持）を確認すること）。 　排水層材は、植栽基盤土を撒き出しながら層を維持するように敷設を行う。層厚は50〜80mm（最大）程度とする。 　排水層素材は、単粒度砕石（φ13〜20mm）を利用し、過度な転圧を行わず、敷き均す程度とする。 　放射状、水平敷設については、施工の容易性に配慮し採用を決定すること、基本的に根系の伸長に必要な空隙層の確保と、排水機能の確保を優先すること。 　植栽基盤土の改良にあたっては、現地の土壌の状況、分析結果に基づき、土壌物理性の劣化抑制のため、現地の土壌分析結果に基づく、物理性の改良方法により改良された土壌の埋戻しを行う。改良方法については（（3）土壌改良工1）土壌改良（土性改良）の項を参照） 　土塊は極力こぶし大程度に破砕し、必ず地上部にて混合し埋め戻す。 　改良土の埋戻しにあたっては、不陸を整正し、雨水が浸透する程度（S値1.5cm）の適度な硬さに転圧すること。 　施工後の確認調査は、特記仕様書等に基づき実施すること。

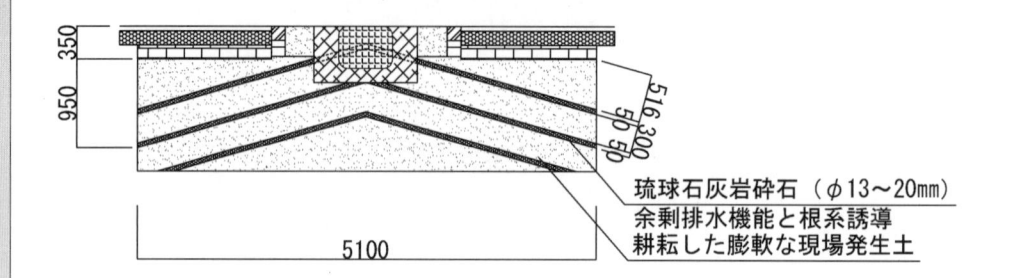

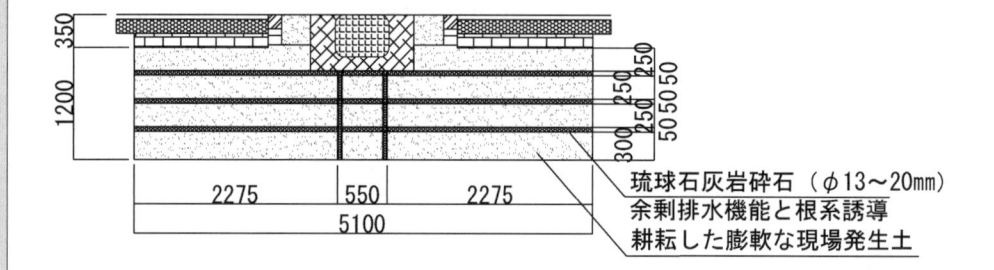

3-3 土壌改良資材と機器（改良材・肥料・機械）

3-3-1 土壌改良材

（1）土壌改良材の概要

1）全体概要

　土壌改良材は、植栽基盤整備のための資材として最も基本になるものである。土壌が有害成分を多く含んで入れ換えが必要になる場合等を除き、何等かの改良が必要となる基盤整備は、耕耘・混合と土壌改良材の組み合わせで成り立つ。

　このように重要な土壌改良材であるが、その定義は必ずしも明確ではないため、使用にあたって混乱を招きやすい。用語も「土壌改良材」、「土壌改良剤」、「土壌改良資材」と3種の用語が使われている。また、法的（肥料取締法）には「肥料」に区分されるものも、土壌改良材として扱われることが多いため、さらに混乱を招いている。このため、以下に、その概要を整理して示す。

① 土壌改良材の用語

　a）土壌改良資材

　　法（地力増進法）で定義された用語。主に、法律（地力増進法）で定められた特定品目（平成25年度で12品目）について呼ばれる。

　b）土壌改良剤

　　比較的狭い範囲の資材を示す用語。特に、酸性土壌改良用の石灰等、化学物質を呼ぶことが多い。過去に多く使用されたが、近年ではあまり用いられない。

　c）土壌改良材

　　植物生育に不適性な要因（主に、理化学的阻害要因）を持つ土壌を改良することを目的として、土壌に混入する資材の総称。最も広く用いられる用語で、肥料の一部や法の対象から外れている資材等もこの用語で呼ばれることがある。このため、不適切な資材を不用意に使用すると思わぬ問題を招くこともある。

② 法の定義における肥料と土壌改良材（土壌改良資材）

　a）肥料

　　肥料の定義は、以下のようになっている。

法（肥料取締法）における「肥料」とは

（肥料取締法第二条）「肥料」とは、植物の栄養に供することまたは植物の栽培に資するため土じように化学的変化をもたらすことを目的として土地にほどこされる物及び植物の栄養に供することを目的として植物にほどこされる物をいう。
　この法律において「特殊肥料」とは、農林水産大臣の指定する米ぬか、たい肥その他の肥料をいい、「普通肥料」とは、特殊肥料以外の肥料をいう。

緑化地で比較的利用が多い土壌改良材のうち、法的には、「下水汚泥コンポスト」と、「石灰（炭カル、苦土石灰等）」は普通肥料であり、「バーク堆肥」と「植物発生材堆肥」は、特殊肥料のうちの、「たい肥」に区分されている。さらに、バーク堆肥については、政令指定の土壌改良資材の一つとなっている。

b) 土壌改良資材

上記のように、法的には肥料であっても土壌改良材と呼ばれているものは多い。このため、利用者の混乱を招きやすい状況に鑑みて、法律では「土壌改良資材」を以下のように定義している。

法（地力増進法）における「土壌改良資材」

植物の栽培に資するため土壌の性質に変化をもたらすことを目的として土地に施される物であって、法的に肥料であるものについては、植物の栄養に供することまたは植物の栽培に資するため土壌に化学的変化をもたらすことと併せて、土壌に化学的変化以外の変化をもたらすことを目的として土地に施される物に限って、**土壌改良資材**」という。

（ここでは地力増進法第十一条（土壌改良資材の表示の基準））から、一部わかりやすく省略変更して示した。実際の運用等においては、必ず当該の条文を直接参照されたい。

この法から解釈すると、土壌改良資材とは植物の生育のために土壌に変化を与えるものであり、バーク堆肥のように肥料としても扱われるものでは、土壌に化学的変化をもたらす以外のもの（例えば膨軟化）をいうとしている。このため、この定義では「炭カル」は（土壌に化学的変化をもたらすものであるから）「土壌改良資材」と見なすことはやや困難である。

c) 政令指定土壌改良資材

政令指定土壌改良資材とは、農林水産大臣が法律（地力増進法第11条）で、土壌改良資材の混乱を避け、利用者が品質の識別に便利なように、その表示基準となる事項等を定めた特定品目の土壌改良資材であり、平成25年度現在、表3-17に示す12品目がある。

2) 実用的な観点での土壌改良材の区分

① 用途による区分

実用的な観点から土壌改良材を用途別に大別すると、表3-18の3種に大別される。ただし、堆肥（コンポスト）は主に化学性改良に適した素材であるが、間接的に物理性を改善する効果が認められることも多いため、どちらかに限定せず、広義の土壌改良材として扱われることが多い。

表3-17 政令指定土壌改良資材

種類	主なる内容	指定された用途（主なる効果）
01. 泥炭	水こけ、草炭等	膨軟化・保水性改善
		保肥力の改善（腐植酸/有機物＝70%以上）
02. バークたい肥	樹皮のたい肥	土壌の膨軟化
03. 腐植質資材	亜炭の硝酸分解中和物	土壌の保肥力の改善
04. 木炭		土壌の透水性改善
05. けいそう土焼成粒	珪藻土造粒焼成物	土壌の透水性改善
06. ゼオライト	大谷石等粉砕物	土壌の保肥力の改善
07. バーミキュライト	蛭石粉砕焼成物	土壌の透水性改善
08. パーライト	真珠岩粉砕焼成物	土壌の保水性改善
09. ベントナイト	ベントナイト（膨潤性粘土鉱物）	水田の漏水防止
10. VA菌根菌資材	VA菌根菌をゼオライト等に保持したもの	土壌のリン酸供給能の改善
11. ポリエチレンイミン系資材	略	土壌の団粒化形成促進
12. ポリビニルアルコール系資材	ポリビニルアルコール	土壌の団粒化形成促進

表3-18 土壌改良材の区分と用途の概要

改良材	用途
物理性改良材	主に土壌の団粒構造、透水性、保水性、通気性等の物理的性質を改善するもの。
化学性改良材	主に、土壌の酸度矯正、各種養分の補給（本来は「肥料」の定義である）、阻害成分の不活性化、保肥力等の化学的性質等を改善するもの。
生物性改良材	主に有機物の分解促進、微生物環境等の生物的性質を改善するもの。

② 素材による区分

　土壌改良材は、以下のように素材によって区分されることも多い。

表3-19 素材別の土壌改良材の概要

素材	概要
有機質系改良材	主成分が有機質であるもの。堆肥類、ピートモス等。一般的には下水汚泥コンポストもこれに区分されるが、製品によって有機物が20%以下から80%強（*）まで幅があることに留意する必要がある。
無機質系改良材	主成分が無機質であるもの。パーライト、バーミキュライト、ゼオライト等。
その他	複合的なもの（堆肥とパーライトを混ぜたもの等）、高分子系の保水剤等。

（*）土木研究所資料第3289号（1994）による。

(2) 各種改良材

表3-20に、造園緑化分野で一般的に使用されている土壌改良材の各種土壌条件に対する効果を示した。

なお、ここにあげた効果の判定は、使用量によっても変化し、さらに「間接的な効果」に関しても、種々の条件によって、必ずしも的確な効果が得られるとは断定できない。このため、これらの判定（◎、○、△、－）については、あくまでも参考程度と考えることが適当である。

表3-20 各種土壌改良材の効果

分類	改良材	物理性 硬度	物理性 透水性	物理性 保水性	化学性 養分	化学性 酸度
有機質系	バーク堆肥	○	△	△	△～○	○
有機質系	下水汚泥コンポスト（発酵汚泥肥料）	△	△	△	◎	○
有機質系	植物発生材堆肥	○	○	△	○～◎	○
有機質系	ピートモス	○	－	○	△	○
有機質系	家畜糞尿堆肥	△	△	△	◎	△
無機質系	真珠岩系パーライト	○	△	◎	－	－
無機質系	黒曜石系パーライト	○	◎	△	－	－
無機質系	バーミキュライト	○	◎	○	△	△
無機質系	ゼオライト	－	－	△	◎（養分保持）	△
高分子系	高分子保水材	△	－	◎	－	－
中和剤	炭酸カルシウム等	－	－	－	－	◎

注）各改良材を相対的に比較した場合、◎特に有効、○有効、△条件によって有効あるいは間接的に有効、－効果を認めにくいか、効果が知られていない（ただし、条件によって効果は変わるので、あくまでも参考程度に考えること）。

1）有機質系改良材

　主に、(コンポストを含む)堆肥類と泥炭・草炭（ピートモス）類が該当する。多くの堆肥類については、それ単独で各種の肥料成分を含み、肥料養分が長期間にわたって、徐々に、しかも植物が、養分を必要とする時期に合わせて放出するような特性があるため、広く使用されている。

　また、これらは、施用後に微生物活動が活発になることによる団粒化促進等の効果と、混入時の耕耘（混合）効果と合わせて、間接的な各種物理性改善効果（固結防止、透水性、保水性増加等）も期待できる。ただし、これらは副次的効果であり、土壌の粒度、物理性、耕耘撹拌の仕方等によって、効果が異なることに留意する必要がある。

① バーク堆肥

　バーク堆肥の特性や留意点等は、表3-21に示す通りである。

表3-21　バーク堆肥の特性・留意点等

特性	■粉砕した樹皮に鶏糞や窒素肥料を添加して高温発酵させたもの。 ■土壌の膨軟化、長期的な視点での養分供給、分解後に孔隙ができることによる透水性の増加等に効果がある。
留意点	◇下水汚泥コンポストと共に、グリーン購入法（国等による環境物品等の調達の推進等に関する法律）における特定調達物品の「公共工事（資材）・園芸資材」項目登録商品になっている。 ◇政令指定土壌改良資材の品目に指定され、効果の表記等が一定の公的管理下で管理されている。 ◇完熟していないもの（手触りが堅い、粒子が粗い、色が薄い等）は避ける。 ・炭素率（C/N比）の高いもの（30程度以上のもの）は、窒素飢餓現象（土壌中の未熟な有機物を微生物が分解する過程で窒素を消費するため、土壌中の窒素が欠乏し、植栽した植物が窒素を利用できなくなる状態）を起こしやすい。 ◇できるだけバーク堆肥単独での使用を避け、窒素を補うような緩効性窒素分（発酵鶏糞、下水汚泥コンポスト、緩効性化学肥料等）と併用する。 ・分析値としての炭素率が低くても、木質原料の堆肥は分解が遅く、分解が安定して養分供給源となるまで、2〜3年かかることも多い。このためバーク堆肥を使用する場合は、窒素を補うような成分を同時に施用することが望ましい。 ◇（他の有機質土壌改良材と同様に）粘質土や過湿地での使用の場合は、土壌の通気性や下層の透水性の確保を優先する。

② 下水汚泥コンポスト（発酵汚泥肥料）

　下水汚泥コンポスト（肥料登録における名称は「発酵汚泥肥料」）の特性や留意点等は、表3-22に示す通りである。

表3-22　下水汚泥コンポスト（発酵汚泥肥料）の特性・留意点等

特性	■下水汚泥を、単独あるいは副資材と共に発酵させたもの。 ■長期的な養分供給効果がある。コンポスト（堆肥）と呼ばれるが、バーク堆肥や植物発生材堆肥等より肥料効果は高い。 ■原料の下水汚泥を凝集させる際に使用する薬剤の種類によって、「石灰系」（汚泥凝集時に石灰と塩化鉄剤を使用したもの）と「高分子系」（凝集に高分子剤を使用したもの）に大別される。 ■石灰系の製品は、高分子系の製品よりアルカリ分が多いため、酸性土壌の中和効果に優れるが、多量投与による土壌のアルカリ化に注意する。ただし、高分子系と呼ばれる製品でも一定の石灰を含む物も多く、成分表の「アルカリ度」(*)で判定できる。 (*) アルカリ度：肥料中に含まれる可溶性石灰（0.5Mの塩酸液に溶ける石灰をいう）の量または可溶性石灰と可溶性苦土（0.5Mの塩酸液に溶ける苦土）の酸化カルシウムに換算された量の合計量をいう。石灰系では20を越え、高分子系では5以下であることが多い。 ■重金属含有は、普通肥料登録されているものなら問題ない。過去に重金属の含有が心配されたが、平成12年より普通肥料登録（農林水産省の肥料登録名称は「発酵汚泥肥料」）されるようになり、従前よりさらに厳密な管理体制で作られるので、緑化植物の植栽基盤整備としての利用には、問題がない。
留意点等	◇バーク堆肥と共に、グリーン購入法（国等による環境物品等の調達の推進等に関する法律）における特定調達物品の「公共工事（資材）・園芸資材」項目登録商品になっている。 ◇窒素とリン酸に富むが、カリに乏しいので、砂地等の極度に養分の少ない土壌では、硅酸カリ等の持続性カリ肥料の併用が望ましい。 ◇他の有機質肥料や堆肥類と同様に、粘質土や過湿地での使用は、過湿害を助長する可能性があるので、必ず、土壌の通気・透水性が確保される場所に使用する。 ◇腐熟度が高く、取り扱いの容易性（悪臭やべたつきの少ない）等の品質を有する製品を使用する。 ◇下水汚泥コンポストの粒度については、粉状品、粗粒品（種々の粒径の混合品）、顆粒品等があり、取扱性は、粉状や粗粒（粉状を含む）の品より、顆粒や単粒（ふるい選別）品が勝る。 ◇粒度による肥料成分の差異は問題になりにくいが、実際には各製品の成分表を参考のこと。 ◇粉状のものは、風のある場合に飛散したり、混合時の土壌水分量によってはべたつく可能性もあるため、住宅地等施用地の立地条件によっては、事前に別の場所で土壌やバーク堆肥等と混合してから使用すると取扱性・施工性がよい。

③ 植物発生材堆肥

植物発生材堆肥の特性や留意点等は、表3-23に示す通りである。

表3-23 植物発生材堆肥の特性・留意点等

特性	■植物発生材（植物廃材）すなわち、剪定枝葉・伐木・伐根・刈草等を粉砕処理の後、窒素分等を添加するかあるいは無添加で、堆積腐熟させたもの。 ■材料（木質・葉・草）の割合と肥料分の添加の有無により、効果と特性は異なる。 ■木質の多い物は、バーク堆肥に近い土壌の膨軟化、長期的な視点での養分供給、分解後に孔隙ができることによる透水性の増加等に効果がある。 ■葉や草が多い物は、長期養分供給効果に優れる。土壌動物が好む植物繊維が多いため、それらの活動による二次的な土壌の膨軟化等にも、効果の可能性は高い。 ■木質の粗いものは、マルチング材としても使用され、雑草防止や乾燥防止等の効果が期待できる。
留意点	◇素材によって特性が異なるので、適切な使用分野を考慮する。よく知られている畜糞堆肥と比較した刈草堆肥及び剪定枝葉堆肥の特性の傾向は、おおむね以下に示す通りである。 | | 畜糞堆肥（鶏糞堆肥等） | 刈草堆肥 | 剪定枝葉堆肥 | |---|---|---|---| | 土中の分解速度 | 早い：1年以内程度 | 中庸：2年程度 | 遅い：3～6年程度 | | 肥効成分の主なる発現期間 | 施用直後から半年程度 | 施用直後から1～1.5年程度 | 施用後しばらくしてから発現し、数年 | | 肥料効果 | 強く迅速 | 畜糞堆肥よりやや弱く、ゆるやかだが確実 | ゆっくり長期的 | | 物理性改善効果 | 期待しにくい | 中庸 | 土壌膨軟・通気性改善効果が期待できる | | 生物性改善効果 | 期待できるが微生物中心 | 微生物から土壌動物まで広い効果が期待できる | 分解が遅いので時間がかかる | ◇植物発生材堆肥は、野外で放置したものでも腐熟は問題ないことが多いが、刈草の堆肥で発酵温度履歴が低いものは、雑草種子を含むものがあるので、その旨留意する。 ◇マルチング利用時には、植物病菌感染の危険性を回避するため、植栽樹木幹回りへの散布は避けるようにする。 ◇他の有機質肥料や堆肥類と同様に、粘質土や過湿地での使用は過湿害を助長する可能性があるので、必ず土壌の通気・透水性が確保される場所に使用する。

④ ピートモス

ピートモスの特性や留意点等は、表3-24に示す通りである。

表3-24 ピートモスの特性・留意点等

特性	■水苔の堆積した泥炭土を洗浄・乾燥したもの。 ■多くは酸性（pH4程度）であるため、石灰等を添加し、加圧、加熱中和処理したものが一般的であるが、未中和品もある。 ■土壌の通気性と保水性の増大、膨軟化、保肥力の増加、未中和品は、アルカリ土壌の改良に効果がある。
留意点	◇政令指定土壌改良資材の品目（泥炭）に指定され、効果の表記等が一定の公的管理下で管理されている。 ◇肥料分がほとんど無く、養分供給効果は期待しにくいので、単独での使用を避け、肥料分を補うような緩効性肥料分（発酵鶏糞、下水汚泥コンポスト、緩効性化学肥料等）と併用する。 ◇施用量が少ないと効果が現れにくい傾向にあるため、他の改良材よりもやや多めに施用する。 ◇ピートモスはCEC（塩基置換容量）が高いため、添加による保肥力の増大を期待しやすいが、一般にピートモスの比重（単位容積当たりの乾物重量）は0.1を下回るため、土壌のCECを増加させるための添加は膨大な量になる。このため、保肥力の増加を主目的とした土壌への添加は、実用的ではない。

⑤ 家畜糞尿堆肥（畜糞堆肥）

家畜糞尿堆肥（畜糞堆肥）の特性や留意点等は、表3-25に示す通りである。

表3-25 家畜糞尿堆肥の特性・留意点等

特性	■家畜（鶏、豚、牛）の糞尿を副資材（オガクズや敷きワラ等）と共に、あるいは単独で発酵腐熟させたもの。 ■多くの堆肥類の中で、最も肥料分が多く、長期的な養分供給効果に優れた効果がある。 ■鶏糞堆肥は、カルシウム分を多く含むため、酸性土壌の酸度矯正効果も期待できる。
留意点	◇畜糞の種類や副資材の種類とその有無等の差異によって、特性が大きく異なるので、使用にあたっては、成分や肥効特性に注意する。 ◇肥料成分は、おおむね鶏糞と豚糞は同程度で牛糞はやや少ない。 ◇バーク堆肥等の植物性素材由来の堆肥と異なり、過剰な使用は植物に害が出る（程度が過剰であると枯死することもある）ので、注意する。 ◇施用量の目安は、安全を見て、土壌1立米当たり窒素量で300〜500g（実際の使用量は、肥料の公表成分もしくは分析表から計算する）を目安とし、オガクズ等の木質を混入したものでは、この2倍（窒素量で600〜1kg）を目安とする。 ◇他の有機質肥料や堆肥類以上に、粘質土や過湿地での使用は、過湿害を助長する可能性があるので、必ず土壌の通気・透水性が確保される場所に使用する。

2）無機質系改良材

主に、鉱物を高温で焼いて発泡させたものや鉱物の粉等が利用されている。土壌の通気性、透水性、保水力、保肥力の改良を目的として使用するもので、永続的な効果が期待できる。ただし、それ自体からの養分補給効果は期待できないので、養分（肥料分）については、別途検討する。

無機質系土壌改良材の特性や留意点等は、表3-26に示す通りである。造園緑化分野では、物理性不良土壌が多いため、透水性・保水性改善のための無機質系土壌改良材の利用は多いが、ゼオライトは保肥力増大が主なる効果であるため、パーライトやバーミキュライトと比較すると利用は少ない。

なお、これらは黒曜石パーライトを除き、いずれも指定土壌改良資材の品目に指定され、効果の表記等が一定の公的管理下で管理されている。

また、一般には土壌改良材と呼ばれることが少ないが、砕石類も排水用資材として多用されるので広義の土壌改良材と言える。さらに、地域的には廃ガラス発泡物や鉱滓などが使われることもある。

表3-26　無機質系土壌改良材の特性・留意点等

改良材		概要
真珠岩系パーライト	特性	■真珠岩を焼成加工した軽量で多孔質の改良材を指す。 ■砂質土や礫土等の保水力増強や固結防止、土壌の乾燥防止に効果がある。
	留意点	◇軽いため、風が強いときは、飛散防止に配慮する。
黒曜石系パーライト	特性	■黒曜石を焼成加工した軽量で多孔質の改良材を指す。真珠岩系の連続孔隙物と異なり、独立孔隙の多孔質改良材である。 ■透水性、通気性の向上（特に粘性の土質や透水不良地盤、過湿地）に効果が高く、植穴に滞水した土壌水への酸素供給にも利用されている。 ■土壌への混入以外では、余剰水排出のための植穴下層部への敷き込み等の効果も期待できる。
	留意点	◇真珠岩系パーライトと同様である。
バーミキュライト	特性	■蛭石を高温処理した積層状の多孔質物を指す。 ■保肥力の増強、粘性土では透水性、砂質土では保水性の向上に効果がある。
	留意点	◇真珠岩系パーライトと同様である。
ゼオライト	特性	■沸石を含む凝灰岩を粉砕したものを指す。 ■ガス吸収、塩基性置換能の特性により、保肥力の改良に効果がある。
	留意点	◇比重は他の素材より大きいが、細粒部分の飛散防止に配慮する。

3) その他改良材等

その他改良材等として、主に、以下のようなものが知られている。ただし、炭酸カルシウム（「炭カル」と呼ばれることも多い）を除き、造園緑化分野における植栽基盤整備に使用される例は、必ずしも多くない。

① 高分子系改良材

「高分子系改良材」には、土壌粒子に作用して土壌の団粒構造の形成等を目的とする（主にエマルジョン系液剤の）資材（「団粒化促進材」等）と、それ自体が吸水することによって、土壌の保水性を高めるような資材（「高分子保水材」）の2種がある。

ただし、いずれも効果が無機質系改良材のように長期に持続しないことや価格と手間等から、時に、極めて薄い基盤が要求される屋上・壁面緑化等の一部で、保水剤としての利用があることを除き、造園緑化分野の植栽基盤整備における使用例は極めて稀である。

② 各種中和剤

中和剤は、土壌酸度（pH）を適切な範囲に改良するための資材で、酸性土壌を改良する資材と、アルカリ性土壌を改良する資材に二分される。ただし、植物の良好な生育のためには、土壌酸度の値だけにとらわれることなく、酸度が適切な範囲からはずれると問題になる主原因に対処するほうが、より適切である。極端な酸度でない限り、酸度不適切による植物の生育不良原因は、特定肥料養分（鉄やマンガンなど微量要素と呼ばれるものに多い）が不足することに起因することが多く、それらを補えるような資材である腐熟が進んだ堆肥等を利用するほうが、はるかに植物にとって望ましい。

a) 酸性土壌改良資材

最も多用されるのは、炭酸カルシウム（炭カル）である。マグネシウム成分を含む「苦土石灰」も同様に使用される。ごく稀に「生石灰」や「消石灰」が使われることがあるが、取り扱いが危険なため、一般的ではない。また、それらは空気中の炭酸ガスと中和して最終的に炭酸カルシウムになる。

b) アルカリ性土壌改良資材

炭酸カルシウムのように安全で取扱性のよい資材は多くない。また、改良を要するほどのアルカリ土壌は、我が国にはほとんど存在しない。ただし、都市土壌等のコンクリート起源のアルカリ土壌に対しては、ピートモス（未中和品）等の酸性有機質資材が用いられることが多い「硫黄華」（硫黄の粉。水と微生物によって硫酸となる）が当該資材としてあげられることも多いが、適正量を知ることが難しく、効果の発現にも時間がかかる。また、容易に燃えて有毒な亜硫酸ガスを発生するので、取り扱いにも注意が必要である。その他として「硫酸第一鉄」や生理的酸性肥料と呼ばれる「硫安・塩安・塩化カリ」等が用いられることもあるが、これも過剰障害の可能性が高いので、実用に際して

は、十分な検討と注意が必要である。

③ 複合土壌改良資材

有機質系の堆肥等と無機質系のパーライト等を複合して製品にしたものもある。簡便であるが、堆肥類（特に畜糞系や発酵汚泥系）は、過剰に加えると障害が出るものもあって、一定の施用限界量があるものが多い。一方、無機質系資材は、多量に使用するほうが効果が高く、過剰障害は発生しにくい。このため、物理性（保水性）改善を強く要求する用途には、別途にパーライト等を加える必要が生ずる場合もある。

④ 土壌類（混入土）

土壌は、「改良材」とは呼ばないが、土壌改良に使用される素材である。

理論上は、粘質の土壌の透水性不良を改良するための「砂質土」の使用や、砂質土の保水・保肥力不足を改良するための「粘質土」の利用等に区分されるが、現実的には、透水性改良のための砂質土の利用以外には、ほとんど実施されていない。また、アルカリ性土壌と酸性土壌が近い場所で出現する一部地域では、中和の目的でそれらを混合することもある。ただし、これら土壌の利用は、いずれも輸送コストが問題になりやすく、必ずしも広く普及しているわけではない。

「砂」は、透水性不良の改良のために土壌に混合したり、「砂柱」として、排水路的に使用したりする。

ただし、砂質土というだけで選ぶと、極めて水はけが悪い砂質土も多いので、使用に際しては、必ず事前にサンプル砂を入手し、施工地土壌に対して混合した検体の排水性を試験するか、実績のある砂と混合量及び混合方法を採用することが必要である。特に、混合方法に関しては、完全撹拌混合は逆効果になることも多いため、粘性土塊（人の頭～こぶし大程度）の隙間に砂が入るようにすることを基本とする。

なお、砂はメーカー製品のように、取り扱いのための資料（事例、取扱説明書等）の入手も困難で、使用にあたって混乱を招きやすいが、比較的簡潔にまとめられた資料としてサッカー場の排水に関連する資料（眞木1997）がある。

（3）改良材の使用条件と標準使用量（案）

　利用者の便宜のため、造園緑化分野の植栽基盤整備で使用実績や市場性が高いと思われる改良材について、使用条件や標準的な使用量を以下に示した。また、使用条件（土壌に対する組み合わせ条件）も、実際の使用例が高いと思われるものに限定してある。なお、原則として使用量は、改善すべき土壌の単位容積に対する容量％で示した。

　ただし、これらはあくまでも例であり、実際の土壌条件は、多岐にわたっているため、必ずしもここで示した条件が最適であるとはいえない。また、同じ資材であってもメーカー、品種等の違いで、性質が大きく異なることも珍しくない。このため、実際の使用にあたっては、ここで示した考え方等を踏まえて、改良を要する土壌の特性、現地の状況、使用資材の取扱説明書、予算等を十分に勘案した上で適切な条件を決定する必要がある。

1）砂質系土壌の場合

　砂質系土壌の課題と対応を表3-27に示した。

　砂質系土壌の改良は、砂質であるからと安心せず、必ず、透水性に問題がないことをまず第一に確認し、その上で長期的な養分供給に加えて保水性の改善や土壌膨軟化改善を計るような手法が基本となる。また、砂質系土壌は、締まりやすいという点が忘れられやすく、これも十分に把握しておく必要がある。

　逆に、最も問題となると思われている保水性に関しては、十分な（深い）根張りが確保できれば、砂質土であるために問題になるということは少ない。したがって、砂質土であっても現実的には硬さと透水性が最も問題になる。

　具体的な改良材の使用方法・使用量等は、個々の資材と組み合わせによって様々であるため、砂質系土壌の養分環境改善のために必要な、改良材利用を中心とした考え方の要点を以下に示す。

① 有機質としてバーク堆肥を主体に使用する場合

　バーク堆肥は、植物性有機質素材として最も市場性が高く、品質も安定している。これを使用する場合、使用量はおおむね10～20％（改善する土量に対する容積比率。以下同じ）を目安とする。これによって土壌の膨軟化（硬度対策）も期待できる。

　ただし、木質が分解して養分効果が発現するまでに、数年の年月がかかるのが通例であるため、必ず持続型の養分である遅効性（緩効性）肥料を併用するか、養分供給型の下水汚泥コンポストや畜糞堆肥を併用する。これによって養分補給も期待でき、酸度の緩和にも一定の効果が得られることが多い。添加量に関しては、これら改良材はバーク堆肥のように品質が一定しておらず、品種による成分差が極端であるため、使用可能な資材（下水汚泥コンポストや畜糞堆肥）の単独使用量を参考に決定する（バーク堆肥と併用した場合、

単独使用量より多くても過剰害は出にくいが、安全を考えて単独使用量を目安にする)。

　透水性に問題があると考えられる場合は、粒度の粗い真珠岩パーライト（保水性も同時に改良したい場合）やバーミキュライト、黒曜石パーライトを必ず10〜20%程度混合する。

表3-27　砂質系土壌の課題と対応

項目 (改善要求度合)	課題	課題対応必要時の概要
硬度 (〇)	砂質土は、締まり易く、生育障害になることは少ないが、根が表層を走りやすい等、構造物の根上がり障害の要因になることがある。必須ではないが、改善されることが望ましい。	耕耘時に、膨軟化に効果があるバーク堆肥、植物発生材堆肥等を入れる。パーライト（真珠岩・黒曜石）、バーミキュライトの投入も効果がある。
透水性 (△)	シルト質を含む砂質土では、時に、極端な不透水性を示すので、砂質土であると安心することは禁物である。	黒曜石パーライトやバーミキュライト等を耕耘時に投入する。砕石等も有用。
保水性 (△〜〇)	多くの砂質土の保水性は少ないが、有効土層（障害なく根が生育できる土層）厚が確保されていれば、植栽初期を除き、必ずしも要求度は高くない。	根が浅い灌木類等では、真珠岩パーライト等を混合する。高木類は、硬度・透水性が問題なく深くまで根が張れる場合は、対応の必要性は高くない。
養分 (◎)	ほぼ例外なく砂質土は貧栄養であり、持続性のある養分供給資材の施用は必須に近い。したがって、有機質系改良材で、かつ肥料分が高いものの施用が望まれる。	緩効性肥料、下水汚泥コンポスト等をバーク堆肥や植物発生材堆肥と混合して用いる。
酸度 (△)	問題になることはほとんどない。稀に海岸地帯や都市土壌でアルカリ性が問題になることがあるが、緩衝能が低い砂土では、腐熟堆肥等を施用すれば、容易に改善できることが大部分である。	下水汚泥コンポスト（石灰系でないもの）や畜糞系堆肥と植物発生材堆肥の混合物等、バランスのとれた有機物資材の混合が最適。ピートモスを使う場合は、必ず別に施肥設計を考える。

改善要求度：◎：特に高い。　〇：高い。　△：できれば好ましい。条件によっては必要。
　　　　　　－：特に問われない。知見がない。

② 有機質として植物発生材堆肥を主体に使用する場合

　植物発生材堆肥は、都市の緑環境インフラから発生する廃棄物の有効利用として、今後ますますその利用頻度が高まる傾向にある。一方、バーク堆肥は、外材の原木輸入が激減した今日では、原材料として本来の樹皮（バーク）だけでなく植物発生材も取り込んで製造されている例も多い。したがって、バーク堆肥と植物発生材堆肥の差異は少なくなってきているが、植物発生材堆肥利用の考え方を適切に把握することは必要である。

　植物発生材堆肥は、主材が刈草であるか剪定枝葉であるか、さらに伐木であるかによって、特性がかなり異なるが、今後の利用頻度が最も高いと思われるのは「剪定枝葉堆肥」であると考えられる。剪定枝葉堆肥の使用は、バーク堆肥に準じた考えでほぼ問題はない。

既存の剪定枝葉堆肥の品質指標の一つであるC/N比もバーク堆肥にならって30以下程度を目安にしているものが多い。したがって、使用量はおおむね10～20％（改善する土量に対する容積比率）を目安とする。これによってバーク堆肥と同様に、土壌の膨軟化（硬度対策）も期待できる。

剪定枝葉堆肥は、バーク堆肥ほど養分効果発現までの時間はかからないが、適宜持続型の養分である遅効性（緩効性）肥料を併用するか、養分供給型の下水汚泥コンポストや畜糞堆肥を併用することが望ましい。これによって養分補給も期待でき、酸度の緩和にも一定の効果が得られることが多い。添加量に関しては、利用可能な資材（下水汚泥コンポストや畜糞堆肥）の単独使用量を幾分少なくした値に決定する（剪定枝葉堆肥の葉の含有量が多いと窒素分が多いので、幾分少なめにしておくことが安全上望ましい）。

無機質土壌改良材の併用は、バーク堆肥の場合に準ずる。

2）中間系（固有の大きな問題を有しない）土壌の場合

土性として固有の大きな問題を有しない土壌（仮に「中間系土壌」と呼ぶ）では、特別に要求される改善項目というものは少なく、個別の条件によって対応策が異なる。ただし、大多数の造園緑化地における植栽基盤整備では、共通の課題をかかえることが多い。表3-28は、それらの課題と対応策をとりまとめたものである。

表3-28　造園緑化地における植栽基盤整備で多く共通する課題と対応策

課題	対応策
土壌が貧栄養である	長期持続型養分（下水汚泥コンポスト、畜糞堆肥、刈草堆肥等）の補給
硬い土層が多く、根の発達に伴い土壌の固結が進行し、透水性も悪化しやすい	分解後に孔隙ができるような資材（バーク堆肥や剪定枝葉堆肥等の木質系堆肥類等）の利用
植栽後の基盤管理が実施しにくい	長期持続型養分と木質系堆肥の併用。安定持続型養分供給と、時間の経過に伴う土壌物理性悪化の防止

基本的には、植物系の堆肥であるバーク堆肥や植物発生材堆肥と、養分供給型堆肥である下水汚泥コンポストや畜糞堆肥の組み合わせになっているが、この組み合わせが最も実用的で問題が少ない。なお、これに加えて、必要に応じて適宜無機質改良材を組み合わせれば、より好ましい結果が得られることが多い。

3）粘質系土壌の場合

　粘質系土壌の場合は、すべてに優先して透水性の改善が要求され、それに次いで、中間系土壌に共通する改良対策が必要となることが多い。

　したがって、まず第一に透水性改善を行い、透水性に問題がないことが保証された上で、長期的養分供給等の対策を行う。

　透水性改善のための土壌改良対策（暗渠のような改良工を除く）は、透水性改良資材である、黒曜石パーライト、バーミキュライト、砂（粒度の粗いもの）のいずれかを土壌に軽く撹拌する以外に、現実的な対応策は少ない。

　混入量は多いほど効果があるが、通常は費用の点から土壌に対する容積比で10～20%程度、多くても30%程度になることが多い。撹拌混合は原則として、こぶし大から頭大程度の土塊の隙間に改良材が入るようにする。粘性が強い土壌に適度な水分を与えて練り込むような場合の混合では、土に対する容積比で50%以上でなければ効果が得られにくく、投入の意味がなくなることが多い。

　透水性不良が克服された後の処置としては、中間系土壌の対策と同様の対策を行うことが望ましい。ただし、粘質系土壌の中には、水田跡地土壌のように養分を多く含むものや、地方の特殊土（ローカル土）の中では、カルシウム等の養分を多く含む土壌がある等、それぞれに特色があるので、個々の土壌の特性を踏まえた上で、対応を考えることが望ましい。

(4) 有機質土壌改良材の選び方と施用量の決定

　土壌改良材というのは基本的に土壌の物理的性質を変化させるものであるが、有機質土壌改良材はそれら機能の他に肥料的性格を持つことも多い。したがって、無機質土壌改良材と異なって過剰に施用すると肥焼けのような障害を生ずる場合もある。

　このため、以下に選択の目安や施用量決定の考え方を簡単に示す。

1) 公的機関の推奨使用量等を参考に使用量を決定する考え方

　各都道府県の農業（果樹）試験場等でその地方でよく使われる土壌改良材の推奨使用量等が公表されているような場合も多い。また、有機質が不足している土壌の地域では「haあたり年間〇〇トン以上の堆肥類が推奨される」などという発表も多い。したがって、利用設計にあたっては地区の農林関係の情報も利用して、各種有機質土壌改良材を有効に利用することが望まれる。ただし、その際には農業の利用法と緑化・造園分野の利用法の差異などを十分に考慮して利用する必要がある。例えば農業では元肥として土壌に施用した後に数か月間放置してから利用したりするが、緑化・造園分野では原則として施用と植栽は同時期が原則であるため、利用量もそれに見合って減量するなどの必要がある。

2) 窒素量をもとに使用量を決定する考え方

　下水汚泥コンポスト等では窒素量を基準に施用量を決定する手法が推奨されている。例えば、表3-29のような使用量の目安をもとに窒素量から計算する手法がある。

　理論的には無理が少ないように見えるが、貧栄養の土壌（この表の分級「4」、緑化地土壌では珍しくない）の場合、多量の窒素を投入する必要が出てくる。例えばこの例の高木では混入深30cmで窒素を135～180g混入することになる。通常の化成肥料の施肥ではm^2あたり窒素で10g前後が標準であることを考えると、きわめて多量である。このため、過剰害が出にくい有機質肥料（土壌改良材）のバーク堆肥やピートモス等植物系の堆肥なら問題ないが、畜糞系堆肥等の速効性成分を多く含む堆肥の場合は過剰害の可能性も否定できない。

　したがって、窒素レベルを設定して有機質の施用量を決定する考え方自体は尊重できるが、有機質の特性（速効性成分の有無等）を十分に踏まえて利用しないと危険な場合もあることを十分に知っておくことが必要である。

3) 炭素量（腐植量）を想定して使用量を決定する考え方

　腐植や土壌有機物を増加する効果は少なくない。このため、いくつかの既存の判断基準値等には、目標とする腐植量（炭素量）が設定されている（表3-14参照）。

　このため、有機物施用にあたって、まずは腐植量を設定した後に、必要な有機物量を決定

するという考えもある。総合的には、好ましい方向であるとも言える。

しかし、有機物は極めて多種にわたり、上述（窒素量から判定する手法）のように、即効性の窒素分を多く含む堆肥類もきわめて多い。そのようなものを炭素量だけで利用量を決定すると、きわめて過剰な量を用いることによって、無駄な金を使って枯損を誘発する可能性もある。

したがって、炭素量や窒素量を設定した場合には、その根拠で安定して利用可能な有機物は植物起源の有機物（バーク堆肥、ピートモス、剪定枝葉堆肥等）に限られ、それ以外の畜糞系や下水汚泥系の堆肥等のように即効性成分を多く含むものは、植物起源の有機物の量の2〜3割程度を代替するような形で利用することが安全である。

表3-29 窒素施用量をもとに使用量を決定する下水汚泥利用の例

土壌改良時における下水汚泥（窒素量）の目安

1㎡当たりの窒素量（g）

分級 土壌中の全窒素%	分級「1」 0.12以上	分級「2・3」 0.12〜0.06	分級「4」 0.06以下
混入深 10cm程度（地被植物等）	10〜15	30〜45	45〜60
混入深 20cm程度（低　木　等）	20〜30	60〜90	90〜120
混入深 30cm程度（高　木　等）	30〜45	90〜135	135〜180

注1．実際の下水汚泥の施用量は、使用する下水汚泥の窒素含有量と水分量をもとに計算する。
注2．施用量の計算例
　　以下の条件で計算します。
　　★土壌の全窒素量　　0.07%
　　★植栽植物　　　　　低木、混入深20cm
　　★使用汚泥成分　　　窒素含有2.5%（乾物当）、含水率82%
　　土壌中の全窒素0.07%は表4-Ⅲ-6では分級「2・3」に相当し、混入深20cmなので、60〜90gの窒素量相当の汚泥を施用します。
　　下水汚泥の窒素含有率が2.5%なので、(60÷0.025)〜(90÷0.025)gの汚泥、すなわち乾物相当で2,400〜3,600gの汚泥を施用することになります。
　　実際の下水汚泥の水分は82%（乾物は18%ということ）なので、この値を0.18で除した値、(2,400/0.18)〜(3,600/0.18)≒(13.3kg)〜(20kg)が求める値となります。
　　なお、表4-Ⅲ-6は、あくまでも目安なので、これほど厳密に計算せずに、60〜90gの中心値の75gだけで計算して充分です。

出典：栗原　淳ら(1986)

4）参考：「腐植」、「腐植量」、「炭素量」、「有機物量」

有機質土壌改良材を扱う（考える）と「腐植」とか「有機物量」とかの語彙が多く見受けられるが、それらの用語の意味が正確に理解されず、すべて同じものだと考える人も多い。しかし、それぞれは以下のように区分され、安易に混同すべきでないし、利用を控えたほうがよい指標もある。このため、以下にそれら用語について簡単に説明する。

① 腐植・腐植量

「腐植」は、土壌中の安定な有機物の総称として用いられることが多い。しかしその実態はいまだに解明されているとは言えない。

「腐植量」は、腐植自体が複雑な物質であるため、既存の分析方法による測定法は極めて煩雑であり、簡単には測定できない。したがって、通常の土壌分析においては、土壌中の「炭素量」を測定し、その値に一定の係数（1.724）を乗じて腐植量とみなすことが通例である（1.724という数値も単なる約束事で、厳密な意味はない。種々の腐植の平均的炭素含有量が約58%程度であるとしてその逆数（1/0.58≒1.7241）を用いている）。したがって、バーク堆肥等を多量に投入した土壌で、分析結果上では腐植量が多いと思われても、本当の腐植量ではなく、単なる有機物が増えただけであることを十分に理解する必要がある。

② 炭素量

　「炭素量」は、（誰でも簡易に測定できるわけではないが）最も確実[*]に測定できる。したがって、土壌中有機物に関するすべての分析や評価は「炭素量（全炭素量）」が基本となり、既存の信頼できる評価法基準等のすべても「炭素量」を基準にして考えられている（「その値に1.724を乗じた値を腐植量としてみなした場合の値」等の表記がある場合もあるが、基本は炭素量であることに変わりない）。

[*] ただし一部地域のカルシウムを多く含む土壌では分析に際して特別の留意が必要であるという指摘もあるので、十分な知見を有する分析者に依頼することが肝要である。

③ 有機物量

　「有機物量（有機物含有量）」という表記も使用されることがある。しかし「有機物」という概念がかなり曖昧であるため、標準の土壌分析においては「有機物量」という項目は存在しない。また堆肥等有機物の標準調査方法とみなされる書籍[**]にも「有機物量」測定法は掲載されていない。それにもかかわらず一部で「有機物量」として使用されている分析法は、通称「灼熱減量」または「強熱減量」とよばれる手法で、試料を500℃以上の温度で焼却した前後の減量から有機物量を推定する方法である。本法は比較的簡単であり、同一試料（土壌）であらかじめ炭素量との関係を把握しているというような前提があれば、日常の管理に利用するには有効であるが、そうでないと、既存の判断基準値等の比較が原則としてできない。また、強熱減量法であることや焼却温度条件等を明記しないと、混乱を招く要因となる。したがって一般的でないために既存知見の利用がしにくい「有機物量」という表記（分析法）は、できるだけ避けたほうがよい。

[**] （財）日本土壌協会（2000）：堆肥等有機物分析法、（財）日本土壌協会

3-3-2 肥料と施肥

(1) 施肥の目的

肥料は、植物が土壌や水分から吸収する養分以外に加える植物養分となる物質を主に土壌に加えることによって、植物の良好な生育・生殖を促進するために用いる物質である。

緑地は、農作物栽培のように土壌から多量の養分を吸い取って高い生産性をあげることを目的としていない。このため、施肥の目的は植栽植物の健全な生育と維持にある。したがって、通常の緑化植物、特に緑化樹木においては、植物の初期生育、特に活着と根張り促進のために必要な肥料養分、及び活着後の生育維持のための肥料養分を供給できればよい。

ただし、植物種や管理水準の要求度合いによって必要程度は異なり、管理水準が高い場合や、収奪（植物体の一部を外部に持ち出すこと。落葉の清掃や芝生の刈込、果実の収穫等）が多い場合には肥料を与える回数は多くなる。

(2) 目的に応じた施肥の区分と考え方

1) 種類

施肥は、その目的から表3-30のような数種類に区分することが一般的である。

表3-30 施肥の区分とその概要

用語	概要
基肥*（元肥）	原則として、初期生育や活着促進のため、植栽（植付）時と同時または直前に植物体の近くに与える肥料。 高度な配慮がされる場合は、活着促進や短期的な初期生育のための速効性肥料と、1～3年程度の生育促進のための緩効性肥料等数種を組み合わせて使われるが、1種のみ利用する場合は緩効性肥料を用いる。
追肥	植物の生育に伴って必要養分を補うために、基肥のあとに生育期間中に与える肥料。速効性肥料を用いることが一般的。
お礼肥	花や実がなったことによる養分不足を補うために、開花結実期の最中あるいはその後に与える肥料。 多少の速効性と遅効性を兼ねた有機質肥料（油カスや骨粉等）のような肥料を用いることが一般的。
寒肥	冬期の植物の休眠期に与えて春からの吸収期にそなえるための肥料（原則として積雪寒冷地以外の習慣）。 春の温度上昇に伴って肥料成分量が増加する有機質肥料を用いることが一般的。

＊「もとごえ」と呼ぶことが一般的であるが、稀に「きごえ」と呼ぶこともある。

2) 通常の施肥と植栽基盤整備の土壌改良工における施肥の違い

このように施肥はきわめて普遍的な技術であるが、植栽基盤整備の観点から見ると「整備」の範疇からはやや離れた概念である。すなわち、植栽基盤整備では土壌養分は有効土層（上部有効土層）全体が適度な養分を持つ（地力が上がる）ように改変することを目的とする。したがって、基本は有機土壌改良材の全面混入となり、肥料を用いるとしても長期的養分供給が可能となるような肥料を用いることが原則となる。

これに対して通常の施肥は、直接的に植物に効果があるように施肥位置等にも工夫して効果的に与えることが原則である。このため、植え付け初期には基肥を、その後には適宜条件に応じて地表面等に散布による追肥を行ったり、花や実の後にタイミング良く施肥を行ったりする。

3) 施肥の必要性と施肥頻度

緑化地における施肥の必要性や施肥頻度（施肥間隔）は、おおむね表3-31のように考えられる。

表3-31　日常的な施肥管理の必要性と頻度

整備目標	植物	日常的な施肥の必要性（施肥間隔）
標準	緑化樹	ほぼ不要
	花木・果樹	ほぼ不要 （ただし土壌養分が少ない土壌の場合は数年に1回の施肥が望ましい）
	芝や地被	芝生地は年1回程度、地被類は数年に1回程度
	草花（花壇）	植え替えする草花については植栽時、宿根草は原則年1回程度
高度	緑化樹	2～3年に1回程度（葉色等を判断しながら）
	花木・果樹	花木は数年に1回、果樹は毎年収穫後
	芝や地被	芝は年2回以上、地被は毎年1回
	草花（花壇）	植栽時とは別に年1回以上、宿根草は年2回（寒肥と追肥）程度

＊上記は、根系の伸長阻害要因（限られた有効土層範囲・土壌固結・粗砂等の極度な貧栄養状態等）がない場合であり、それら阻害要因がある場合は吸収根の少なさを補うために施肥が望まれる場合が生じる。

(3) 肥料の種類（用語）

肥料は一般に使用するものでありながら、極めて特殊な用語が使用されており、混乱しやすい。以下に肥料の種類（区分）や用語について簡単に説明する。

肥料の区分として、まず肥料業界の慣習や関連法律等における区分（用語）がある。主に製造法や効果の持続性などに基づく区分である。その主なるものを表3-32に示す。

表3-32 肥料の用語・種類（主に製造法・肥効・法律上の区分）

種類	概要
単質肥料（単肥ともいう）	肥料成分を一種類しか含まないもの。
複合肥料	窒素、リン酸、カリのいずれか2成分以上を含むもの。
固形肥料	成形複合肥料の一種。肥料原料に草炭を混合して造粒したもの。
速効性肥料	肥効が速やかに現れるもの。水溶性成分を主とするもの。
緩効性肥料	肥効が緩やかに現れるもの。加水分解や微生物分解によって肥効があらわれるもの。
遅効性肥料	肥効が施用の一定期間後に現れるもの。
化成肥料	窒素、リン酸、カリのいずれか2成分以上を含み化学反応を伴って製造されたもの。
低度化成（普通化成）肥料	窒素、リン酸、カリ3成分の合計が30%未満のもの。
高度化成肥料	窒素、リン酸、カリ3成分の合計が30%以上のもの。
特殊肥料	農林水産大臣が「特殊肥料」と認定した肥料で堆肥はこれにあたる。ただし、下水汚泥を原料とした堆肥は「発酵汚泥肥料」として普通肥料に該当する。
普通肥料	「特殊肥料」以外の肥料。
生理的酸性肥料	化学的には中性だが、植物に肥料成分が吸収されたあとに酸性の副成分が残るような肥料。硫安・塩安・硫酸カリ・塩化カリ・リン安等がある。これら肥料が土壌を酸性にするのは、アンモニアやカリが作物に吸収された後に土壌中に酸性物質である硫酸イオン（SO_4^{2-}）や塩素イオン（Cl^-）等を残すことによる。

　これに対してより厳密に構成成分で区分することも広く行われている。すなわち、肥料を「無機質肥料」と「有機質肥料」に大分し、さらに構成成分により「単質肥料」（単肥）と「複合肥料」に区分する考えである。主な肥料について区分した例を表3-33に示す。ただし造園緑化の植栽基盤整備の現場では単肥の使用は稀で、主に網掛け部分の肥料が使われている。

表3-33 主な肥料の種類

無機質肥料	単質肥料（単肥）	窒素肥料	硫安、石灰窒素、尿素等
		リン酸肥料	過リン酸石灰、熔性リン肥等
		カリ肥料	硫酸カリ、塩化カリ等
		石灰肥料	消石灰、炭酸石灰等
		苦土肥料	硫酸苦土、苦土石灰等
		珪酸肥料	珪酸石灰
		マンガン肥料	硫酸マンガン
	複合肥料	第一種複合肥料	<u>化成肥料、配合肥料</u>
		第二種複合肥料	<u>固形肥料</u>
		第三・四種複合肥料	（三種）吸着肥料、（四種）液体肥料
		被覆複合肥料	<u>コーティング肥料</u>
有機質肥料		動物質肥料	<u>魚肥類、鶏糞、骨粉等</u>
		植物質肥料	<u>油粕、堆肥、草木灰等</u>

＊下線部は造園緑化事業で一般的に使用される肥料

（4）肥料の施用量

　肥料は、植栽される土壌養分や樹種、樹木の規格、さらには生育目標等により、適切な種類と量を施用することが望ましい。施用量について定めはないが、一般公共工事の仕様を参考に、施肥に関する基本的な考え方と標準的な肥料の施用量を示すと下記のとおりとなる。

　腐植含有量が少なく、養分の流亡しやすい砂質系の土壌では、植栽初期段階から積極的な養分の補給を行うことが望ましい。比較的養分含有の高い土壌等については、初期生育促進のための基肥を除けば、管理段階での肥培管理を主体に対応していくことが望ましい。

　また、保肥力の乏しい土壌では、施肥の効果を高めるための有機質系堆肥等の混入により、健全な土づくりを併せて行っていくことが望ましい。

　一般的に、植栽木の場合、速効性の肥料よりも緩効性・遅効性肥料を施すほうが管理の低減のためにも好ましく、堆肥等の有機質肥料を利用することはより適切である。

　肥料成分配合については、通常の緑化樹では、窒素要求量が最も高いため、肥料三要素（窒素、リン酸、カリ）のうち窒素肥料の割合の多いものが良い（例＝N：P：K＝（12：6：6）、（23：2：0）等）。これに対して、果樹や花木類はリン酸、カリの割合が多いもののほうがよい（例＝N：P：K＝（3：6：4）等）。

1）一般的な施用量

　緑化分野における肥料の施用量は、種々の観点から決められるが未だに決定的な決め方はなく、経験値を含めた現実的な値として、表3-35のような数値に近い施用量となることが多い。なお、個々の肥料要素に対する値が示されている場合を除き、施用量は窒素量で示されることが多い。これはマメ科植物等の空中窒素を取り込める植物を除くと、窒素が最も必要かつ中心的な肥料であることによる。したがって、これらの数値から実際の施用量を求めるには、仮に10-10-10の化成肥料を用いる場合は、窒素-リン酸-カリがそれぞれ10%ずつ入っているので、必要な窒素施用量が15gであれば、実際の肥料施用量は15÷0.1＝150gとなる。

　樹木植栽の場合、根系の伸長にもよるが、施用された肥料の養分が植栽直後から積極的に吸収されることは少ないため、元肥より追肥のほうがやや量が多い。これに対して地被類のうち芝生は、初期段階から養分の収奪（特に窒素分の消費）が旺盛で、さらに健全な葉色の芝草と均質で密生したターフを形成する必要があることから十分な施肥が必要となる。このため緩効性と遅効性を併用する形で、粒状固形肥料や普通化成肥料、高度化成肥料等の複合肥料が、基肥及び追肥として一般的に使用されている。

表3-34　緑化木に対する窒素施用量例（塘試案）

植物	元肥 g/本	追肥 g/本
高木（樹高 4〜5m、根系直径 100〜120cm）	15	20
中木（樹高 2〜3m、根系直径 60〜80cm）	10	15
低木（樹高 1m前後、根系直径 30〜40cm）	5	5

出典：芝本武夫、塘 隆男（1979）：林業技術者のための肥料ハンドブック

表3-35　芝地に対する肥料施用量例（江原による例）

種類	年間施用量 g/m²/年 N	P₂O₅	K₂O
コウライシバ・グリーン	20〜40	20〜35	10〜20
ベントグラス・グリーン	40〜60	10〜20	25〜45
バーミューダグラス・グリーン	60〜80	50〜60	25〜30
ケンタッキーブルーグラス・グリーン	25〜50	15〜25	15〜25
家庭用芝地	15〜35	10〜20	10〜20

出典：芝本武夫、塘 隆男（1979）：林業技術者のための肥料ハンドブック

2）実際の肥料の施肥量

個々の具体的な肥料の施肥量は各肥料によって異なるので、肥料の説明書等にゆだねる以外に方法はない。しかし、前述のように、通常の化成肥料の場合、一度に与えるのは窒素として5〜10g/m²程度までで、果樹や畑作物では年3回程度の施肥を基本にすることが多い。したがって、年間15〜30g/m²の窒素を与えると考えることが一つの目安になる。緩効性の肥料であれば、年間必要量を1度に用いてもよい。

より具体的な1本当たりの施肥量としては、基本的に、表3-36のような経験値があり、これに肥料成分の発現度合い（肥料成分がどのくらいのスピードで溶け出すかの度合い）等と土壌の肥料保持能力等を加味し、耕耘深さ等含めて総合的かつゆるやかに決定されている。

施用量が厳密でないということは、植物という生物が、土壌中に養分が少なければ根を広げる等して環境に順応するため、数量的な厳密性の意味が少ないためである。

このことが、根張りに支障となる土壌物理性不良の改良が重要視される理由である。

表3-36　緑化用植物の一般的な施肥量経験値（速効性肥料の窒素量として）

種類	施肥量（窒素の施用量）
高木	20～100g/本　　10～30g/m²
低木	10～30g/本　　10～15g/m²
（草花・地被類）	8～15g/m²

・施肥量は窒素（N）の量である。実際の肥料施用量は、各肥料に含まれる窒素量より換算する。
・これらは化成肥料等速効性肥料の量で、遅効性・緩効性肥料ではこの数倍の量となることも多い。
・数値はおおむね、高木では30cm、低木と草花等では10～15cmの混入深を想定している。
・1本当たりの量は基肥ないし植栽後2～3年程度までの追肥の量であり、生育に伴って根系が拡がる場合は面積あたりの量を参考に主要根系範囲（通常は葉張の範囲の約60～80％を想定すればよい）に相応する量を与える。

3）基肥と追肥の考え方

施工段階で用いる基肥と管理段階で用いる追肥については、以下のように考えることが適当である。

① 施用量の差異について

基肥は植栽初期の生育に必要であるため、初期の根系範囲を想定して見合う量を施用する。これに対して追肥は、生育に応じて根系範囲が広くなるため1本あたりの施用量も増加するのはもちろん、根系の深さも深くなるため、土壌表面散布による施肥の場合はその分を勘案して増加する場合もある。

② 成分比の差異について

施肥は、通常はN-P-Kの3成分が入った化成肥料を用いることが主になる。

基肥は一般的に地中に施用されるが、追肥は地表面散布が主体となる。この場合リン酸分は移動性が少ないことや土壌に吸着されやすいため、地表面から撒いても効果が薄い。したがって、（必要性は多くないが）通常の樹木用の追肥ではリン酸分が少ないものを用いても効果はあまり変わらない。したがって、追肥で実もの等のお礼肥としてリン酸分を施用する場合は、米ぬかや骨粉等を土中に投入するほうが効果が高く、化学肥料であっても堆肥を混合する等で、リン酸の有効化（リン酸を吸着してしまうアルミニウム化合物の働きを抑制する）をはかることが望ましい。

3-3-3 土壌改良に使用される機械
(1) 工種別使用機器の概要
1) 表土工・盛土工等に用いる機械

　表土工、盛土工では、盛土した基盤を固めないように留意する必要がある。個別の作業例として、大型ブルドーザーによる敷き均しは止め、ダンプトラックから降ろした小山状の土の頂部をバックホウのバケットで崩して均す方法が取られるようになってきている。止むを得ずブルドーザーで敷き均しをする場合は、以下のような注意が必要となる。

・軽量の小型のブルドーザー、または接地圧の低いブルドーザーを使用する
・敷き均しの走行回数を少なくする

　運搬はダンプトラックの使用が一般的であるが、狭いところでは小回りのきくタイヤショベルローダーが使われる。トラフィカビリティー(*)が悪い場所ではキャタピラー付きの運搬車（クローラーダンプ）を使用することもある。また盛土工で小さい植栽桝等の掘削、土入れは小型のバックホウが使われる。

（*）トラフィカビリティー：作業現場で自走式の建設機械を用い機械施工を行う場合の、作業機械が走行に耐え得る地面の能力。簡易には「走行性」と解釈してよい。

2) 土層改良工に用いる機械

　土層改良工は厳密に言えば普通耕、深耕、混層耕に分けられる。深耕は固結下層土を破砕して団塊状にして孔隙をつくり、透水性を改善することによって、支持根が伸長できる土層をつくることを目的としている。

　また、この破砕された層は実質的に植栽基盤の排水層にもなる。混層耕は省略されることも多いが、吸収根発達域の拡大及び上・下の土層の連続性を高めることを目的とするもので、深耕によって大小の土塊となったものをさらに細かくする作業となる。

　以上の2工程は主にバックホウが用いられるが、バックホウでは作業困難な固い基盤（砂岩、凝灰岩、重粘土等）の場合や、施工面積が広大な場合の深耕にはリッパードーザー（リッパー付きブルドーザー）を用いることがある。また、混層耕でもバックホウでは効率の悪くなるような大規模な工事で、希にディープスタビライザー（主に道路造成等で使用される深い位置までの土を撹拌する機械）を使用することがある。ただし、いずれも極めて大規模な工事に限定される（図3-21）。

　普通耕はトラクタにロータリーをつけて行われる。細かく砕土することによって保水性や保肥性を高め吸収根の発達を促進させる。しかし、石礫、コンクリート片、樹木根、草本類の根塊等があると作業に支障をきたすので、はじめにこれらの夾雑物を除去しておく必要がある。ただし、粘質土のように乾燥して固まりすぎるような基盤では適用しないものとする。耕耘する深さは最大20cm程度である。

| リッパードーザーの例 | ディープスタビライザーの例 |

図3-21　大規模土壌改良に用いられる機器の例

　普通耕は、草花、地被、小型低木の寄植を行う場合や、表層に堆肥や肥料を混合する場合等によく実施されるが、この工事直後は表層が軟らかくなり過ぎ、特に降雨後は立ち入り困難となるので留意する必要がある。

3）排水層工に用いる機械

　ほとんどの場合バックホウが使われる。溝幅に応じて機械やバケットの大きさの変更を行うが、おおよそ幅30cm以上、深さ2.5m程度までが対応可能な範囲である。石礫や樹木根のない土層で狭い溝を掘る場合は、トレンチャーが使われることもあり、溝幅13〜40cmで、深さ1.2m程度までが対応範囲となる。また垂直に深い穴を掘り、玉石等を詰めて浸透排水する場合は、アースオーガーにより直径10〜50cm程度までの穴（孔）を掘ることが可能である。

(2) 各種植栽基盤整備工と使用される機械

　植栽基盤整備工ではバックホウが最も多く使用されるが、その理由はバックホウ1台で様々な作業種に対応できるという汎用性にある。しかしながら、バックホウは、本来植栽基盤整備工を目的としてつくられた機械ではなく、過去に造園用の様々な機械が提案されているが、定着している機械は少ない。

　現在実際に使われている機械類を表3-37に工法別に整理した。利用者は改良の目的に合わせて、改良土壌の性状変化を起こさない適正な重機の選択により、作業効率の向上を図り、設計書に反映させコストの縮減を図る必要がある。

表3-37 植栽基盤整備工に使用される機械

工種	目的	用途	適用機械	施工条件・その他
透水層工（排水工）	有効土層底部での排水	暗渠排水	・バックホウ ・トレンチャー	溝掘り暗渠の作業に使用。 狭い溝、石礫のない土層。
		縦排水	・アースオーガー	φ100〜500mm程度の穿孔
土層改良工 普通耕（浅層耕耘） 深耕（深層耕耘）	透水性の改良 土層の連続性の確保	粗起し	・バックホウ	植栽基盤をつくるため固い基盤の粗起しを行う場合に使用。
			・リッパードーザー	岩盤・重粘土等の硬岩破砕で、大規模な施工に用いる。ただし植栽基盤への導入にあたっては、現場の条件等十分考慮する必要がある。
	吸収根発達域の拡大 土層の連続性の確保	中層耕耘	・バックホウ	2回耕耘等によって土塊を細かくする場合に使用。
	表土の透水性・保水性の改良	表層耕耘	・ロータリートラクタ ・ハンドトラクタ（耕耘機）	普通土の表層耕耘。礫、木の根、ゴミ等の夾雑物を含まない軽質の土壌で耕耘の深さは20cm程度まで。
表土盛土工 客土置換工	樹木根回り及び不良土壌の置換	運搬	・湿地ブルドーザー	トラフィカビリティー（*）が悪く、押出し、敷均しの必要性がある場合、または大規模造成に使用。
		置換	・バックホウ ・ショベルローダー	掘削：バックホウ 客土入れ：バックホウ、ショベルローダー
表土盛土工	植栽基盤の盛土造成	場内運搬	・ダンプトラック（2t、4t、10t）	一般道路使用による運搬で、道路制限・現場搬入路条件等により、使用機械は異なる。
		場内運搬	・ダンプトラック	場内運搬路のトラフィカビリティーが良い場合に使用。
			・クローラーダンプ	場内運搬路のトラフィカビリティーが悪く、運搬距離が比較的長い場合に使用。
			・ショベルローダー	比較的に運搬距離が短く、トラフィカビリティーが悪い場合。狭幅員施工等に使用。
		敷均し	・バックホウ ・ミニバックホウ（0.06〜0.12m^3） ・バックホウ（0.2〜1.0m^3）	山状に置かれた盛土材の敷均し。重機接地圧をかけることが少ないことから、固結を防ぎ植栽基盤の盛土造成用機械として望ましい。
			・湿地ブルドーザー	トラフィカビリティーが悪く、押出し、敷均しの必要性がある場合、または大規模造成に使用。

(3) 植栽基盤の管理段階で使用される機械

植栽基盤の管理段階で使用される機械は、通常の汎用機械（バックホウや耕耘機・トラクタ）を除いた他には、樹木の植栽基盤（土壌）に圧搾空気を注入する機械やオーガーの利用がある程度である。ここでは、その概要を示す。

1) 樹木緑化地の土壌を膨軟にするための機械

① 空気圧入・耕起に使用する機械

土壌に圧搾空気を吹き込むことによって、空隙を増して固結した土壌を膨軟化させ、通気・透水性の改善を行うための機械である。

踏圧等を受け固結した土壌の植栽地において、既存の植物の根系を損傷することなく植栽地基盤を改善する場合に適用する。その概要・手順等は図3-22に示す通りである。なお、これまで数種の機械が開発されているが、実績は必ずしも大きくない。

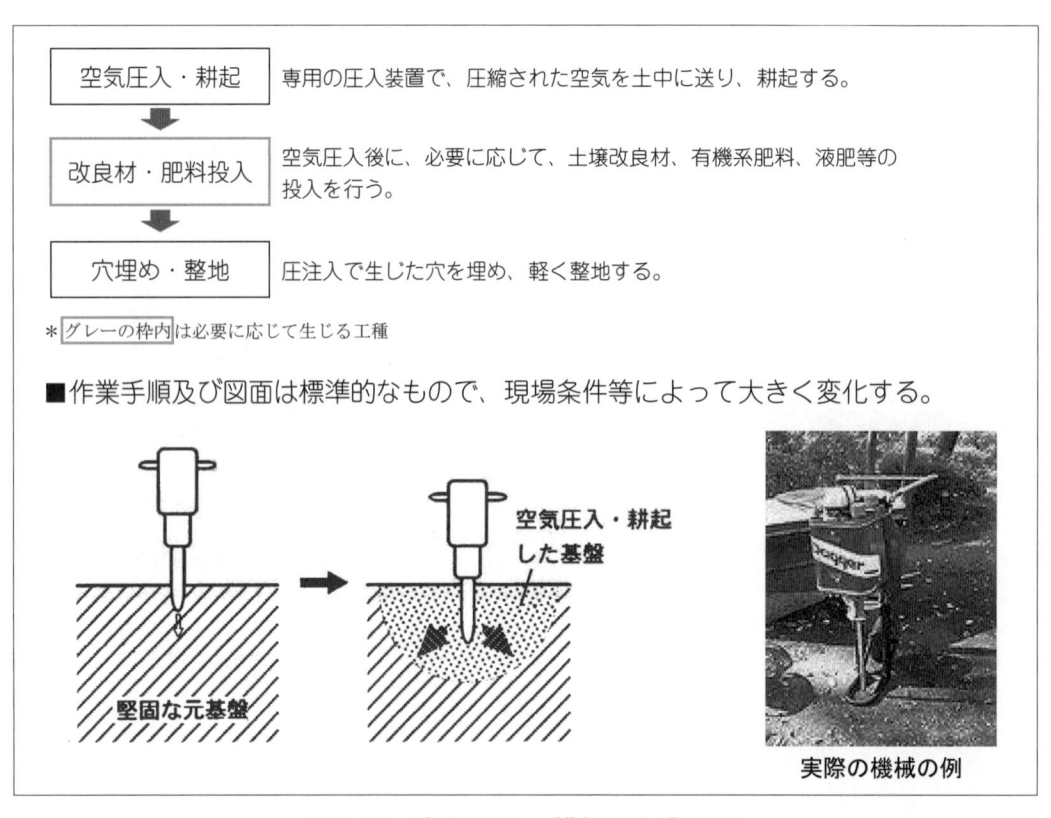

図3-22　空気圧入・耕起の作業手順

② オーガー類

いくつかのオーガー（穴開け機械）類を用いて、土壌に穴を開け、改良材を混合した土壌を埋め戻したりすることで土壌の膨軟化を図ったり、深く掘ることで排水を促進したりすることが行われている。ただし、緑化分野に専用機械があるわけではなく、多分野の機

械を利用する（多くの場合、オペごとリースする）ことが多い。搬入が可能であれば「建柱車」（電柱を立てるための穴を掘る機械）の利用も可能であり、国営公園で樹勢回復に利用された実績もある。

なお、地域によっては軟岩や石灰岩等が浅い土層で出現する場合もあるが、多少の軟岩であれば岩を削って穴を開けるホールカッター状の刃が付いたものもあるので、利用にあたっては機械所有者（主に電気工事業者）と確認を行う。また、地下埋設物等についても事前に確認・調査を行う必要がある。

建柱車の例

2）芝生地用の基盤管理機械

通常の公園等での利用実績は必ずしも多くないが、高レベルの管理がなされる芝生地等（主にゴルフ場等）では、コアリングマシンによって芝生に深さ10cm前後のスパイク状の棒を多数挿すことによって穴を開け、固結した芝生地を膨軟化する機械が使用されている。

コアリングマシンの例

3-4 資料及び参考文献

3-4-1 植物の健全度調査

植物の生育状況や健全度等の観察・調査は、表3-38及び表3-39に示すような調査項目より必要と考えられるものを選定し、調査を行う。

表3-38 植物の生育状況や健全度等の調査

項目	内容
樹形・樹勢	生育状態の悪化・樹形等（自然樹形や剪定された樹形等）の崩壊程度
幹・枝	枝の伸長・梢端部の枯損・幹色や枝条色・枝葉の密度
葉	葉色（含クロロシス）・葉形（変形や萎縮）・葉の大きさ・ネクロシス・虫害痕等
開葉・開花	不時の落葉、萌芽・開花の遅れや異常、紅（黄）葉の異常

表3-39 簡易な健全度評価法

項目	評価ランク 4	3	2	1	0
視覚的な生育状態					
視覚的な生育状態（ヤシ類）					
樹勢	旺盛な生育を示し被害がほとんど見られない	部分的に被害の影響を受けるがあまり目立たない	異常が明らかに認められる	生育状態が著しく不良で完全回復には長期間を要する	枯死に近いか、ほぼ回復の見込みがない
樹形	望ましい樹形を保っている	若干の乱れはあるが望ましい樹形に近い	樹形の崩壊がかなり進んでいる	望ましい樹形が崩壊し、奇形化している	もはや樹形とは言えない
枝の伸長量	正常・良好な伸長を示している	いくぶん少ない枝もあるが、目立たない	枝は短く細い	枝は極度に短小で、ショウガ状の節間を示すことがある	枝の伸長は全く認められない（ひこばえを除く）
枝・幹の枯損	枯損は見あたらない	主幹にはないが小枝の一部に枯れが見られる	枯れが多く、異常が明らかである	枯れが著しく多い	幹も含めて、ほとんど枯れ下がっている
葉の色（参考）	極めて良好	わずかに変色が感じられるが目立たない	異常が明らかに認められる	異常な色が著しい	完全に異常な色を示している
必要な対応	通常の管理で足りる	活力を上げるため、通常の管理の他に、環境圧の除去が望まれる	放置すれば樹形崩壊の可能性もある。良好な維持管理と適切な環境圧除去が必要	放置すれば枯死に至る可能性も大きい。積極的な環境圧除去と保護対策が必要	いかなる措置をしても、回復の可能性は低い

注：葉色は葉が十分に展開して安定な状態にある時期に行う場合以外は、参考とする。
　本表の使用目的において、「環境圧」は、土壌不良要因を意味するものとする。

3-4-2 参考文献

（年代順）

1) 上原敬二（1964）：樹木の保護と管理、加島書店
2) 松尾憲一（1964）：粒径組成と土壌の物理性に関する研究、農技研報告B第14号 p285-356
3) 川口圭三郎ら（1969）：土壌学、朝倉書店
4) 奥田 東（1971）：土壌肥料綜説、養賢堂
5) 古賀 汎（1972）：温州ミカン園における下層土の物理性に関する研究、四国農業試験場報告25号
6) 真下育久（1973）：森林土壌の土色と炭素含量、森林立地Vol.XIV p24-28
7) 緑化技術研究会（1974）：緑化技術ハンドブック、(社)全国林業改良普及協会
8) 矢幡敏雄ら8人共著（1975）：農地工学、朝倉書店
9) 大政正隆（1977）：土の科学　NHKブックス274、日本放送出版協会
10) 中村貞一（1977）：緑地・造園の工法、鹿島出版会
11) 松井健（1978）：土壌調査と土壌図、山根一郎 他共著（1978）：図説日本の土壌、朝倉書店
12) 福富久夫（1978）：研究学園都市竹園2号公園他緑地基盤調査（昭和52年度日本造園学会受託研究概要）、造園雑誌41（4）、35-38、1978-03-31
13) 長谷川秀三（1979）：圧密土壌地の生育衰退木—その原因と根系誘引溝工法による樹勢回復—、道路と自然 1979 秋号
14) 高橋英一、吉野 実、前田正男（1980）：新版 原色作物の要素欠乏過剰症、農文協
15) 長谷川秀三、川九邦雄、今川映二郎（1981）：長谷川式土壌貫入計による緑化地の土壌調査—「軟らか度」の測定による土壌診断—、昭和56年度日本造園学会春季大会発表要旨 p43-44
16) 関口有方 編著（1982）：造園工学、地球社
17) 地学団体研究会編（1982）：土と岩石、東海大学出版会
18) 増田拓朗、藤原賢一、吉田重幸（1983）：ケヤキの生育に及ぼす土壌物理性の影響、香川大学農学部学術報告 34（2）、157-162
19) 長谷川秀三、川九邦雄（1983）：有機質土壌改良資材（バーク堆肥と汚泥類）の緑化樹に対する施用効果について、造園雑誌第46巻第5号 176-181
20) 長谷川秀三、田畑 衛、小澤徹三、佐藤吉之（1984）：重機造成地の植栽基盤の物理性と活力度の関係について—高速道路植栽地を例として—、造園雑誌 48（2）
21) (株)トデック（1984）：特殊土壌地における標準土壌改良法に関する研究 報告書、住宅・都市整備公団技術管理室
22) 東京農業大学（1985）：造園用語辞典、彰国社
23) 住宅・都市整備公団、日本土壌検定(株)（1985）：植栽工事の品質管理の基準作成に関する研究（その2）報告書、住宅・都市整備公団
24) 長谷川秀三（1986）：土壌改良材—正しい知識と利用法、公害と対策 1986年12月号臨時増刊：緑化資材読本
25) 栗原 淳ら（1986）：下水汚泥の農地・緑地利用マニュアル、下水汚泥資源利用協議会
26) 松井 巌、藤井芳一、佐々木美佐子（1987）：樹園地土壌診断への貫入式土壌硬度計の応用、秋田県果樹試験場研究報告 18号、p.15-22
27) (社)日本道路協会（1988）：道路緑化技術基準・同解説、丸善
28) 岩田進牛（1989）：土を科学する ＮＨＫ市民大学1989年4〜6月期テキスト、日本放送出版協会
29) (社)日本造園学会（1990）：造園ハンドブック、技報堂出版

30) 日本道路公団試験所植栽試験室（1992）：試験所技術資料 第710号 植栽基盤整備に関する文献集、日本道路公団試験所

31) 森林土壌研究会編（1993）：森林土壌の調べ方とその性質（改訂版）、(財)林野弘済会

32) 建設省土木研究所下水道部汚泥研究室（1994）：土木研究所資料 全国下水汚泥緑農地利用製品調査報告書、建設省土木研究所 土木研究所資料第3289号

33) 建設省土木研究所環境部緑化生態研究室、(社)日本造園建設業協会（1995）：植栽基盤造成技術に関する共同研究報告書、建設省土木研究所

34) (社)日本造園建設業協会（1995）：植栽基盤の造成技術、(社)日本造園建設業協会

35) 土壌保全調査事業全国協議会編、農林水産省生産局農産振興課監修（1996）：土壌改良と資材、(財)日本土壌協会

36) (財)日本緑化センター（1996）：土壌改良資材データブック、(財)日本緑化センター

37) 藤原俊六郎、安西徹郎、加藤徹郎（1996）：土壌診断の方法と活用、(社)農山漁村文化協会

38) 岩田進午、喜田大三監修（1997）：土の環境圏、フジテクノシステム

39) 眞木芳助（1997）：我が国におけるサッカー場の排水システムと標準断面構造、(岩田進午、喜田大三監修（1997）：土の環境圏、フジテクノシステム) p782-787

40) 日本道路公団試験研究所 緑化試験研究室（1997）：試験研究所技術資料 第711号 強酸性のり面等の改良に関する検討、日本道路公団試験研究所

41) 輿水肇、吉田博宣編（1998）：緑を創る植栽基盤、ソフトサイエンス社

42) 建設省都市局公園緑地課監修（1998）：新土木工事積算大系用語定義集「公園緑地編」—発注者・受注者間の共通認識の形成に向けて、(財)経済調査会

43) 藤原俊六郎、安西徹郎、小川吉雄、加藤徹郎（1998）：新版 土壌肥料用語事典、(社)農山漁村文化協会

44) 日本道路公団監修、(財)高速道路技術センター編（1999）：改訂版 高速道路の施工管理－造園工事－、(財)高速道路技術センター

45) 日本道路公団試験研究所 交通環境研究部 緑化研究室（1999）：試験研究所技術資料 第712号 植栽基盤の改良方法等に関する研究、日本道路公団試験研究所

46) (社)日本造園学会 緑化環境工学研究委員会（2000）：緑化事業における植栽基盤整備マニュアル、ランドスケープ研究63 (3) p224-241

47) (財)日本土壌協会（2000）：堆肥等有機物分析法、(財)日本土壌協会

48) 輿水 肇ら（2001）：特集・緑化のための土壌学 緑の読本2001-4 シリーズ60、資源環境対策 2001年11月臨時増刊

49) (独)都市再生機構（2004）：基盤整備工事共通仕様書・施工関係基準、(財)都市再生共済会

50) 建設省都市局公園緑地課（2005）：改訂25版 造園施工管理・技術編、(社)日本公園緑地協会

51) 日本ペドロジー学会編（2007）：土壌を愛し土壌を守る、博友社

52) (社)大日本農会編（2008）：＜大日本農会叢書７＞土壌資源の今日的役割と課題－土壌資源の現状と維持・保全のあり方に関する研究会報告書－、(社)大日本農会

53) 農林水産省消費・安全局農産安全管理課編（2008）：ポケット肥料要覧2007、(財)農林統計協会

54) 岸田弘之（2010）：低炭素社会づくりを支える緑化技術、国土交通省国土技術政策総合研究所、http://www.nilim.go.jp/lab/bbg/kouenkai/kouenkai2010/happyou/05.pdf

55) 苅住 昇（2010）：最新 樹木根系図説、誠文堂新光社

56) 植栽基盤研究会（2011）：沖縄の植栽土壌－豊かな緑と健全な樹木の育成のために－、(財)海洋博覧会記念公園管理財団

植栽基盤整備技術マニュアル

1999 年 1 月 12 日　　初版
2009 年 4 月 1 日　　改訂 2 版 1 刷
2013 年 12 月 1 日　　改訂 2 版 2 刷
2020 年 4 月 1 日　　改訂 2 版 3 刷

発行　　一般財団法人 日本緑化センター

〒107-0052
東京都港区赤坂 1-9-13　三会堂ビル 2 階
TEL.　03-3585-3561
E-mail　book@jpgreen.or.jp
http://www.jpgreen.or.jp/

ISBN978-4-931085-45-9

〈禁複写無断掲載〉

本書の本文には、FSC 認証紙を使用しています。